科学出版社“十三五”普通高等教育本科规划教材

科技文献检索与利用

（第二版）

马三梅　王永飞　孙小武　主编

国务院侨务办公室立项
彭磷基外招生人才培养改革基金资助
国家西甜瓜产业技术体系资助
暨南大学教材资助项目

科学出版社
北京

内 容 简 介

本书围绕如何获取与利用科技文献这一主题，对检索、保存、利用科技文献的知识和技巧进行详细阐述，为培养学生“会查、会读、会想、会写”的能力奠定基础。全书共10章，对科技文献检索的基础知识、EndNote X6软件的使用、常用中文数据库的检索、常用英文数据库的检索、常用阅读器和APP及微信公众号的使用、硕士论文和博士论文及专利的检索、图像检索、如何利用文献、科技论文的写作、论文查重和SCI影响因子等内容进行介绍。附录部分以编者已发表的论文为例，向读者展示论文投稿和修改的全过程，并结合编者的亲身实践，对论文写作的技巧和思路进行介绍。附录中还列出了一些文献检索常用网址和《中国图书馆分类法》（第五版）简表等内容，便于读者参考和拓展学习。此外，书中提供相关内容的视频，授课教师可获赠教学课件一份。

本书可作为高等院校本科生和研究生科技文献检索与利用的教材，也可作为从事教学和科研等工作的人员进行文献检索的参考书。

图书在版编目（CIP）数据

科技文献检索与利用/马三梅，王永飞，孙小武主编. —2版. —北京：科学出版社，2019.1

科学出版社“十三五”普通高等教育本科规划教材

ISBN 978-7-03-059243-9

Ⅰ. ①科… Ⅱ. ①马… ②王… ③孙… Ⅲ. ①科技文献-文献检索与利用 Ⅳ. ①G254.97

中国版本图书馆CIP数据核字（2018）第250717号

责任编辑：席 慧 张静秋 赵晓静 / 责任校对：王晓茜

责任印制：张 伟 / 封面设计：蓝正设计

科学出版社 出版

北京东黄城根北街16号

邮政编码：100717

http://www.sciencep.com

北京凌奇印刷有限责任公司 印刷

科学出版社发行 各地新华书店经销

*

2014年3月第 一 版 开本：720×1000 1/16

2019年1月第 二 版 印张：14 1/2

2022年7月第十四次印刷 字数：300 000

定价：49.80元

（如有印装质量问题，我社负责调换）

《科技文献检索与利用》（第二版）编写委员会

主　　编　马三梅　王永飞　孙小武

副 主 编　张立杰　屈红霞　王少奎　刘林川

编写人员（按姓氏笔画排序）

马三梅（暨南大学）
王少奎（华南农业大学）
王永飞（暨南大学）
毛　娟（华南农业大学）
刘林川（华南农业大学）
孙小武（湖南农业大学）
李　峰（复旦大学）
李　蔚（暨南大学）
李万昌（河南师范大学）
李宏业（暨南大学）
杨军英（河南师范大学）
张立杰（梧州学院）
屈红霞（中国科学院华南植物园）
胡建广（广东省农业科学院）
郭国庆（暨南大学）

第二版前言

“科技文献检索与利用”是理、工、医、农、林等专业的一门重要的基础课程，与学生基本科学素质的提高和后续相关专业课程的进一步学习，以及今后科研能力的培养均有密切的联系，其重要性不言而喻。

本书第一版于 2014 年出版，介绍了一些当时较新的软件使用方法，使授课内容紧跟科技发展的需求；并把最快捷的检索方法传授给学生；同时把充分利用文献检索的思想传递给读者。因此本书适应了 21 世纪高等学校的教学改革需求，在促进高校课程改革、提高教学质量等方面起到了积极的作用，4 年来深受广大师生的好评。全国有数十所不同类型的高校，包括综合性大学、师范院校、医学院校、药学院校、农业院校、林学学院及职业学院等使用了本书，本书也因此得到许多高校同行的关怀和帮助；一些科研院所的科技工作者和广大中学教师也将其作为学习参考书。可以说，本书 4 年来通过了市场和读者的检验。本书的配套课件《文献检索与利用网络课程》也获得了 2014 年“第十四届全国多媒体课件大赛”优秀奖。

但随着互联网及网络技术的发展，文献检索技术和方法发生了极大改变。因此，编者在保持第一版框架基本不变和保留其实践性强而又有利于培养学生能力等特点的基础上，本着继承、发展和不断提高的精神，对其进行修改、充实和提高，力争使本书成为一本与时俱进的畅销和常销教材。愿《科技文献检索与利用》（第二版）能够更好地为新型人才培养尽点滴之力。

与第一版相比，第二版修改和补充的地方主要体现在以下几方面。

第一，在现代教育技术普及和信息丰富的大背景下，新的技术不断产生，新的网站不断增加。随着网站的更新，检索步骤和内容会出现变化，页面也会出现变化，总的趋势是使用和检索越来越简单，越来越好用。因此，第二版更新了常用中文和英文数据库的检索步骤。

第二，第二版增加了一些数据库对检索结果的自动分析等步骤；增加了硕士论文和博士论文检索、专利检索和图片检索、论文查重和 SCI 影响因子及其查找方法等内容。

第三，由于手机 APP 的飞速发展，本书还增加了一些手机 APP 使用方面的内容，如花伴侣和一些科技类的 APP，这些内容都非常有趣和有用。

第四，附录中增加了《发表在〈生命的化学〉上几篇文章的写作思路》和《从 RNA 干涉的发现过程谈学生创新能力的培养》两篇文章，展示了一些论文的新意来源和写作思路及过程，希望能够对读者有启发作用，并能够激发学生的创意，培养学生的创新思维和创新能力。

第五，删除了第一版中的已经停止服务的相关软件和网站相关内容。

此外，第二版更新了全书的图片，并进一步提高文字的可读性。书中提供相关内容的视频，授课教师通过书后教学课件索取方式可获赠教学课件一份。

本书绪论由张立杰编写；第一章由杨军英和毛娟编写；第二章由屈红霞编写；第三章由李万昌编写；第四章由李蔚编写；第五章由孙小武编写；第六章由郭国庆和李峰编写；第七章由胡建广和王少奎编写；第八章由刘林川和李宏业编写；第九章由王永飞编写；第十章由马三梅编写；附录由马三梅和王永飞编写；马三梅负责全书图片和思维导图的制作；马三梅和王永飞负责全书的统稿、修改、审稿和定稿。

一本好书的出版，离不开作者和编辑的合作与沟通。在本书的编辑过程中，科学出版社的席慧编辑不断与我们沟通和交流，认真、负责、敬业地把关和修改文稿，设计书稿封面和版式，使本书增色很多。感谢各位对本书的真诚付出，没有大家的努力，这一本还算有特色的书籍就不能及时再版。

组织我的同事、同学及学生共同改版这样一本教材是非常荣幸的事情。感谢暨南大学给我提供的工作机会和施展自己才华的平台。感谢科学出版社的刘丹编辑，是她让我接触到 Adobe Illustrator 软件。感谢暨南大学网络技术与教育中心的黄雅女士，是她让我知道 HyperSnap 软件，使我可以使用这个软件任意截屏，感谢黄佩佩同学协助完成了一些截屏工作。感谢我的家人，他们是我坚强的后盾和最有利的支撑。

本书的再版得到了暨南大学、湖南农业大学、梧州学院、中国科学院华南植物园、华南农业大学、复旦大学、河南师范大学和广东省农业科学院的指导和关心；还得到了国务院侨务办公室立项、彭磷基外招生人才培养改革基金、国家西甜瓜产业技术体系及暨南大学教材项目的资助。科学出版社为本书的出版也付出了大量的劳动。在此一并表示感谢！

教材建设是一项长期的工作，由于编者水平有限，书中不当之处在所难免，敬请有关专家、同行不吝赐教，提出宝贵意见，以便修订。

马三梅

2018 年 10 月 8 日

第一版前言

教育就是要培养学生的“六会”（会查、会读、会想、会说、会做、会写）能力，而“科技文献检索与利用”恰恰就是一门可以培养学生“会查、会读、会想、会写”能力的课程，其重要性不言而喻。

20 世纪 90 年代，如要查找一篇参考文献，需要到图书馆翻阅纸质版的图书和期刊。而计算机技术和网络资源的飞速发展，为查找文献提供了便利。依靠 EndNote 等软件进行文献检索的速度之快，令人瞠目结舌。使用 Google 阅读器和鲜果阅读器等其他阅读器可以获得最新的研究成果，节省时间。学会利用这些软件就会如虎添翼，事半功倍。

编者在讲授科技文献检索与利用时发现，学生在课堂上问得最多的问题是如何使用 EndNote X6 等软件，学生苦于找不到有介绍 EndNote X6 等软件使用方法的教材；其次就是如何进行毕业论文的选题，有的学生辛辛苦苦选定了一个题目，查阅了资料，最后却发现所选题目不适合作为毕业论文的主题。这些问题在目前的“科技文献检索与利用”教材中均不能找到合适的答案。有感于此，我们编写了这本实践性强，而又有利于培养学生“会查、会读、会想、会写”能力的教材。

本书的主要特点之一是注重实践性。按照步骤介绍了 EndNote X6 等软件的使用方法。例如，详细介绍了如何利用 EndNote X6 软件在不同数据库中进行文献检索、插入参考文献、改变参考文献格式、使插入的文献变成普通文本格式等；介绍了鲜果阅读器及新浪点点通阅读器的使用方法，还介绍了科学研究的方法和综述的写作方法；解释了如何选题的问题及如何使用网络查找中图分类号。

本书图文并茂，每一步操作过程均给出了截屏视图，便于读者理解和学习操作。每章前面列出了本章内容的思维导图，利于学生学习和掌握所学知识。

附录部分以我们发表的论文为例，让读者看到了论文投稿和修改的全过程，体现出了“文章是改出来的”这一主题。还列出了一篇小短文“论文的新意从何来”，以激发学生的创意，培养学生的创新思维和创新能力，并列出一些文献检索常用的网址，便于学生参考和拓展学习。此外，本书还具内容通俗易懂，知识丰富多彩，语言精练简洁，论述清晰、流畅等特点。

本书介绍了较新的软件使用方法，使授课内容紧跟科技发展的需要；把最快捷的检索方法传授给了学生；也把充分利用文献检索的思想传递给了读者。希望本书能够成为一本实践性强，而又有利于培养学生能力的教材。

本书由马三梅、王永飞、张立杰、李万昌、李宏业、屈红霞、孙小武、李峰、郭国庆、杨军英和马利萍共同编著。具体分工如下：绪论由张立杰编写；第一章由杨军英编写；第二章由屈红霞编写；第三章由李万昌编写；第四章由李宏业编写；第五章由孙小武编写；第六章由郭国庆编写；第七章由李峰编写；附录由马三梅、王永飞、李万昌和马利萍编写。马三梅负责全书图片和思维导图的制作，张立杰、李万昌、李宏业和屈红霞负责书稿的修改工作，马三梅和王永飞负责全书的统稿、审稿和定稿。此外，高川同学协助制作第三章的图片；陈文燕同学协助制作第四章的图片；付留闯同学协助制作思维导图。感谢各位对本书的真诚付出。没有大家的努力，这一本还算有特色的书籍就不能及时出版。

本书的编写得到暨南大学、梧州学院、河南师范大学、中国科学院华南植物园、湖南农业大学和上海交通大学的指导和关心。本书的出版得到国务院侨务办公室立项和彭磷基外招生人才培养改革基金及国家西甜瓜产业技术体系基金的资助。科学出版社对本书的出版也付出了大量的劳动。在此一并表示感谢!

限于编者的水平和经验，书中难免有不足之处，恳请读者批评指正，以便再版时修正。

编　者

2014 年 1 月

目　录

视 频 目 录

扫描二维码观看本书相关视频

绪　论

随着互联网的飞速发展，各国的信息资源聚集在一起，使全世界共享信息资源变成了现实，给人们带来了海量的信息和各种数据库。如何检索和利用这些数据库中的数据呢？这就需要学习“科技文献检索与利用”这门课程。

本书思维导图：

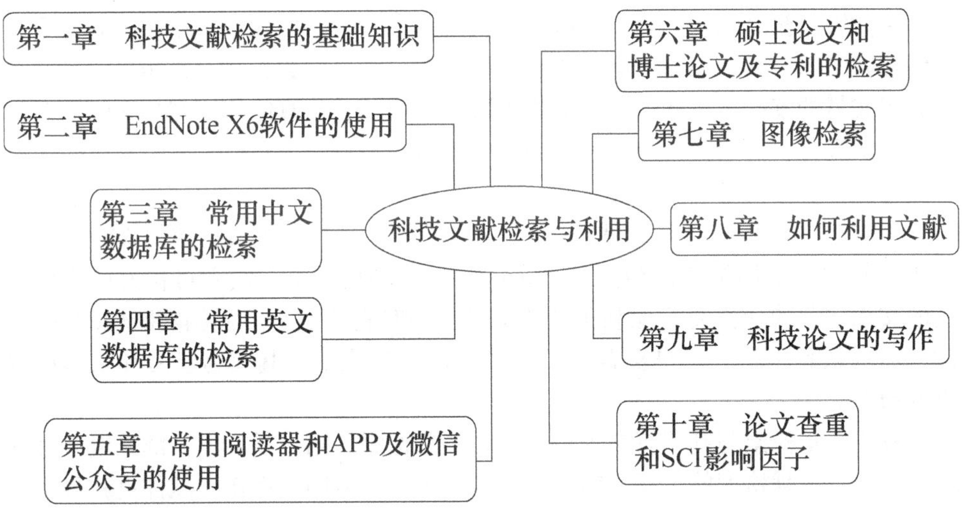

一、为什么学习“科技文献检索与利用”

现代社会已经进入知识经济时代，新知识产生的速度大大增加。知识经济时代要求每个人不断学习，也就意味着目前已进入了终身学习的时代。在这样的形势下，一个人想要适应工作和社会的需要，就要不断地学习新知识。要想学习新知识，首先要搜集新知识，因此搜集知识就成为学习的第一步。最新的知识一般都发表在最新的科技期刊上，如何从大量的期刊中搜集合适的学习材料？学过“科技文献检索与利用”之后，就会有一个答案。

教育的目标就是培养学生的“六会”（会查、会读、会想、会说、会做、会写）能力。一个真正掌握了“六会”能力的人，在学习和工作中就会得心应手，任何困难都不会成为其前进路上的拦路虎。而“科技文献检索与利用”恰恰就是一门可以培养学生“会查、会读、会想、会写”能力的课程。

例如，一个人学术水平的高低要依靠其发表论文的质量和数量来衡量，一个掌握“会写”（中英文写作）能力的人在科学界是畅行无阻的。而写作能力的培养离不开“会读”和“会想”。因此，在读之前首先要搜集阅读材料，《科技文献检索与利用》正好就是一本告诉读者如何从海量数据库中搜集适合阅读的材料，以及如何正确利用这些文献的书籍。

“科技文献检索与利用”以培养学生检索文献与利用文献的能力为核心，促进学生信息素养的提升，使学生充分、有效地利用文献资源，并使其成为知识创新的源头。

二、“科技文献检索与利用”的学习方法

电脑在文献检索中的作用就相当于做饭用的“锅碗瓢盆”。没有“锅碗瓢盆”，就无法做饭。没有电脑，就无法收集文献。所以学习这门课程：第一，必须有一台能够联网的电脑；第二，必须不断尝试检索，亲身实践，只有在亲自检索文献和利用文献的基础上，才能够掌握检索方法；第三，认真阅读下载的文献，对文献进行认真分析；第四，必须多动脑，对文献进行分类和总结，发现前人研究的不足之处，从而设计出新的实验。

“科技文献检索与利用”是一门提供方法的课程。它将最高效的检索文献与利用文献的方法详细介绍给大家，在这些方法的指导下，读者可快速检索到合适的文献，并快速、充分地利用这些文献。同时它还是一门强调实践性的课程，读者需要认真学习，亲身实践，真正掌握这些技能，使其成为学习和工作中真正的帮手。

科技文献检索与利用有两个步骤：第一是检索，第二是利用。随着电脑和网络的普及，文献检索的过程目前已基本实现全部在电脑上操作。软件更新日新月异，不断地推出新的软件，以后肯定还会有更好的软件出现。在技术飞速发展的今天，我们只有不断地学习这些新技术，才会在这个技术日新月异的时代立于不败之地，从而提高工作学习的效率。

关于文献的利用，更是百人百面，这是一个阅读、思考、行动和写作的综合过程。通过阅读来消化、吸收文献的内容。正确地理解所查阅的文献是思考的基础。思考能力强，就能够从文献中发现问题，并提出新的研究方向；行动能力强，就可以根据设计的实验，认真执行，做出创新的科研成果；写作能力强，就可以及时将研究成果写出来。

愿通过本课程的学习，大家“会查、会读、会想、会写”的能力能够得到一定的提高。

第一章　科技文献检索的基础知识

当今社会是信息化的社会，有效地获取和利用信息的人会在各行各业中脱颖而出。在以创新为目标的学术活动中，有效地获取文献并且高效地利用文献更是从事学术活动的必备能力。所以学习文献检索与利用的理论和方法，可以更好地指导实践活动。本章主要介绍科技文献检索的基础知识，为培养文献检索和利用技能奠定理论基础。

本章思维导图：

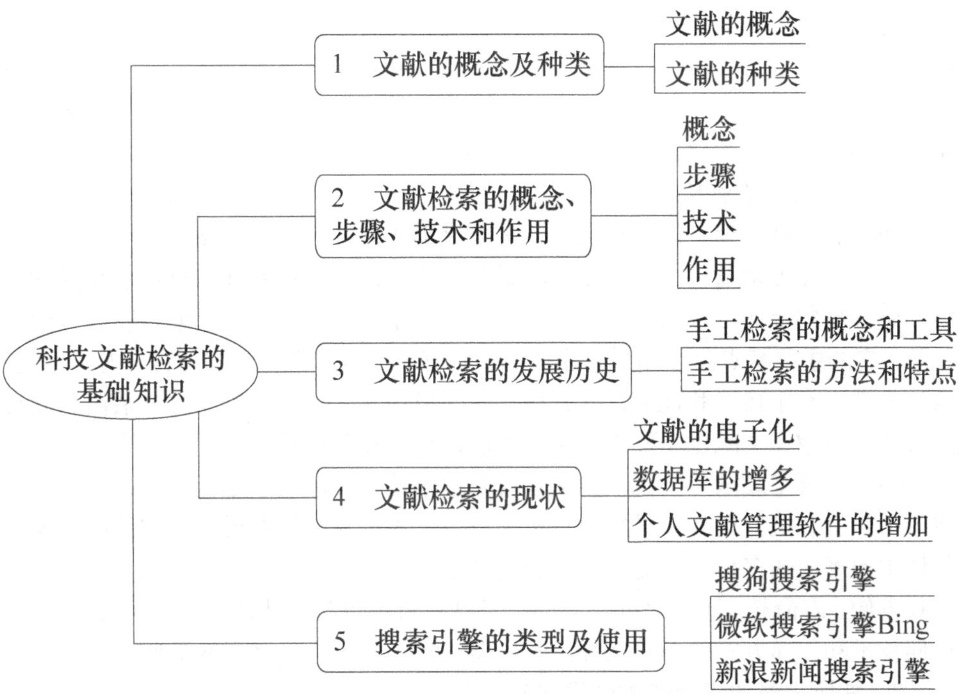

第一节　文献的概念及种类

在信息社会，信息素质不仅是人们生存的基本能力，更是学习型社会必备的素质。信息素质是指人们能够敏锐地察觉信息需求，并能对信息进行检索、评价和有效利用的能力。信息主要存储在文献中。本节主要介绍文献的概念及种类。

一、文献的概念

很多信息都是存储在文献中的，那么什么是文献呢？

文献是记录知识的一切载体，一般由知识内容、信息符号、载体材料、记录方式四要素构成。

二、文献的种类

文献的种类，可以按照文献的载体形式、出版形式及加工程度进行划分。

1. 按照文献的载体形式进行划分

按照文献的载体形式，文献可以分为印刷型文献、缩微型文献、声像型文献和机读型文献。

（1）印刷型文献　印刷型文献是以手写、打印、印刷等为记录手段，将信息记载在纸张上而形成的文献。它是传统的文献形式，也是现代文献信息资源的主要形式之一。它的优点是便于阅读与流传，符合人们的阅读习惯。它的缺点是存储信息密度低，收藏和管理需要较大的空间和较多的人力。

（2）缩微型文献　缩微型文献是以感光材料为载体，采用光学缩微技术将文字或图像记录、存储在感光材料上而形成的文献，如胶卷、缩微胶片。它的主要特点是存储信息密度高、体积小、重量轻，便于保存和传递。缩微型文献生产速度快、成本低，但是设备投资大，需要借助于阅读设备才能阅读。

（3）声像型文献　声像型文献是将声音、图像等多媒体信息记录在光学材料、磁性材料上而形成的文献，主要有唱片、录音带、录像带、电影胶片、幻灯片等。它的主要特点是存储信息密度高，用有声语言和图像传递信息，内容直观、表达力强，易于接受和理解，尤其适用于难以用文字、符号描述的复杂信息和自然现象。声像型文献也需要专门设备才能进行制作和阅读。

（4）机读型文献　机读型文献就是数字信息文献。它是把文字、资料转化成数字语言和机器语言，采用计算机来记录，将信息存储在磁盘、磁带或光盘等载体中而形成的多种类型的电子出版物。其优点是存储信息密度高、存取速度快、查找方便、寿命长。不足之处是必须配备计算机等设备才能使用。根据载体材料、存储技术和传递方式的不同又分为联机型文献、光盘型文献和网络型文献。

2. 按照文献的出版形式进行划分

按照文献的出版形式，文献可分为以下几种类型。

（1）图书　图书具有品种最多、数量最大、范围最广的特点。图书一般给人们以系统性、完整性、连续性的知识和信息。

（2）期刊　期刊具有出版周期短、报道快、数量大、信息内容新等特点。它是很重要的信息源。科技学术期刊是一种定期出版的刊物，通过报道科学研究的一些新进展，来促进科学研究的交流与进步。内容中是否具有新的、原创性的研究结果，是判断一篇论文是否值得出现在期刊上的基本原则。

科学研究的成果主要以论文的形式发表在各种类型的学术期刊上。一个人的学术水平可依靠其学术论文的刊物来评价。目前，在人才引进、职称晋升、机构科研实力对比时，常通过评价文献的学术水平来推断个人和机构的学术水平。评价文献学术水平相对公正的方法是同行评议（peer review），但由于耗时长、成本高，不易被采用。目前评价学术水平的通用指标是文献是否发表在核心期刊上、文献被引用次数、文献所载期刊的影响因子。那么什么是核心期刊呢？

核心期刊原指发表某一专业文献比较集中的期刊，现在则指被权威数据库或评价系统收录的学术水平较高的刊物。被 SCIE（科学引文索引扩展版）、SSCI（社会科学引文索引）、A&HCI（艺术与人文科学引文索引）和 EI（工程索引）收录的期刊被公认为核心期刊。国内的核心期刊系统有以下几个。

1）《中文核心期刊要目总览》，由北京大学图书馆编制，每 4 年出版一次。目前最新版为 2014 年出版的《中文核心期刊要目总览》（第七版）。

2）《中国科技期刊引证报告》（CJCR）（核心版），由中国科学技术信息研究所编制，每年出版。

3）中国科学引文数据库（CSCD），由中国科学院文献情报中心编制，目前最新版为 2017—2018 版，收录 1229 种核心期刊。

4）中文社会科学引文索引（CSSCI），由南京大学中国社会研究评估中心编制，2017 版收录 500 多种核心期刊。

某一期刊是否为核心期刊，可以查询以上单一的数据库，也可查 Ex Libris 公司提供的中外文核心期刊查询系统（http://coreej.cceu.org.cn），它的首页见图 1-1。

（3）报纸　报纸的特点是报道及时、受众面广，具有群众性和通俗性。

（4）学位论文　学位论文内容较为系统，具有一定的深度和创造性。

（5）会议文献　会议文献的特点是反映新技术、新成果快，专业性强，能较全面地反映某一技术领域或学科的发展水平、动态和趋势。

（6）专利文献　专利文献具有详尽、新颖、实用、报道及时等特点。

（7）标准文献　标准文献是指按规定程序制定，经公认权威机构（主管机关）批准的一整套在特定范围（领域）内必须执行的规格、规则、技术要求等规范性文献，它是一种具有约束力的规定性和法律性文献。

（8）科技报告　科技报告具有单独成册、出版日期不定、内容专深、报道迅速、多为保密、控制发行等特点。

（9）政府出版物　政府出版物是由政府机构、国际组织和各国中央政府及省或州、市、乡等地方政府组织，以及它们拥有的官方或半官方机构所发表、出版的各种文献资料，其内容可以分为行政性文件和科技性文件两大类。

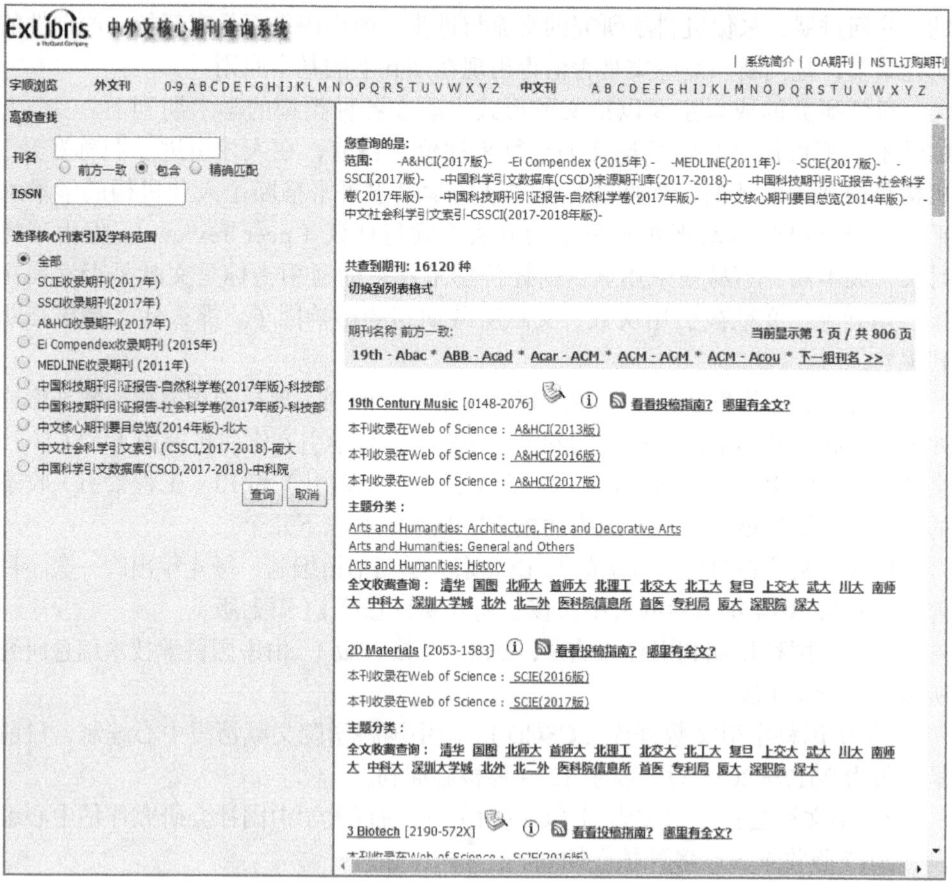

图 1-1 Ex Libris 中外文核心期刊查询系统首页

（10）*产品资料*　产品资料主要是厂商为了推销产品而出版发行的一种商业性宣传资料，包括厂商介绍、产品目录、产品样本和产品说明书等，它的特点是技术成熟、数据比较可靠、有较多的照片和结构图、直观性强。

（11）*其他文献*　其他文献包括技术档案、工作札记、广播、电视、剪报、复印资料等。

3. 按照加工程度进行划分

按照加工程度，文献可以分为零次文献、一次文献、二次文献、三次文献。

（1）*零次文献*　零次文献是指非正式出版物或非正式渠道交流的文献，未公开于社会，只为个人或某一团体使用，如文章草稿、私人笔记、会议记录、未经发表的名人手迹，它在内容上有一定的价值，而且能避免一般公开文献所需时间太长的弊病，新颖程度受人关注。

（2）*一次文献*　一次文献是指以著者本人的经验、研究或研制成果为依据而撰写的原始文献，经公开发表或交流后，成为一次文献。一次文献是文献的主体，是最基本的信息源，是文献检索的对象，它一般包括期刊论文、专著、研究报告、会议文献、学位论文、专利说明书、技术标准、技术档案、科技报告等。

一次文献不仅具有创造性的特点，还具有原始性和分散性的特点，一般论述比较具体、详细和系统，有观点、有事实、有结论。一次文献的创造性是指作者根据工作和科研中的成果而撰写的具有创造性劳动的结晶，它包含着新观点、新发明、新技术、新成果，具有直接参考、借鉴和使用价值。一次文献的原始性是指作者的原始创作和首次发表。分散性是指在形式上有研究报告、论文等多种形式。

（3）二次文献　二次文献是信息部门将那些分散的、无组织的一次文献，用一定的方法经过加工整理、归纳、简化，把文献的外部特征和内容特征著录下来，使之成为有组织、有系统的检索工具，如书目、题录、文摘、索引等。二次文献是对一次文献的浓缩和有序化，主要作用是存储和报道一次文献线索，提供查找的途径，因此它是查找一次文献的检索工具，是重要的指示性信息源，可以减少人们查找一次文献信息所花费的时间。

（4）三次文献　三次文献是指参考性文献，是在二次文献的基础上，选用一次文献的内容进行分析、概括、综合研究和评价而编写出来的文献，分为综述研究和参考工具两种类型。三次文献源于一次文献又高于一次文献，属于一种再创造性文献。三次文献主要是信息研究的产物和成果，是一次文献的浓缩。

第二节　文献检索的概念、步骤、技术和作用

一、文献检索的概念

检索文献、阅读文献是一切科研工作的出发点。文献检索属于信息检索的一种。

广义的信息检索（information retrieval）是指将信息按一定的方式组织和存储起来，并根据信息用户的需要找出有关信息的过程，所以它又称为“信息的存储与检索”（information storage and retrieval）。狭义的信息检索则仅指信息用户根据需要找出有关信息的过程，即从信息集合中找出所需信息的过程，相当于人们通常所说的信息查询（information search）。

根据检索对象和内容的不同，信息检索分为数据检索（data retrieval）、事实检索（fact retrieval）、文献检索（literature retrieval）。数据检索是指对数据的检索，如人口参数、国民生产总值等。事实检索是指对各种事实资料、研究结果和现状的检索。文献检索是指利用检索工具或检索系统查找文献的过程，包括文献线索检索和文献全文检索。

文献线索检索是指利用检索工具或检索系统查找文献的出处，检索结果是文献线索。包括书名或论文题目、著者、出版者、出版地、出版时间等文

献外部特征。检索工具有书目、索引、文摘及书目型数据库和索引、题录型数据库。

面对浩如烟海的文献，文献线索检索提供了文献的题目和摘要，根据这些内容可以大致判断一篇文献是否值得认真阅读。如果值得认真阅读就需要进行文献全文检索，下载文献，进行下一步的消化与吸收。

文献全文检索是以文献所含的全部信息作为检索内容，检索系统存储的是整篇文章或整部图书的全部内容。全文检索为检索者提供全文，通过阅读全文才能对前人的研究有深刻的认识。

二、文献检索的步骤

随着互联网技术的发展，文献检索的步骤和技术也在不断地变化。以前文献检索通过手工检索进行，现代文献检索则通过人机互动进行。文献检索是一项实践性很强的活动，它要求我们善于思考，并通过经常性的实践，逐步掌握文献检索的规律，从而迅速、准确地获得所需文献。

一般来说，文献检索可分为 6 个检索步骤：明确课题要求、了解课题的知识背景、分析课题涉及的概念、选择适用的检索刊物和数据库、实施检索及索取原文。

文献检索最重要的是找到合适的检索词。检索词要准确、全面地表达课题内容，不能太大也不能太小。在检索过程中，当对检索结果不满意时，应调整检索策略，重新检索，直至得到满意的结果。结果太多或太少时，应在前次检索的基础上缩小或扩大检索范围。

如今的文献检索离不开对文献管理软件，如 EndNote、NoteExpress 等的使用，这些软件的使用会使检索速度加快，且下载的文献也十分容易管理。EndNote 的具体使用步骤详见第二章。

三、文献检索的技术

文献检索的技术一般有 3 种：布尔逻辑检索、截词检索和限制检索。

1. 布尔逻辑检索

常用的布尔逻辑运算符有 3 种："逻辑与""逻辑或"和"逻辑非"。运用布尔逻辑运算符可以将代表某一概念的检索词组配在一起，以充分表达信息需求，确保输出准确的检索结果。

1）"逻辑与"（"AND"）：可以缩小检索范围，减少输出结果，提高查准率。

2）"逻辑或"（"OR"）：可以增加检索范围，增加输出结果，提高查全率。

3）"逻辑非"（"NOT"）：可以排除不希望出现的检索词，它能够缩小检索范围，提高查准率。

2. 截词检索

因为英文的构词特性，名词的单复数形式不一致，并且同一个单词，英、美拼法也可能不一致，所以假如分别检索，需要检索多次，需要更长的时间。使用截词检索能够节省时间，一次就可将所有的结果检索出来。截词检索是利用检索词的词干或不完整的词形进行非精确匹配检索，含有词干的文献信息均被检索出来。截词是指在检索词的适当位置进行截断，保留相同的部分，用相应的截词代替可变化部分。

从截断字符的数量看，截词可分为无限截词和有限截词。

1）无限截词：常用符号为“ * ”，一个无限截词符号可代表多个字符，表示在检索词的词干后可加任意几个字符或不加字符。例如，输入“employ*”，可检索到 employ、employer、employers、employment 等词。

2）有限截词：一个有限截词只代表一个字符，常用符号“?”表示，代表这个单词的某个字母可以任意变化，在检索词的词干后可加一个或一个以上的有限截词符，一般有限截词符的数量有限制，其数目表示在词干后最多允许变化的字符个数。例如，输入“solut????”，可检索到包含 solute、solution 和 soluting 等词在内的所有文献。

根据截断的位置，可以分为后截词、前截词和中截词。

1）后截词：后截词最常用，即将截词符放在一个字符串之后，用以表示后面有限或无限个字符，不影响其前面检索字符串的检索结果。例如，输入“physic*”，可检索到 physic、physical、physician、physicist、physics 等词。

2）前截词：前截词是将截词符置于一个字符串之前，以表示其前方有限或无限个字符，不会影响后面检索字符串的检索结果。例如，以“*ology”作为检索词，可以检索出含有 physiology、pathology、biology 等的文献。

3）中截词：是将截词符置于一个检索词的中间，不影响前后字符串的检索结果。例如，输入“wom?n”，可一次检出含有 woman 和 women 的文献。

3. 限制检索

在检索系统中，使用缩小和限定检索范围的方法称为限制检索。限制检索条件最常用的是字段限制。限制检索词必须在数据库记录中规定的字段范围内出现。通常数据库中可供检索的字段分为主题字段和非主题字段。主题字段有题目（title）、文摘（abstract）等，非主题字段有作者（author）、文献类型（document）等。

四、文献检索的作用

科学技术的发展具有连续性和继承性，闭门造车只会重复别人的劳动或者走弯路。研究人员在选题开始时就必须进行信息检索，了解别人在该项目上已经做了哪些工作、哪些工作目前正在做、谁在做、进展情况如何等。这样，就可以在他人研究的基础上进行再创造，从而避免重复研究，少走或不走弯路。

文献检索是研究工作的基础和必要环节，成功的文献检索无疑会节省大量时间，使研究人员能用更多的时间与精力进行科学研究。

掌握了文献检索的方法，就等于找到了一条吸收和利用大量新知识的捷径。

所以，文献检索有三大作用：可以避免重复研究和少走弯路，可以节省时间，是获取新知识的捷径。

第三节　文献检索的发展历史

文献检索随着互联网技术的发展也在不断地变化，从过去的手工检索发展到现代的人机互动检索。

一、手工检索的概念和工具

手工检索是指人们通过手工方式检索文献。在网络产生之前，文献检索一般采用手工的方法。

手工检索使用的检索工具主要为书本型、卡片式的信息系统，即目录、索引、文摘和各类工具书（如百科全书、年鉴、手册、名录、字典、词典、表谱、图录等），主要为印刷型文献资料。

1. 目录、索引、文摘

目录也称书目，它是著录一批相关图书或其他类型的出版物，并按一定次序编排而成的一种检索工具。

索引是记录一批或一种图书、报刊等所载的文章篇名、著者、主题、人名、地名、名词术语等，并标明出处，按一定排检方法组织起来的一种检索工具。索引不同于目录，它是对出版物（书、报、刊等）内的文献单元、知识单元、内容事项等的揭示，并注明出处，方便进行细致深入的检索。

文摘是以提供文献内容梗概为目的，不加评论和补充解释，简明、确切地记述文献重要内容的短文。汇集大量文献的文摘，并配上相应的文献题录，按一定的方法编排而成的检索工具，称为文摘型检索工具，简称为文摘。

2. 百科全书

百科全书是概述人类一切门类或某一门类知识的完备工具书，是知识的总汇，它是对人类已有知识进行汇集、浓缩并使其条理化的产物。百科全书一般按条目（词条）字顺编排，另附有相应的索引，可供迅速查检。

3. 年鉴

年鉴是指按年度系统汇集一定范围内的重大事件、新进展、新知识和新资料，供读者查阅的工具书，它按年度连续出版，所收内容一般以当年为限。年鉴可用来查阅特定领域在当年的发生事件、进展、成果、活动、会议、人物、机构、统计资料、重要文件或文献等方面的信息。

4. 手册、名录

手册是汇集经常需要查考的文献、资料、信息及有关专业知识的工具书。名录是提供有关专名（人名、地名、机构名等）简明信息的工具书。

5. 字典、词典

字典和词典是最常用的一类工具书。字典是为字词提供音韵、意思解释、例句、用法等的工具书。词典是按一定的次序编列语词并加以解释的工具书，分为语言性词典和知识性词典。

6. 表谱、图录

表谱是将纷繁复杂的历史人物、事件、年代用简明的表格、谱系等形式表现出来的工具书，具有精要、便览、易查等特点。

图录又称图谱，是用绘画、摄影等方式反映事物或人物形象的工具书，主要有历史图录、人物图录、艺术图录、文物图录、科技图录、地图等。图录提供文字以外的形象、直观的资料。图录在中国历史久远，中国古代图像与文字并重，曾有“左图右书”之说。

印刷型文献是当前和今后相当长时间内的文献主体，而电子文献是今后文献的发展方向。一般而言，20 世纪 90 年代之后的一些文献可以在网络上获得原文文件，但是 20 世纪 90 年代之前的大多数文献还是要通过印刷型文献获取。

二、手工检索的方法和特点

文献检索的常用方法有直接检索法和间接检索法两种。直接检索法即直接从报刊中通过浏览的方法获取所需信息的一种方法。间接检索法即通过检索工具的指引进行查找，并获取所需信息的一种方法。

手工检索到的文献，在有复印机之前，必须用手摘抄下来，摘抄的过程十分缓慢。在图书馆资料仅有一本时，仅可供一人查找。在有复印机之后，手工检索的文献可以复印成纸质版进行保存，速度稍微加快了一点。但纸质版的文献也不好保存，几年之后，纸张发黄，而且不好分类，不易管理。

第四节　文献检索的现状

网络产生之后，随着数据库文献的电子化，文献的类型由纸质版文献或者印刷型文献发展到电子版文献。电子版文献简称电子文献。现代的文献检索一般是坐在计算机前，对电子化数据库内的文献进行检索，这种检索方式称为计算机检索，具体是指人们利用数据库、计算机软件技术、计算机网络及通信系统进行文献检索，其检索过程是在人机的协同作用下完成的，具有以下特点。

一、文献的电子化

电子文献的分类十分复杂。按照载体的形态，电子文献可以分为软磁盘(FD)、只读光盘（CD-ROM）、可擦写光盘（CD-RW）等。

按照文献的电子格式，电子文献可以分为文本格式的 TXT 文件、DOC 文件、

PDF 文件，图像格式的 GIF 文件、JPG 文件，以及标记文件格式的 HTML 文件和 XML 文件等。

按照出版周期和内容特点，电子文献可以分为电子期刊、电子图书、电子报纸及数据库等。数据库是指至少由一种文档（file）组成，能满足特定目的或特定功能需要的数据集合。

按照内容的性质和时效性，电子文献可以分为论文文献和动态消息。

按照版权状况，电子文献可以分为有版权电子文献和无版权电子文献两类。

从文献信息利用的角度来看，电子文献可以分为有版权的电子期刊、电子图书及报告，这类电子文献的学术价值相对较高；而单篇论文和动态性的电子文献有时虽然没有注明版权，但也有一定的参考价值。

二、数据库的增多

图书馆是人类的知识宝库，存储着丰富的文献信息资源。目前，国内和国外的数据库一般都整合在图书馆的电子资源中，如暨南大学图书馆的首页资源（图 1-2）。

图 1-2　暨南大学图书馆网站首页

数据库是可以共享的某些具有共同存取方式和一定组织方式的相关数据的集合，它主要由文档、记录和字段构成。

文档（file），是数据库中一部分记录的集合。相当于文件夹，包括很多记录。

记录（record），是文档的基本单元，是对某一文献的全部相关属性进行描述的结果。在数据数据库中，一个记录就是一条文章或题录；在全文数据库中就是一篇完整的文献。

字段（field），每一个记录一般由若干个描述性的字段构成，如标题字段、作者字段、文章字段、来源字段、主题词字段等。

根据提供数据库的国家，数据库可以分为国内数据库和国外数据库。

1. 国内常用的数据库

国内常用的数据库主要有中国知识资源总库、万方数据、维普资讯等，一般整合在大学图书馆的电子资源中。订阅用户可以下载全文，使用方便。

（1）*中国知识资源总库*　　中国知识资源总库（http://www.cnki.net），就是国家知识基础设施工程（China national knowledge infrastructure，CNKI），简称中国知网，是目前中文数据量最大的数字图书馆，它的资源包含中国学术期刊网络出版总库、中国优秀硕士学位论文全文数据库、中国博士学位论文全文数据库、中国重要会议论文全文数据库、中国重要报纸全文数据库、中国年鉴全文数据库、中国工具书网络出版总库。中国知识资源总库的首页如图 1-3 所示。

图 1-3　中国知识资源总库首页

从中国知识资源总库下载的全文文献为 CAJ 或 PDF 格式。打开和阅读 CAJ 格式的文件需要用 CAJViewer 软件；打开和阅读 PDF 格式的文件需要用 Adobe Acrobat Reader 软件。这两个软件可以在中国知识资源总库的下载中心或其他网站免费下载和安装使用。

（2）*万方数据*　　万方数据（http://www.wanfangdata.com.cn）由北京万方数据

股份有限公司创办，收录的资源包括学术期刊、会议论文、学位论文、外文文献、科技成果、中外标准、专利、政策法规、机构库等。万方数据的首页如图 1-4 所示。

图 1-4　万方数据首页

（3）维普资讯　维普资讯（http://qikan.cqvip.com/）由重庆维普资讯有限公司建立，是综合性期刊数据库，包括 1989 年以来的医药卫生、自然科学、工程技术、农业、经济、教育和图书情报等资源。维普资讯的首页如图 1-5 所示。

图 1-5　维普资讯首页

（4）中国生物医学文献数据库　中国生物医学文献数据库（China Biology Medicine disc，CBMdisc）是由中国医学科学院医学信息研究所于 1994 年研制开发的综合性中文医学文献数据库，收录了 1978 年以来的 1600 余种中国生物医学期刊，以及汇编、会议论文的文献记录，总计超过 400 万条记录，年增长量约 35 万条。学科涉及基础医学、临床医学、预防医学、药学、中医学及中药学等生物医学领域的各个方面，是目前国内医学文献的重要检索工具。

2. 国外常用的数据库

国外常用的数据库有 ISI Web of Knowledge、Springer Link、Wiley Blackwell、Elsevier-ScienceDirect 和 PubMed 等。

（1）ISI Web of Knowledge（WoK）　ISI Web of Knowledge 是由 Thomson Reuters 提供的学术信息资源整合平台，包括的数据库有 Web of Science、BIOSIS Previews、Current Contents Connect、MEDLINE、INSPEC、中国科学引文数据库等。WoK 首页的默认检索是所有数据库检索，可同时检索多个数据库，其优点是引导用户查找全文文献，通过页面上的“Select a Database”可以选择单库检索。

（2）Springer Link　德国施普林格（Springer-Verlag）是世界上著名的科技出版社，该社通过 Springer Link 系统发行电子图书并提供学术期刊检索服务，网址为 http://link.springer.com/，目前共出版有 2100 余种期刊。Springer Link 通过纯数字模式的专家评审编辑程序，从以卷、期为单位的传统印刷出版标准过渡到以单篇文章为单位的网络出版标准，现在已有超过 200 种期刊以电子优先（online first）的方式出版，大大提高了文献网上出版的速度和效率，并保持了文献的高质量要求。Springer Link 的发展目标是把 online first 出版方式应用到所有 Springer Link 提供全文服务的期刊上。非订阅用户可以查看文献题录、摘要。订阅用户可以查看、下载免费全文和自己订阅的全文。Springer Link 的首页如图 1-6 所示。

图 1-6　Springer Link 首页

（3）Wiley Blackwell　Wiley Blackwell 是当今世界最重要的教科书和专业出版商之一，同时也是最大的学术出版机构。Wiley Blackwell 与超过 700 个非营利协会合作——出版的期刊代表了这些学科的尖端研究，并且是学术团体的核心。Wiley Blackwell 的网上图书馆网址为 http://onlinelibrary.wiley.com/，首页如图 1-7 所示。

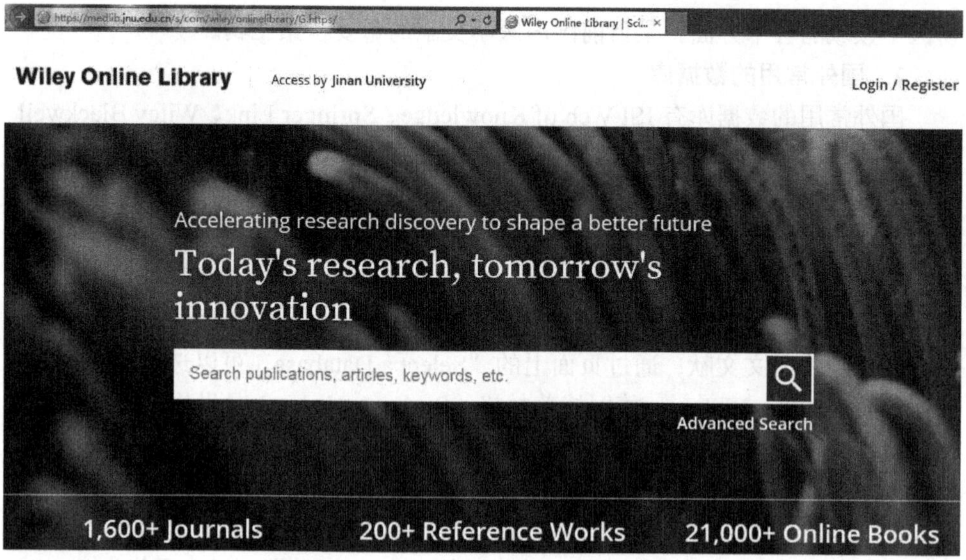

图 1-7　Wiley Blackwell 网上图书馆首页

（4）Elsevier-ScienceDirect　Elsevier（爱思唯尔）是荷兰的学术出版商，有 100 多年的历史，内容涉及自然科学、工程学、医学、生命科学、社会科学及人文等多个学科，它提供 2200 多种期刊和数千种图书的全文文献。用户无论是否订阅 Elsevier 期刊，在浏览器中输入 Elsevier 的在线检索平台 ScienceDirect 的网址 http://www.sciencedirect.com，都可以进入。非订阅用户可以查看文献题录、摘要及免费全文。订阅用户可以查看、下载免费全文和自己订阅的全文。Elsevier-ScienceDirect 的首页如图 1-8 所示。

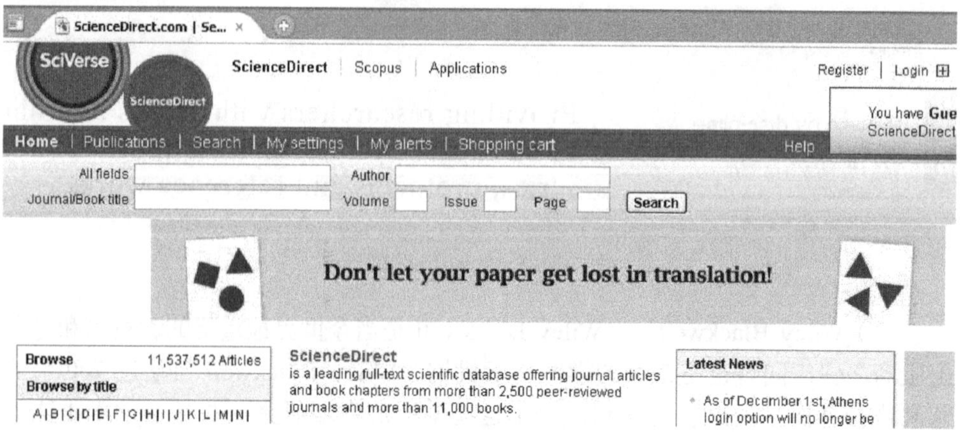

图 1-8　Elsevier-ScienceDirect 首页

（5）PubMed　PubMed 是生物医学领域的数据库，它由美国国立医学图书馆的生物技术信息中心开发研制，它的数据每周更新，访问免费，具有使用方便、检索质量高、检索功能强大、外部链接丰富、服务个性化等优点，是生物医学领域科研人员和临床医务人员不可缺少的文献信息源。PubMed 可通过 NCBI 首页上的 PubMed 链接单击进入，也可从暨南大学图书馆上的链接进入。PubMed 收录了 1948 年以来 80 多个国家和地区医学、生命科学方面的 5400 多种期刊和电子图书。PubMed 的首页如图 1-9 所示。

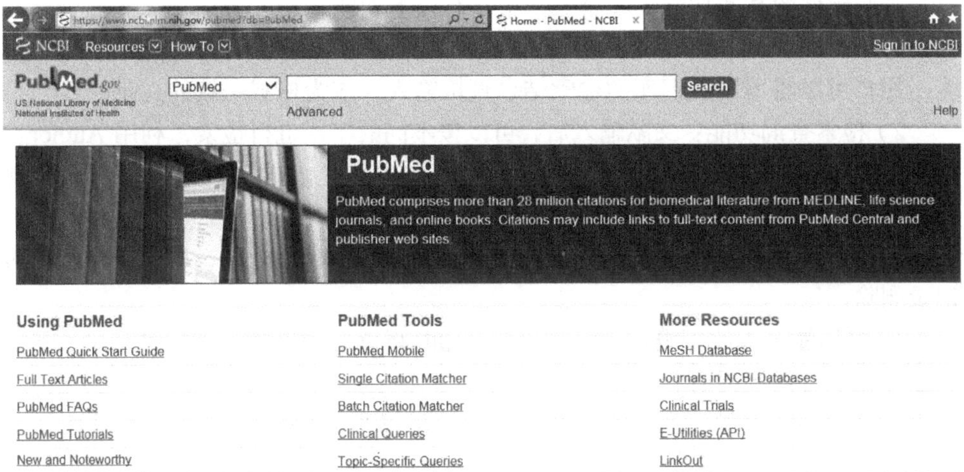

图 1-9 PubMed 首页

面对如此多的数据库，在查找文献时，不需要进入每一个数据库进行查询。一般的选择原则是中文用 CNKI，英文用 ISI Web of Knowledge（WoK）即可，其他数据库作为不能使用这两个数据库时的候补数据库。

三、个人文献管理软件的增加

个人文献管理软件是一种用于帮助用户组织、管理与课题有关的参考文献，建立个人参考文献数据库的软件。在没有文献管理软件之前，下载下来的文献往往是单个文件，难以管理。目前已经产生了很多管理文献的软件，使下载和管理文献变得十分容易。

1. 个人文献管理软件的种类

目前应用最广的是 EndNote、Reference Manager、ProCite 单机系列产品和 Web 版 Refworks 及国内的 NoteExpress 软件。

EndNote 软件的主要特点是直观和客户化，易学易用。

Reference Manager 的功能非常强大，可以实现在互联网上的书目检索并创建适合研究论文写作的专业书目数据，它可以在多个打开的数据库上进行检索，并提供拼写检查、同义词等功能。网络版允许许多用户对数据进行读写操作，更适合研究工作组的集体使用。

ProCite 提供高级检索和排序功能，使数据易于存储，是图书管理和针对特殊馆藏的理想软件。

国内的 NoteExpress 软件内置 3000 多种国内外学术期刊和高校论文参考文献格式，并支持不同参考文献格式的一键转换。

2. 个人文献管理软件的功能

这些软件的基本功能大同小异，主要有以下功能。

1）批次输入文献：系统提供了将各种数据库的检索结果直接转入系统的功能，用户可以将不同数据库的检索结果直接输入，成为格式一致的文献。

2）检索查询功能：文献输入后，可以按不同的字段进行检索，利用 Author、Title、Journal、Keyword、Subject 等进行布尔逻辑组配检索，并可排序或增删记录。

3）查重：当用户陆续汇集许多资料后，系统可以自动查重，并允许将重复的记录删除。

4）可加注个人读书笔记：使用者可以随时将读书心得加入该文献记录，方便以后写文章时直接调用。

5）自动生成参考文献目录：写文章时，可以在 Word 文本中插入附注，在文章末尾自动生成参考文献目录。

6）自动生成期刊所需的参考文献格式：这些软件可以提供数百种期刊引用格式供用户选择。由于在科学领域内没有标准的文献引用格式，投稿时，不同的期刊有不同的投稿要求，该功能极大地方便了读者投稿。

7）产生科技论文写作模板，简化论文投稿程序：这些软件发布研究人员针对不同期刊的写作要求，一步到位地建立了符合投稿要求的论文格式，节省了大量的时间。

本书以 EndNote X6 软件为例，详细介绍其使用方法，具体的操作步骤详见第二章。

虽然电子化文献逐渐增加，但是绝大多数的文献还是要通过印刷型文献获取。电子检索的文献资料主要来自国内外各种数据库。电子检索的结果可以用电子版的方式保存在电脑上，需要的时候随时查看，也可以打印在纸上查看。

第五节　搜索引擎的类型及使用

搜索引擎（search engine）是目前收录与查找网络信息资源的主要工具。搜索引擎检索系统的使用，只需在搜索框内输入检索词，通过浏览器提交给搜索引擎后，检索软件根据输入信息进行搜索，获得检索结果并输出。

按照检索语言，网络搜索引擎的类型可以分为三种类型：关键词型搜索引擎、分类型搜索引擎和混合型搜索引擎。

关键词型搜索引擎通过输入关键词来查找所需的信息资料，如百度等。百度（http://www.baidu.com/）是世界上最大的中文搜索引擎。它的使用十分简单，只需在首页的搜索框内输入查询内容并按 Enter 键，或单击“百度一下”按钮即可得到搜索结果。

分类型搜索引擎是把搜集到的信息资源按照一定的主题进行分门别类，建立分类目录，大目录下包含子目录，如此依次建立一层层有包含关系的分离目录，如新浪新闻搜索。

混合型搜索引擎，兼有关键词型和分类型两种检索方式，既可直接输入检索词查找特定资源，又可浏览分类目录了解某个领域范围资源，如搜狗搜索和微软搜索引擎 Bing（必应）。下面介绍一些常用的搜索引擎。

一、搜狗搜索引擎的使用

搜狗（http://www.sogou.com/）是搜狐公司于 2004 年 8 月推出的全球首个第三代互动式中文搜索引擎，搜狗的首页如图 1-10 所示。在搜索框内输入检索词就可以进行搜索。

图 1-10　搜狗首页

二、微软搜索引擎 Bing 的使用

微软搜索引擎 Bing（必应）中文版（http://cn.bing.com/）于 2009 年由微软公司推出。必应提供了页面搜索、图片搜索、视频搜索、词典搜索、学术搜索、地图搜索等功能，其首页如图 1-11 所示。

三、新浪新闻搜索引擎的使用

新浪新闻搜索（http://search.sina.com.cn/）是全球最大的中文网络门户新浪网站的一个搜索引擎，其首页如图 1-12 所示。输入检索词后，可以在新闻中搜索，

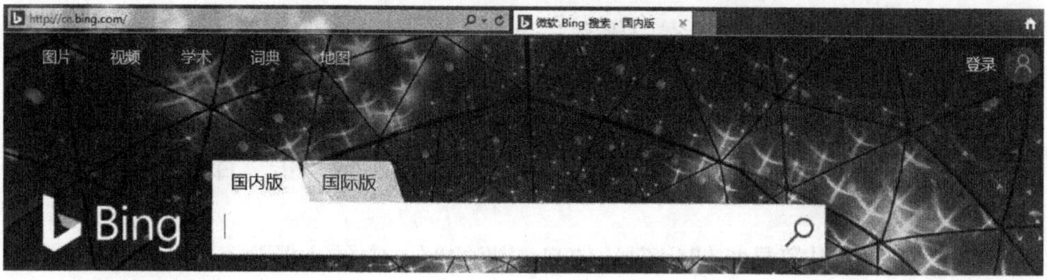

图 1-11　必应首页

图 1-12　新浪新闻搜索首页

也可以在博客、微博、图片、视频中搜索。

这些搜索引擎都为文献检索提供了很好的途径，但是由于获取信息相对容易，所以对人的思考能力要求更高。如何利用收集的信息？如何判断信息的质量？这些反而更加影响着一个人对信息的利用能力。

第二章　EndNote X6 软件的使用

EndNote 是 Thomson Scientific 公司开发的一个参考文献管理软件。EndNote 系列软件可以快速地查找并下载大量的文献。在写作时，还能够利用其插入参考文献，任意修改参考文献的格式；而且其兼容性好，同时支持中文数据库和英文数据库的导出。使用它可以方便地实现对文献的管理，从而节省大量的时间。本章以 EndNote X6 为例逐一介绍其使用方法。

本章思维导图：

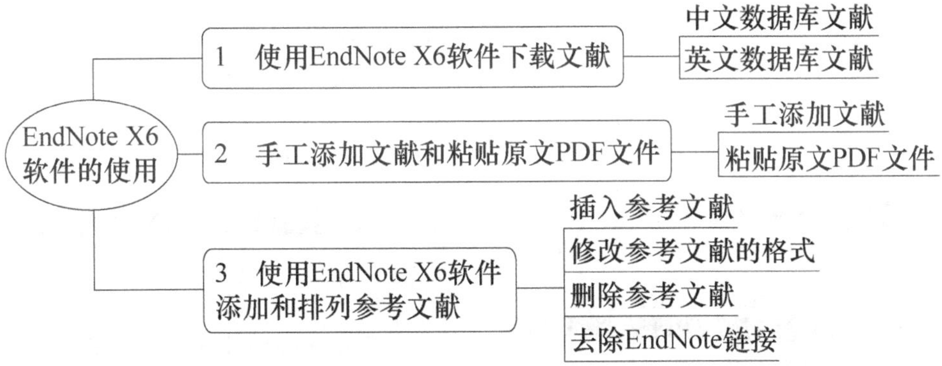

第一节　使用 EndNote X6 软件下载文献

安装 EndNote X6 十分简单，只需点击安装程序，依次点击“Next”就可以完成安装过程。安装完成后，就可以使用。

使用 EndNote X6 软件可以下载中文文献和英文文献。在下载文献之前，首先需要确定合适的关键词。确定关键词之后，就可以使用 EndNote X6 来下载文献了。下面以转基因水稻“金稻”（golden rice）为例，介绍利用 EndNote X6 从数据库中下载文献的过程。

一、使用 EndNote X6 软件下载中文数据库文献

使用 EndNote X6 软件可以下载 CNKI、万方数据、维普资讯等数据库中的文献，操作详见本书第三章。

二、使用 EndNote X6 软件下载英文数据库文献

使用 EndNote X6 软件下载文献的第一步：建立一个新的 EndNote 文件。新建文件的步骤与 Office 等软件新建文件的操作一样。新建文件的具体步骤如下。

首先打开 EndNote 软件，点击文件菜单中的新建命令，建立一个空白的 EndNote 文件，命名为“My EndNote Library”或其他名称（图 2-1），然后保存这个文件到电脑上自己选择的位置。下载的文献就可以保存在这个文件中。在下载文献前，这个文件没有任何文献。

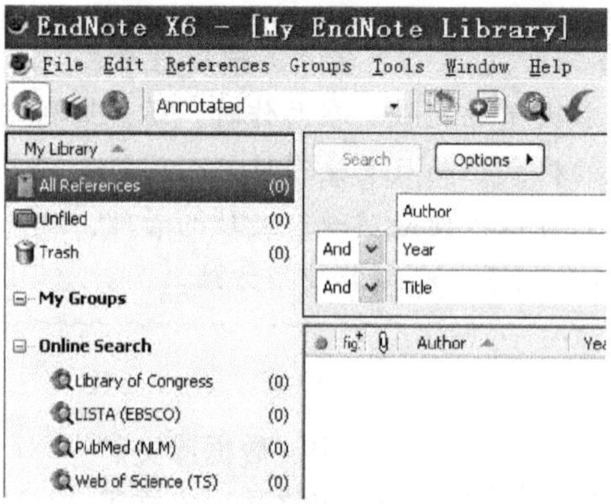

图 2-1　新建一个名为“My EndNote Library”的文件

新建文件后，在这个文件中，点击如图 2-2 所示的“Tools”菜单下拉菜单的第四行“Online Search...”，出现如图 2-3 所示的活动窗口。在这个窗口上选择“PubMed”或其他数据库，然后点击“Choose”按钮，连接上数据库后出现如图 2-4 所示的页面。

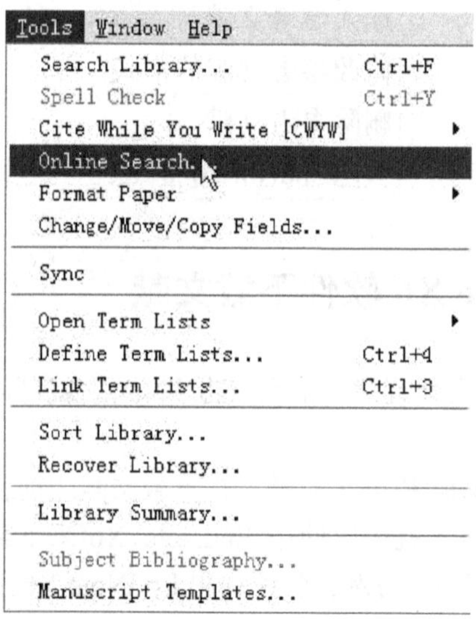

图 2-2　“My EndNote Library”文件中的“Tools”菜单

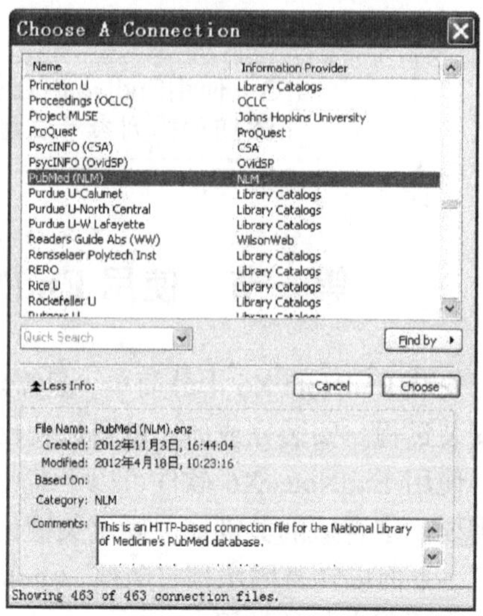

图 2-3　点击“Online Search...”后出现的活动窗口

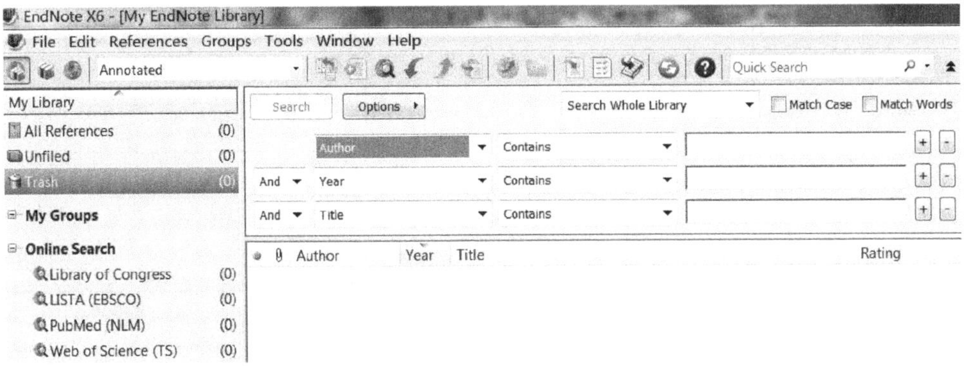

图 2-4　点击“Choose”连接上数据库后出现的检索界面

在这个界面上，点击检索框下拉菜单，如图 2-5 所示。

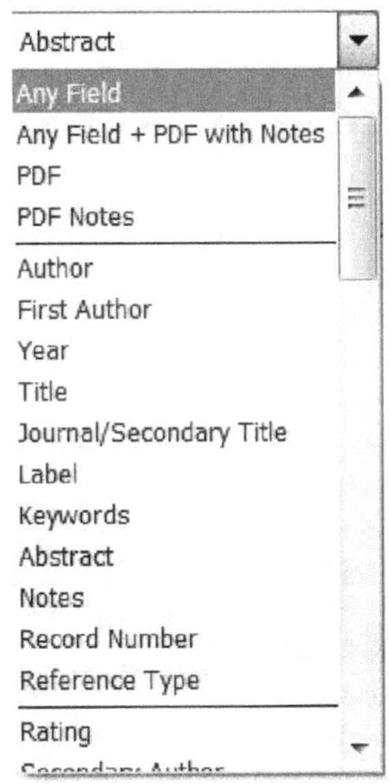

图 2-5　检索框的下拉菜单

选择“Abstract”，在检索框内输入“golden rice”，如图 2-6 所示。

在如图 2-6 所示的界面上，点击“Search”按钮，出现如图 2-7 所示的活动窗口，显示找到了 116 条文献。在这个窗口上点击“OK”按钮。

点击“OK”按钮后，将查找到的 116 条文献全部导入“My EndNote Library”，如图 2-8 所示。

可见，要查阅 PubMed 数据库中的英文文献，不需要进入 PubMed 的网站，直接利用 EndNote 软件就可以查找并导入文献。

在如图 2-8 所示页面上点击“Author”按钮，文献就按照作者姓名的字母顺序排列，如图 2-9 所示。

继续点击“Author”按钮，文献就按照作者姓名字母的反向顺序排列，如图 2-10 所示。

继续点击“Year”按钮，文献就按照发表时间由近到远的顺序排列，如图 2-11 所示。

再点击“Year”按钮，文献就按照发表时间由远到近的顺序排列，如图 2-12 所示。

假如引用的文献没有在这个数据库中，那么如何把该文献导入“My EndNote Library”呢？此时可以采用手工的方法导入。

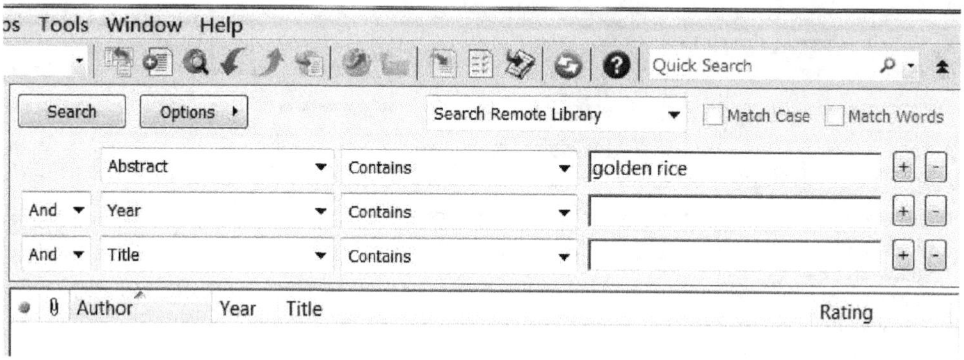

图 2-6 在检索框内输入“golden rice”的界面

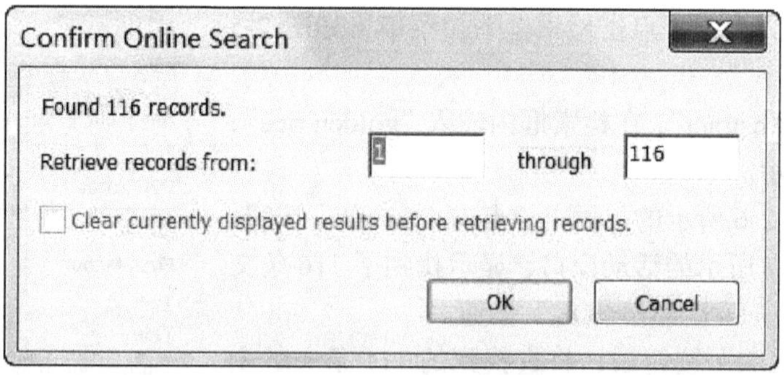

图 2-7 PubMed 的检索结果

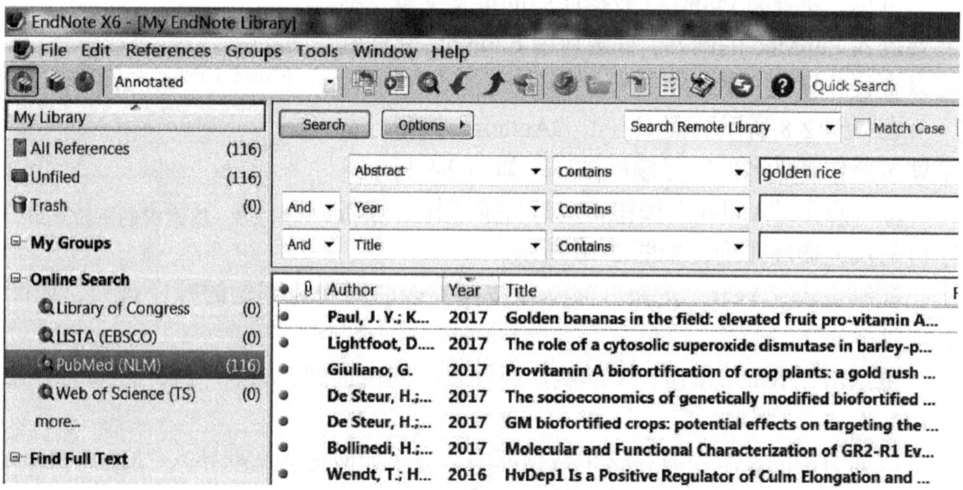

图 2-8 PubMed 的检索结果导入 EndNote 文件

Author	Year	Title	Rating
	1999	A golden bowl of rice	
	2000	Golden rice	
	2005	Reburnishing golden rice	
	2015	Retraction of Tang G, Hu Y, Yin S-a, Wang Y, Dallal GE, G...	
Abbo, S.; Mo...	2005	Quantitative trait loci governing carotenoid concentratio...	
Al-Babili, S.; ...	2005	Golden Rice--five years on the road--five years to go?	
Al-Babili, S.; ...	2006	Exploring the potential of the bacterial carotene desatur...	
Alos, E.; Rod...	2016	Manipulation of Carotenoid Content in Plants to Improv...	
Aluru, M.; X...	2008	Generation of transgenic maize with enhanced provitam...	
Andresh, J.	2014	["Golden Rice": Humanitarian aid or object of prestige?]	
Baisakh, N.; ...	2006	Marker-free transgenic (MFT) near-isogenic introgressio...	
Beyer, P.	2010	Golden Rice and 'Golden' crops for human nutrition	
Beyer, P.; Al-...	2002	Golden Rice: introducing the beta-carotene biosynthesis ...	
Bollinedi, H.;...	2017	Molecular and Functional Characterization of GR2-R1 Ev...	
Botha, G. M....	2008	Can GM sorghum impact Africa?	

图 2-9　文献按作者姓名的首字母排序的结果

Author	Year	Title	Rating
Zou, X. H.; Xi...	2014	Characterizations of cholinesterases in golden apple snai...	
Zhang, H.; B...	2011	Lower weight gain and hepatic lipid content in hamsters ...	
Yurakhno, V....	2007	Kudoa unicapsula n. sp. (Myxosporea: Kudoidae) a paras...	
Yu, X.; Li, W.	2014	Informed Consent and Ethical Review in Chinese Human ...	
Yongsmith, ...	2013	Fermentation and quality of yellow pigments from gold...	
Yonekura-Sa...	2006	Review: Genetically modified plants for the promotion o...	
Wing, R. A.; ...	2005	The oryza map alignment project: the golden path to unl...	
Wilson, T. A....	2007	Rice bran oil and oryzanol reduce plasma lipid and lipopr...	
Wilson, S. A....	2014	Metabolic engineering approaches for production of bio...	
Wendt, T.; H...	2016	HvDep1 Is a Positive Regulator of Culm Elongation and ...	
Welch, R. M....	2004	Breeding for micronutrients in staple food crops from a ...	
Weil, J. H.	2005	Are genetically modified plants useful and safe?	
Wei, F.; Zhan...	2009	The physical and genetic framework of the maize B73 ge...	
Wang, Y. W.;...	2003	Effects of policosanols and phytosterols on lipid levels a...	

图 2-10　文献按作者姓名的首字母反向顺序排序的结果

Author	Year	Title	Rating
Paul, J. Y.; K...	2017	Golden bananas in the field: elevated fruit pro-vitamin A...	
Lightfoot, D....	2017	The role of a cytosolic superoxide dismutase in barley-p...	
Giuliano, G.	2017	Provitamin A biofortification of crop plants: a gold rush ...	
De Steur, H.;...	2017	The socioeconomics of genetically modified biofortified ...	
De Steur, H.;...	2017	GM biofortified crops: potential effects on targeting the ...	
Bollinedi, H.;...	2017	Molecular and Functional Characterization of GR2-R1 Ev...	
Wendt, T.; H...	2016	HvDep1 Is a Positive Regulator of Culm Elongation and ...	
Moghissi, A. ...	2016	Golden rice: scientific, regulatory and public information...	
Kurokawa, Y...	2016	Construction of a versatile SNP array for pyramiding use...	
Kinsella, J. ...	2016	A review of Gongylonema spp. (Nematoda: Gongylone...	
Gayen, D.; G...	2016	Metabolic Regulation of Carotenoid-Enriched Golden Ric...	
Federico, M. ...	2016	Modern Breeding and Biotechnological Approaches to E...	
Alos, E.; Rod...	2016	Manipulation of Carotenoid Content in Plants to Improv...	
Sherman, J. ...	2015	Transgenic proteins in agricultural biotechnology: The to...	

图 2-11　文献按论文发表的时间由近到远排序的结果

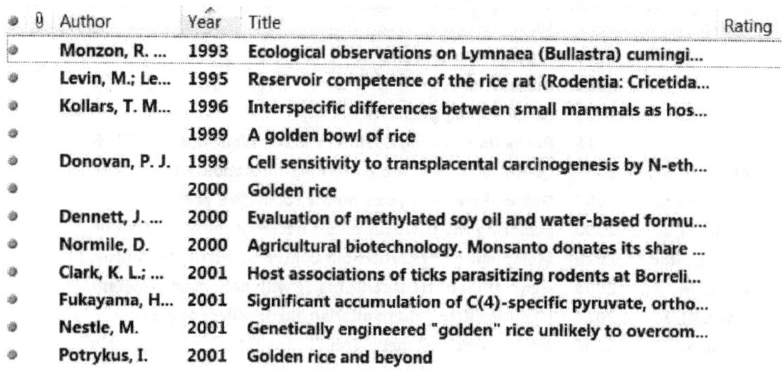

图 2-12　文献按论文发表的时间由远到近排序的结果

第二节　手工添加文献和粘贴原文 PDF 文件

EndNote X6 软件除了可以从网站上下载文献外，也可以手工添加文献，还能够将 PDF 格式的原文文件添加到文献的题录中。

一、手工添加文献

如何将一篇文章的题录导入“My EndNote Library”？例如，这篇文章的作者为“顾海永，李传国，梁世胡，李曙光，张其文”，题目为“弱感光型高产杂交水稻新组合金稻优 122 的选育及应用”，发表在 2009 年《杂交水稻》上，卷期为“24（5）”，页码为“21-22”。

首先新建一个“My EndNote Library”文件，点击“References”菜单，在下拉菜单选择“New Reference”，如图 2-13 所示。

点击后进入如图 2-14 所示的界面，在这个界面上可以添加新的文献。

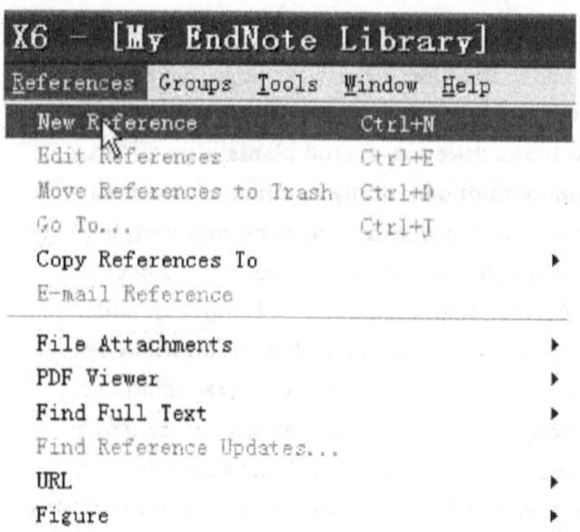

图 2-13　EndNote 文件中的“References”菜单

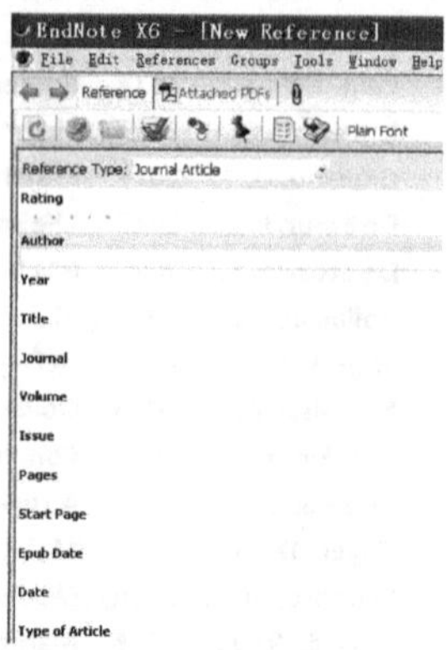

图 2-14　EndNote 文件中添加新文献的窗口

在图 2-14 界面上点击“Author”，在“Author”下面可以添加作者，作者之间用回车换行，如图 2-15 所示。

继续在这个页面上点击“Year”，在“Year”下面添加年份“2009”；点击“Title”，在“Title”下面添加“弱感光型高产杂交水稻新组合金稻优 122 的选育及应用”；点击“Journal”，在“Journal”下面添加“杂交水稻”；点击“Volume”，在“Volume”下面添加“24”；点击“Issue”，在“Issue”下面添加“5”；点击“Pages”，在“Pages”下面添加“2”；点击“Start Page”，在下面添加“21”，如图 2-16 所示。

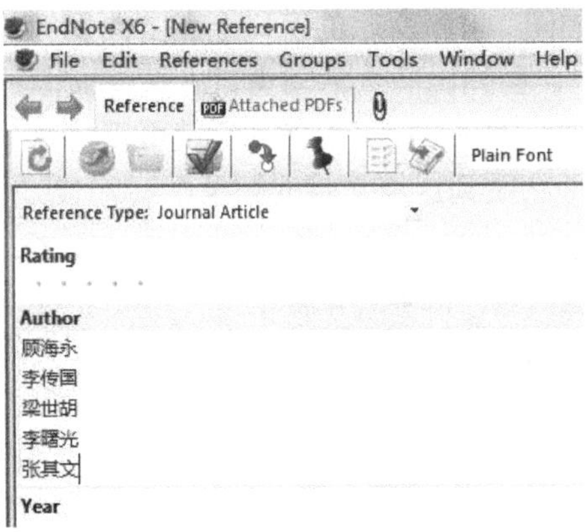

图 2-15　添加文献的作者

图 2-16　添加文献的其他信息

然后关闭这个窗口，在弹出的窗口上，点击“Yes”按钮，就可以在“My EndNote Library”文件中发现刚刚添加的文献，如图 2-17 所示。

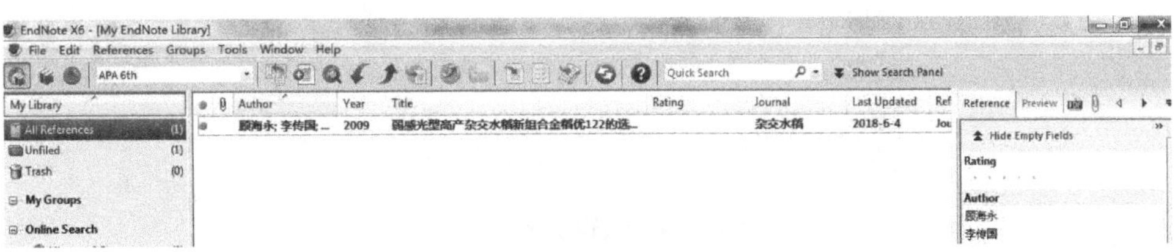

图 2-17　添加了一篇中文文献的 EndNote 文件

如果想删除一篇文献，仅仅需要先选定这篇文献，选定后的文献变成蓝色，然后点击鼠标右键，在弹出的活动窗口中选择“Move References to Trash”（图 2-18），就可以删除这篇文献。

二、粘贴原文 PDF 文件

EndNote X6 软件还可以将 PDF 格式的原文文件粘贴到 EndNote 文件中。我们还以“顾海永，李传国，梁世胡，李曙光，张其文. 2009. 弱感光型高产杂交水稻新组合金稻优 122 的选育及应用. 杂交水稻，24（5）：21-22”这篇文章为例。首先把这篇文章的 PDF 全文文件存放到电脑上选定的位置，如存放在电脑的“桌面”上。之后打开“My EndNote Library”文件，选定这篇文献的题录后双击鼠标，进入编辑文献的窗口，如图 2-19 所示。

在如图 2-19 所示的窗口上点击曲别针符号“ 📎 ”，会弹出一个活动窗口，选择文献的 PDF 文件，点击“打开”按钮，就可以将这个 PDF 文件粘贴到这篇文献的题录中。

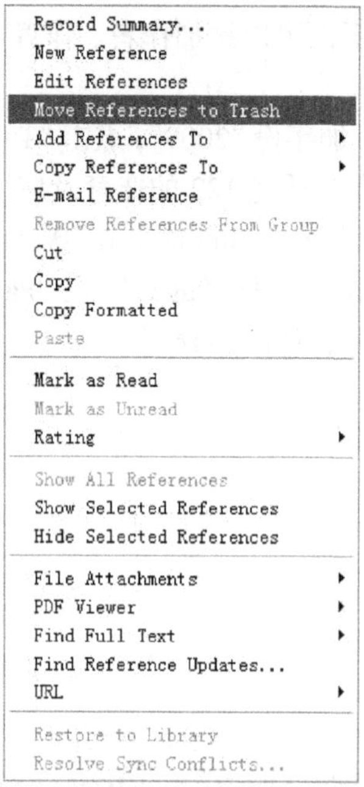

图 2-18　删除 EndNote 文件中的文献

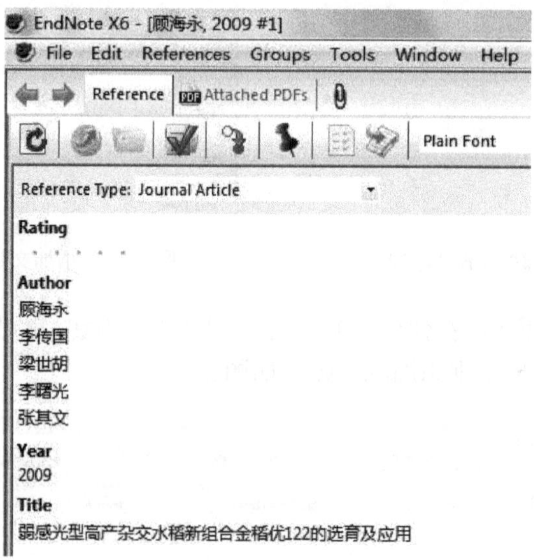

图 2-19　编辑文献的窗口

关闭编辑文献窗口，就可以进入所有文献的窗口，在这个窗口中可以发现这篇文献的作者左侧出现了一个曲别针符号“ 📎 ”，表示这篇文献有一个 PDF 格式的文件，如图 2-20 所示。

图 2-20　粘贴 PDF 文件后的工作窗口

双击这篇文献，就可以进入编辑文献窗口（图 2-21）。发现在这篇文献下面有一个 PDF 文件，双击就可以打开文件并进行阅读。

图 2-21　粘贴 PDF 文件之后的编辑文献窗口

通过粘贴 PDF 文件的功能，可以将文献的题录和原文的 PDF 文件一一对应，保存在这个名为“My EndNote Library”的文件中。可见，通过 EndNote X6 软件可将文献管理得井井有条。

此外，采用与粘贴原文 PDF 文件相似的方法，还可以把图片、Word 文件等相关的资料添加到文献中，非常便于阅读、管理、查找及今后的写作。

第三节　使用 EndNote X6 软件添加和排列参考文献

EndNote X6 软件还是一个写作科技论文的好帮手，它可以在 Word 文件中插入参考文献，并能对参考文献格式进行快捷修改，这些功能为使用者排列参考文献节省了大量的时间。

本节首先介绍如何插入参考文献，然后介绍如何修改参考文献格式，之后再介绍如何删除参考文献，最后介绍如何去除 EndNote 链接。

一、插入参考文献

假若想向下面一段文字插入 3 篇参考文献。

目前的教学一般采用了 PowerPoint 软件制作讲义。PPT 制作的各个幻灯片之间呈线性关系，很难看出知识点之间的逻辑关系［1］。一节课下来，甚至一门课下来，学生仅仅看到了一个个独立的知识点，对知识点之间的逻辑关系并不清楚。经过长期的教学实践，杨炳儒教授在计算机专业的一些课程中使用了思维导图（mind mapping）［2］。在教学中运用思维导图可以弥补知识点分散的缺陷，增加学生对整体知识框架的理解［3］。由于目前生物学相关课程教学中采用思维导图的并不多，我们在“植物生化与分子生物学”的教学中尝试使用思维导图。

需要引用参考文献的地方分别为［1］、［2］和［3］，引用文献如下。

［1］张帆，杨炳儒．KM 教学法在“数据结构”课程中的研究与应用．基础教育研究，2010，24：19-20

［2］杨炳儒，张桃红．理工科课堂 KM 教学法研究．现代大学教育，2006，4：83-85

［3］张桃红，彭珍，杨炳儒，谢永红．“C 程序设计”课程的 KM 教学法研究．计算机教育，2010，2：113-116

首先查找资料，创建一个含有需要插入参考文献的 EndNote 文件，如图 2-22 所示。

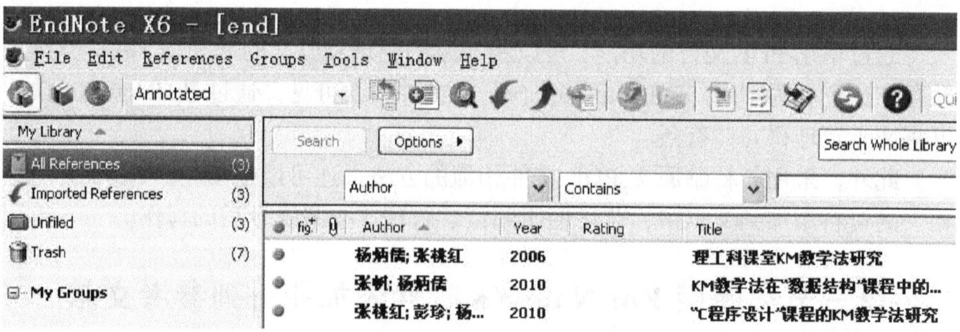

图 2-22　含有 3 篇参考文献的 EndNote 文件

打开这个 EndNote 文件，选定一篇要插入的文献使之变成蓝色，如图 2-23 所示。

将上述需插入参考文献的文字输入 Word 文件，然后将光标放到需要插入文献的位置，点击 Word 文件“工具”下拉菜单中的“EndNote X6”，在下拉菜单中选择“Insert Selected Citation（s）”，如图 2-24 所示。

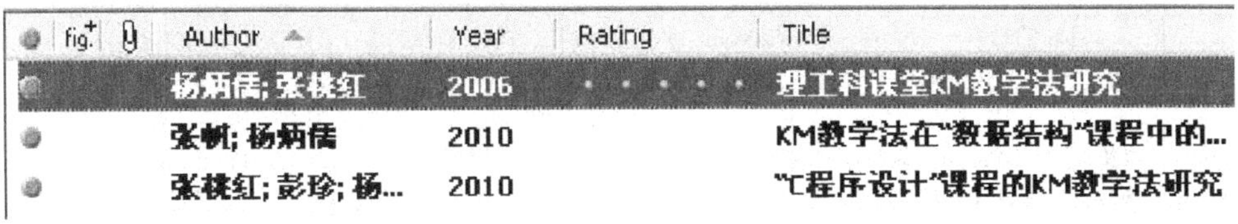

图 2-23　选定一个要插入的文献

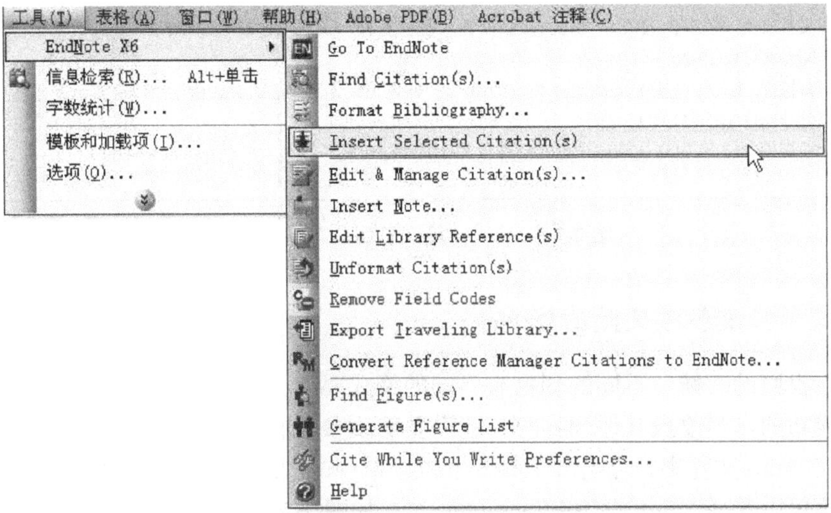

图 2-24　在 Word 文件插入选定的文献

继续点击鼠标左键一次，就可以将这篇文献插入。当文献成功插入后，将光标放到文献插入处，作者的姓名就变成灰色，并且在这段文字的下面出现了第一篇参考文献（图 2-25）。

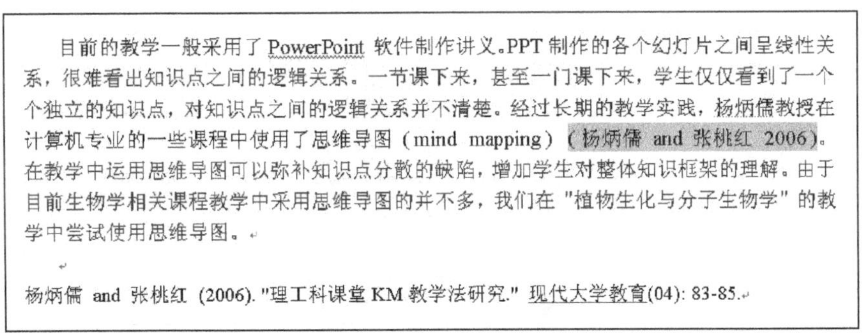
目前的教学一般采用了 PowerPoint 软件制作讲义。PPT 制作的各个幻灯片之间呈线性关系，很难看出知识点之间的逻辑关系。一节课下来，甚至一门课下来，学生仅仅看到了一个个独立的知识点，对知识点之间的逻辑关系并不清楚。经过长期的教学实践，杨炳儒教授在计算机专业的一些课程中使用了思维导图（mind mapping）（杨炳儒 and 张桃红 2006)。在教学中运用思维导图可以弥补知识点分散的缺陷，增加学生对整体知识框架的理解。由于目前生物学相关课程教学中采用思维导图的并不多，我们在"植物生化与分子生物学"的教学中尝试使用思维导图。

杨炳儒 and 张桃红 (2006). "理工科课堂 KM 教学法研究." 现代大学教育(04): 83-85.

图 2-25　插入一篇文献后的 Word 文件

继续采用前面的方法将第二、第三篇文献也插入到这段文字中。最后，在这段文字的下面出现了插入的 3 篇参考文献，如图 2-26 所示。

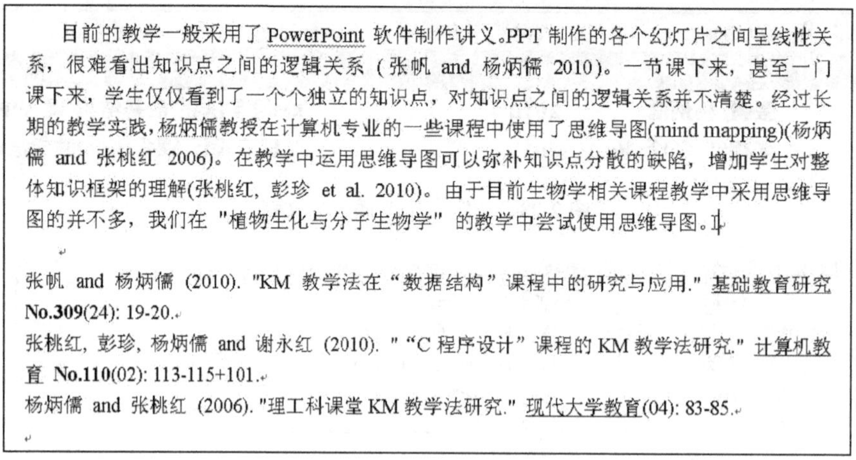

目前的教学一般采用了 PowerPoint 软件制作讲义。PPT 制作的各个幻灯片之间呈线性关系，很难看出知识点之间的逻辑关系（张帆 and 杨炳儒 2010）。一节课下来，甚至一门课下来，学生仅仅看到了一个个独立的知识点，对知识点之间的逻辑关系并不清楚。经过长期的教学实践，杨炳儒教授在计算机专业的一些课程中使用了思维导图(mind mapping)(杨炳儒 and 张桃红 2006)。在教学中运用思维导图可以弥补知识点分散的缺陷，增加学生对整体知识框架的理解(张桃红, 彭珍 et al. 2010)。由于目前生物学相关课程教学中采用思维导图的并不多，我们在 "植物生化与分子生物学" 的教学中尝试使用思维导图。

张帆 and 杨炳儒 (2010). "KM 教学法在“数据结构”课程中的研究与应用." 基础教育研究 No.309(24): 19-20.

张桃红, 彭珍, 杨炳儒 and 谢永红 (2010). " “C 程序设计” 课程的 KM 教学法研究." 计算机教育 No.110(02): 113-115+101.

杨炳儒 and 张桃红 (2006). "理工科课堂 KM 教学法研究." 现代大学教育(04): 83-85.

图 2-26　插入 3 篇文献后的 Word 文件

二、修改参考文献的格式

在投稿的时候，不同的刊物有不同的格式要求，并且投稿也往往不是一次就能够成功的。当改投其他刊物时，就需要修改参考文献的格式。

在 Word 文件中，点击“工具”下拉菜单中的“EndNote X6”。“EndNote X6”下拉菜单中选择“Format Bibliography...”，如图 2-27 所示。

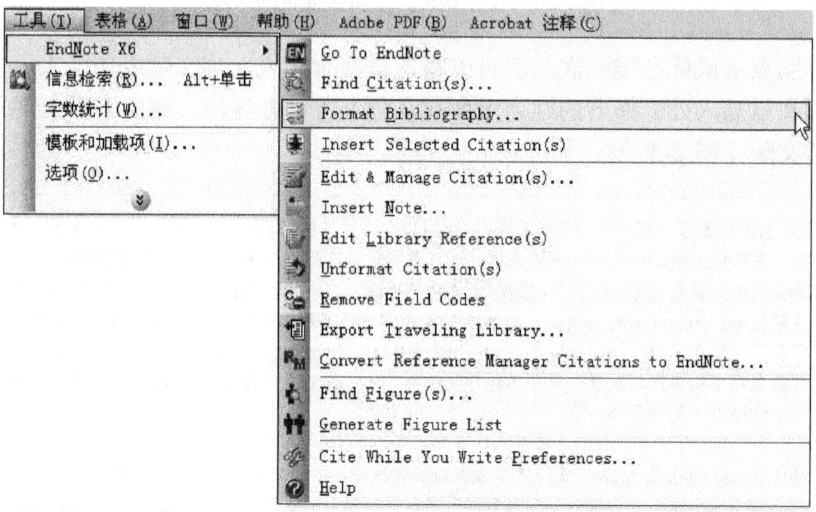

图 2-27　格式化 Word 文件中的参考文献

点击“Format Bibliography...”后就进入如图 2-28 所示的活动窗口。

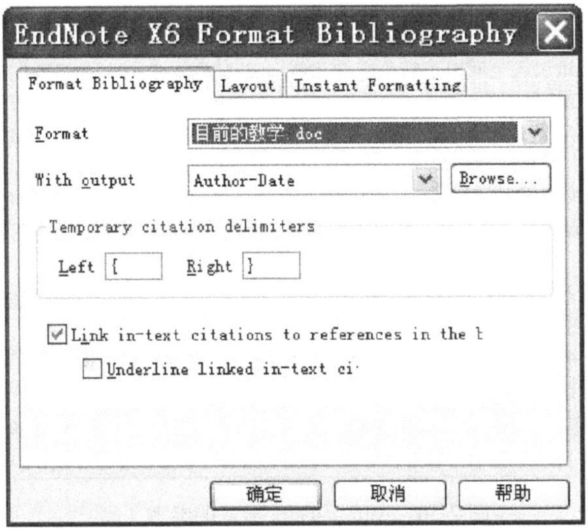

图 2-28　格式化 Word 文件中参考文献的活动窗口

在如图 2-28 所示的活动窗口上，“Format”一行显示需要格式化的 Word 文件名称。第二行“With output”则可以选择文献的格式，共有 3 种格式可供选择。

1）选择 Annotated，表示参考文献的格式为带注解的，点击“确定”按钮后，此时论文的摘要也会出现在文献中，如图 2-29 所示。

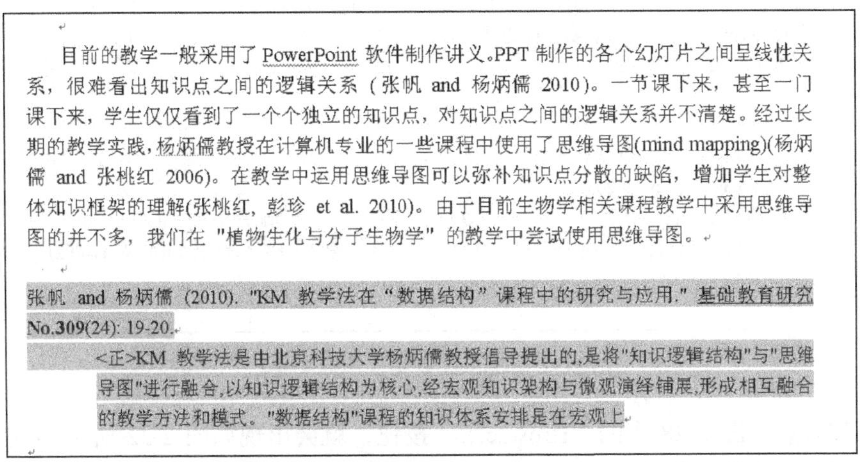

目前的教学一般采用了 PowerPoint 软件制作讲义。PPT 制作的各个幻灯片之间呈线性关系，很难看出知识点之间的逻辑关系（张帆 and 杨炳儒 2010）。一节课下来，甚至一门课下来，学生仅仅看到了一个个独立的知识点，对知识点之间的逻辑关系并不清楚。经过长期的教学实践，杨炳儒教授在计算机专业的一些课程中使用了思维导图(mind mapping)(杨炳儒 and 张桃红 2006)。在教学中运用思维导图可以弥补知识点分散的缺陷，增加学生对整体知识框架的理解(张桃红，彭珍 et al. 2010)。由于目前生物学相关课程教学中采用思维导图的并不多，我们在 "植物生化与分子生物学" 的教学中尝试使用思维导图。

张帆 and 杨炳儒 (2010). "KM 教学法在“数据结构”课程中的研究与应用." 基础教育研究 **No.309**(24): 19-20.

<正>KM 教学法是由北京科技大学杨炳儒教授倡导提出的,是将"知识逻辑结构"与"思维导图"进行融合,以知识逻辑结构为核心,经宏观知识架构与微观演绎铺展,形成相互融合的教学方法和模式。"数据结构"课程的知识体系安排是在宏观上

图 2-29　Annotated 格式的参考文献

2）选择 Author-Date，表示参考文献的格式为“著者-出版年制”。点击“确定”按钮后，此时论文的摘要会自动消失，如图 2-30 所示。

> 目前的教学一般采用了 PowerPoint 软件制作讲义。PPT 制作的各个幻灯片之间呈线性关系，很难看出知识点之间的逻辑关系（张帆 and 杨炳儒 2010）。一节课下来，甚至一门课下来，学生仅仅看到了一个个独立的知识点，对知识点之间的逻辑关系并不清楚。经过长期的教学实践，杨炳儒教授在计算机专业的一些课程中使用了思维导图(mind mapping)(杨炳儒 and 张桃红 2006)。在教学中运用思维导图可以弥补知识点分散的缺陷，增加学生对整体知识框架的理解(张桃红, 彭珍 et al. 2010)。由于目前生物学相关课程教学中采用思维导图的并不多，我们在 "植物生化与分子生物学" 的教学中尝试使用思维导图。
>
> 张帆 and 杨炳儒 (2010). "KM 教学法在“数据结构”课程中的研究与应用." 基础教育研究 **No.309**(24): 19-20.
>
> 张桃红, 彭珍, 杨炳儒 and 谢永红 (2010). "“C 程序设计”课程的 KM 教学法研究." 计算机教育 **No.110**(02): 113-115+101.
>
> 杨炳儒 and 张桃红 (2006). "理工科课堂 KM 教学法研究." 现代大学教育(04): 83-85.

图 2-30 Author-Date 格式的参考文献

3）选择 Numbered，表示参考文献的格式为“顺序编码制”，参考文献按照引用顺序排列，点击“确定”按钮后，文章中的文献会自动变成数字，参考文献的格式也会自动加上序号，如图 2-31 所示。

> 目前的教学一般采用了 PowerPoint 软件制作讲义。PPT 制作的各个幻灯片之间呈线性关系，很难看出知识点之间的逻辑关系[1]。一节课下来，甚至一门课下来，学生仅仅看到了一个个独立的知识点，对知识点之间的逻辑关系并不清楚。经过长期的教学实践，杨炳儒教授在计算机专业的一些课程中使用了思维导图(mind mapping)[2]。在教学中运用思维导图可以弥补知识点分散的缺陷，增加学生对整体知识框架的理解[3]。由于目前生物学相关课程教学中采用思维导图的并不多，我们在 "植物生化与分子生物学" 的教学中尝试使用思维导图。
>
> 1. 张帆 and 杨炳儒, *KM 教学法在“数据结构”课程中的研究与应用.* 基础教育研究, 2010. **No.309**(24): p. 19-20.
> 2. 杨炳儒 and 张桃红, *理工科课堂 KM 教学法研究.* 现代大学教育, 2006(04): p. 83-85.
> 3. 张桃红, et al., *“C 程序设计”课程的 KM 教学法研究.* 计算机教育, 2010. **No.110**(02): p. 113-115+101.

图 2-31 Numbered 格式的参考文献

如果点击图 2-28 中的“Browse…”按钮，就会出现如图 2-32 所示的刊物名称选择表，这些刊物名称按照英文字母顺序排列，可以选择任意一个名称更换参考文献的格式。由此可见，这个软件更适合写英文论文。

例如，当选择 *Cell* 杂志时，出现如图 2-33 所示的界面。

继续点击图 2-33 中的“OK”按钮，就会出现一个活动窗口，如图 2-34 所示，在这个窗口上点击“确定”按钮。

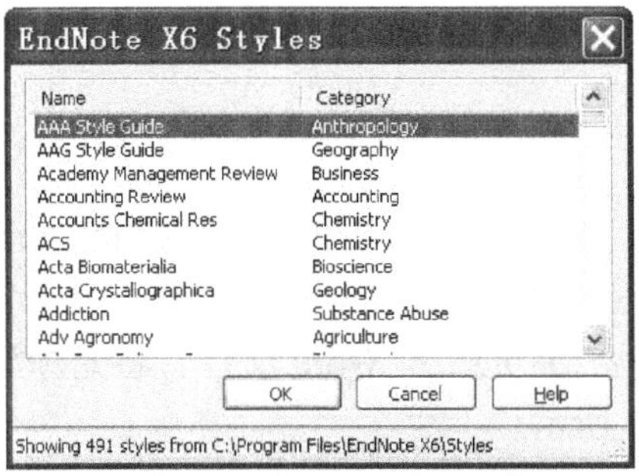

图 2-32 EndNote X6 所带刊物的名称列表

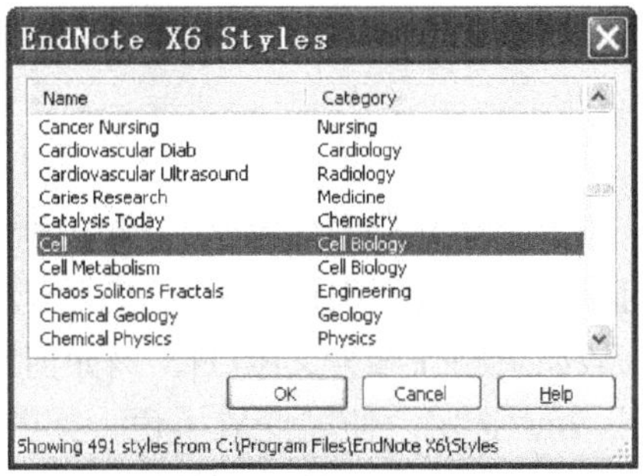

图 2-33 选择 *Cell* 杂志

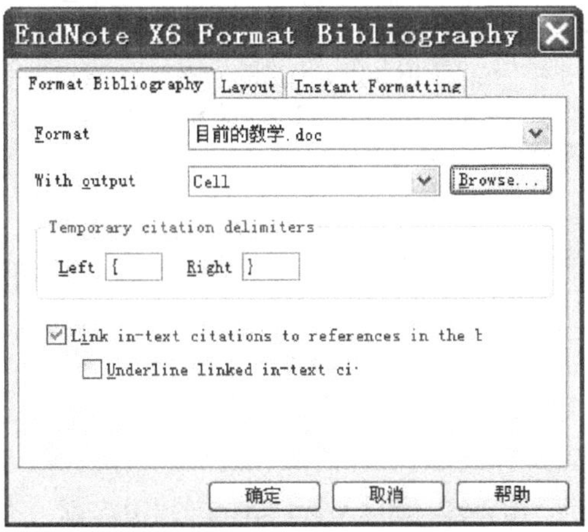

图 2-34 选择 *Cell* 杂志参考文献格式后出现的活动窗口

文献就变成如图 2-35 所示的格式，参考文献的引用格式是按 *Cell* 杂志的要求来排列的。

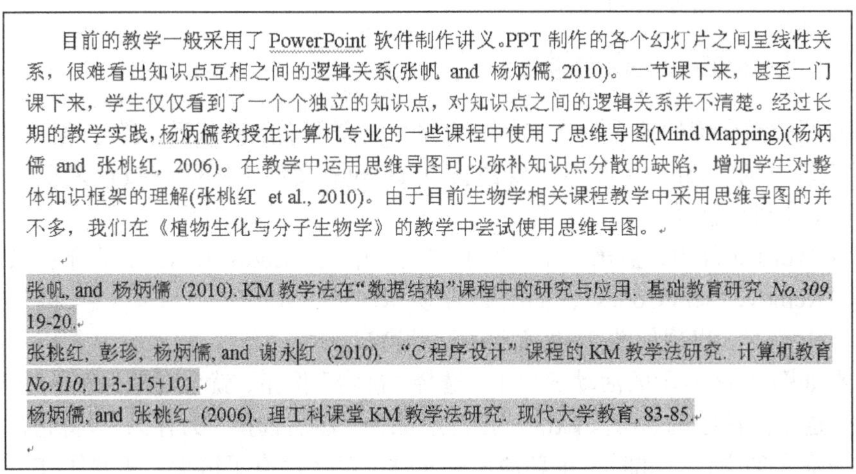

目前的教学一般采用了 PowerPoint 软件制作讲义。PPT 制作的各个幻灯片之间呈线性关系，很难看出知识点互相之间的逻辑关系(张帆 and 杨炳儒, 2010)。一节课下来，甚至一门课下来，学生仅仅看到了一个个独立的知识点，对知识点之间的逻辑关系并不清楚。经过长期的教学实践，杨炳儒教授在计算机专业的一些课程中使用了思维导图(Mind Mapping)(杨炳儒 and 张桃红, 2006)。在教学中运用思维导图可以弥补知识点分散的缺陷，增加学生对整体知识框架的理解(张桃红 et al., 2010)。由于目前生物学相关课程教学中采用思维导图的并不多，我们在《植物生化与分子生物学》的教学中尝试使用思维导图。

张帆, and 杨炳儒 (2010). KM 教学法在"数据结构"课程中的研究与应用. 基础教育研究 *No.309*, 19-20.

张桃红, 彭珍, 杨炳儒, and 谢永红 (2010). "C 程序设计" 课程的 KM 教学法研究. 计算机教育 *No.110*, 113-115+101.

杨炳儒, and 张桃红 (2006). 理工科课堂 KM 教学法研究. 现代大学教育, 83-85.

图 2-35 按 *Cell* 杂志格式排列的参考文献

按照这种方法，可以选择不同的刊物来排列参考文献。

三、删除参考文献

还以刚才的那段话为例，成功地插入了 3 篇文献后，并且选择 Numbered 格式对参考文献按照引用顺序进行排列，如图 2-31 所示。

假如想删除参考文献[1]，该如何删除呢？首先打开 Word 文件，将光标放到“[1]”处，选定，使之变成黑色，如图 2-36 所示。

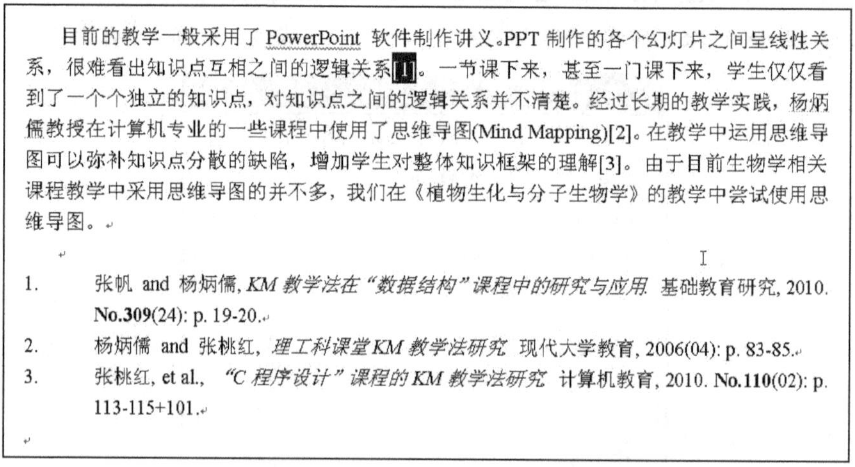

目前的教学一般采用了 PowerPoint 软件制作讲义。PPT 制作的各个幻灯片之间呈线性关系，很难看出知识点互相之间的逻辑关系[1]。一节课下来，甚至一门课下来，学生仅仅看到了一个个独立的知识点，对知识点之间的逻辑关系并不清楚。经过长期的教学实践，杨炳儒教授在计算机专业的一些课程中使用了思维导图(Mind Mapping)[2]。在教学中运用思维导图可以弥补知识点分散的缺陷，增加学生对整体知识框架的理解[3]。由于目前生物学相关课程教学中采用思维导图的并不多，我们在《植物生化与分子生物学》的教学中尝试使用思维导图。

1. 张帆 and 杨炳儒, *KM 教学法在“数据结构”课程中的研究与应用.* 基础教育研究, 2010. **No.309**(24): p. 19-20.
2. 杨炳儒 and 张桃红, *理工科课堂KM 教学法研究.* 现代大学教育, 2006(04): p. 83-85.
3. 张桃红, et al., *“C 程序设计”课程的 KM 教学法研究.* 计算机教育, 2010. **No.110**(02): p. 113-115+101.

图 2-36 删除 Word 文件中的引用文献

然后按键盘上的 Delete 键，就可以将“[1]”删除，同时文献列表中的文献[1]也被删除，其余的文献自动排序。

可见，通过 EndNote 软件来排列参考文献，可以节省写作过程中因删除参考文献而重新排序所花费的时间。

四、去除 EndNote 链接

按照前面介绍的插入参考文献的方法，将全部文献插入后，选定格式排版。由于投稿时的 Word 文件不需要链接 EndNote 文件，因此在投稿之前要去除 EndNote 文件的链接。

在 Word 文件中，点击“工具”下拉菜单中的“EndNote X6”，在下拉菜单中选择“Remove Field Codes”，如图 2-37 所示。

点击一下，出现如图 2-38 所示的活动窗口。

在如图 2-38 所示的活动窗口上，选择“确定”按钮，就会自动保存一个 Word 文件，这个文件中的参考文献的链接已经除去。然后选择“另存为”，将它存为一个重新命名的文件。此时，重新命名的文件中已经没有了链接。去除了 EndNote 链接的 Word 文件的效果如图 2-39 所示。

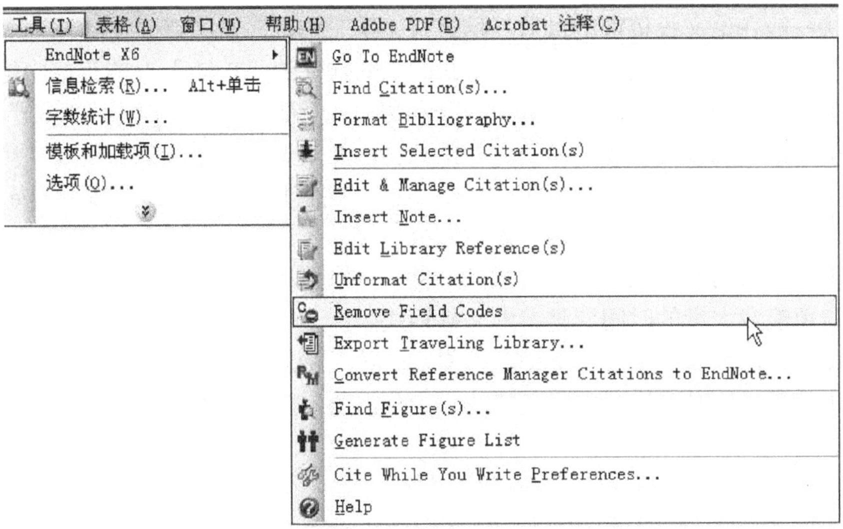

图 2-37　Word 文件中去除 EndNote 链接的菜单

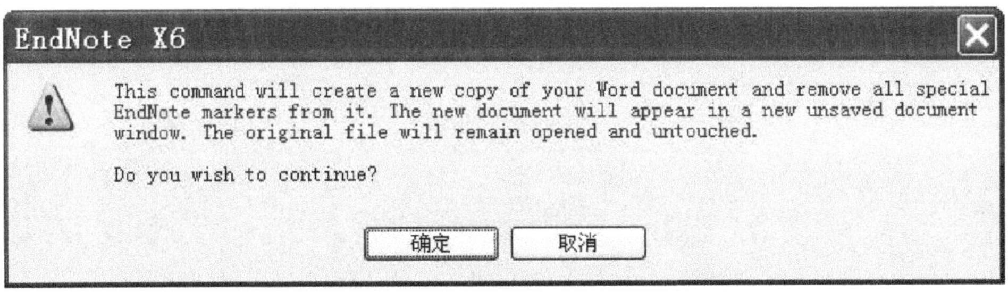

图 2-38　Word 文件中去除 EndNote 链接的活动窗口

> 目前的教学一般采用了 PowerPoint 软件制作讲义。PPT 制作的各个幻灯片之间呈线性关系，很难看出知识点互相之间的逻辑关系。一节课下来，甚至一门课下来，学生仅仅看到了一个个独立的知识点，对知识点之间的逻辑关系并不清楚。经过长期的教学实践，杨炳儒教授在计算机专业的一些课程中使用了思维导图(Mind Mapping)[1]。在教学中运用思维导图可以弥补知识点分散的缺陷，增加学生对整体知识框架的理解[2]。由于目前生物学相关课程教学中采用思维导图的并不多，我们在《植物生化与分子生物学》的教学中尝试使用思维导图。
>
> [1] 杨炳儒, 张桃红, 理工科课堂 KM 教学法研究, *现代大学教育*, (2006) 83-85.
> [2] 张桃红, 彭珍, 杨炳儒, 谢永红, “C 程序设计”课程的 KM 教学法研究, *计算机教育*, **No.110 (2010) 113-115+101.**

图 2-39　去除了 EndNote 链接的 Word 文件

在这个文件中，正文中的编号还没有变成上标，可以手工调整一下。调整方法是选择编号，同时按住键盘上的“Ctrl”“Shift”和“+”即可。去除参考文献的链接一般在论文投稿前的最后一稿进行，平时修改时没有必要去除。

上述步骤，简单地说就是：使用 EndNote 软件的“Tools”下拉菜单中的插入选定参考文献的命令，插入要引用的参考文献；全部插入后，使用“Tools”下拉菜单中的格式化参考文献的命令，根据刊物的要求选择参考文献的格式；接下来在 Word“工具”菜单中选择“EndNote X6”，在下拉菜单中点击“Remove Field Codes”，去除 EndNote 链接后，就可以进行投稿了。

因此，采用 EndNote 软件排版的文件，一旦退稿，很容易修改参考文献的格式，避免浪费大量的时间调整参考文献格式。

此外，还可以利用 EndNote 软件提供的英文杂志的模板来撰写英文论文，这样可以避免投稿时对格式的反复修改，十分方便。感兴趣的读者可以查阅相关的资料进行自学。

第三章　常用中文数据库的检索

当今国内的文献基本上已实现电子化，出现了一些中文科技文献的数据库。本章主要介绍如何使用中国知网、万方数据、维普资讯等常用中文数据库进行文献检索和保存，以及对检索结果进行自动分析，为利用文献奠定基础。

本章思维导图：

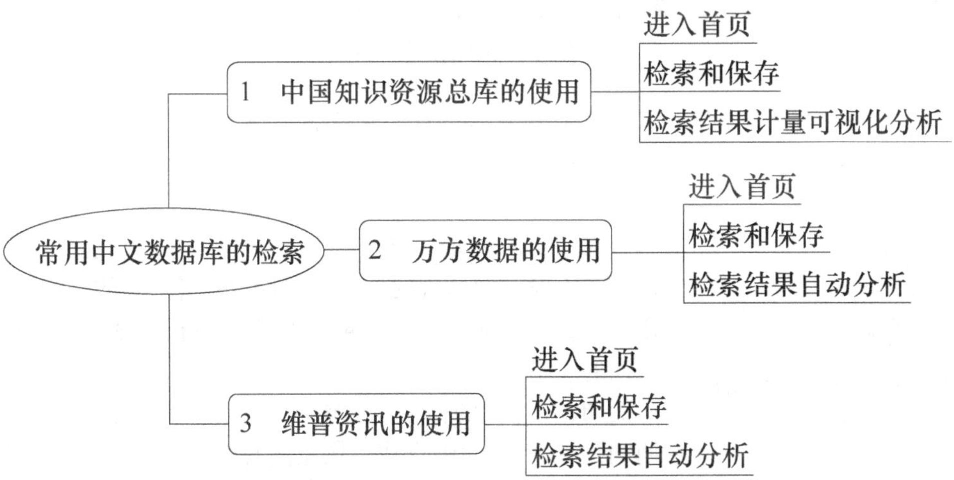

第一节　中国知识资源总库的使用

中国知识资源总库（CNKI），简称中国知网，它的使用主要包含 3 个步骤：进入首页、检索和保存、检索结果计量可视化分析。

一、进入首页

CNKI 首页的进入十分简单，在网址栏中键入 http://www.cnki.net/ 就可以。无论在任何地方，只要登录 CNKI 的网站即可进行检索，但只能看到索引与摘要等数据，无法阅读全文，这是常见的访客浏览方式。

另外，CNKI 首页的进入也可以使用 IP 登录，这种登录方式适合订阅单位使用。一般大学校内的 IP 可以访问学校订阅的 CNKI 资源，并且可以下载全文。

二、检索和保存

CNKI 的检索可以使用标准检索的方式，然后将检索到的文献导入到 EndNote 文件中。下面以“金稻”为例，介绍一下将检索到的文献导入 EndNote 的过程。

首先打开 CNKI 首页，如图 3-1 所示。

图 3-1　CNKI 首页

图 3-2　CNKI 检索框的下拉菜单

首页上可以选择检索文献的来源，可以在学术期刊、博硕、会议等库中查找。左侧的检索框可以选择检索词出现的地方，右侧的检索框可以输入检索词。点击左侧检索框的小箭头，出现如图 3-2 所示的下拉菜单。在这个菜单中，列出了检索词出现的地方。选择“作者”，可以查找某一作者的文献；选择“关键词”，可以查找在关键词中出现检索词的文献等。

例如，在右侧的检索框内输入“金稻”，点击下方的“学术期刊”，在期刊库中查找。在左侧的检索框内，选择“主题”，点击“放大镜”按钮，如图 3-3 所示。

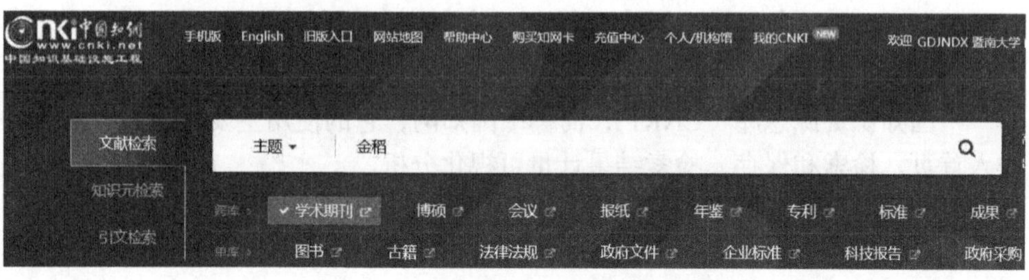

图 3-3　在 CNKI 检索框内输入“金稻”

点击“放大镜”按钮后，就出现了如图 3-4 所示的页面，本页面显示按照主题排序的检索结果。点击“发表时间”，检索结果按照发表时间的顺序排列（图 3-5）。

图 3-4　按照主题排序的检索结果

图 3-5　按照发表时间排序的检索结果

点击每个文献序号左侧的小方框，当小方框内出现一个对号时，表示选中了所需要的文献。也可以点击“篇名”左侧的小方框，将这个页面内所有的文献选中（图 3-6）。

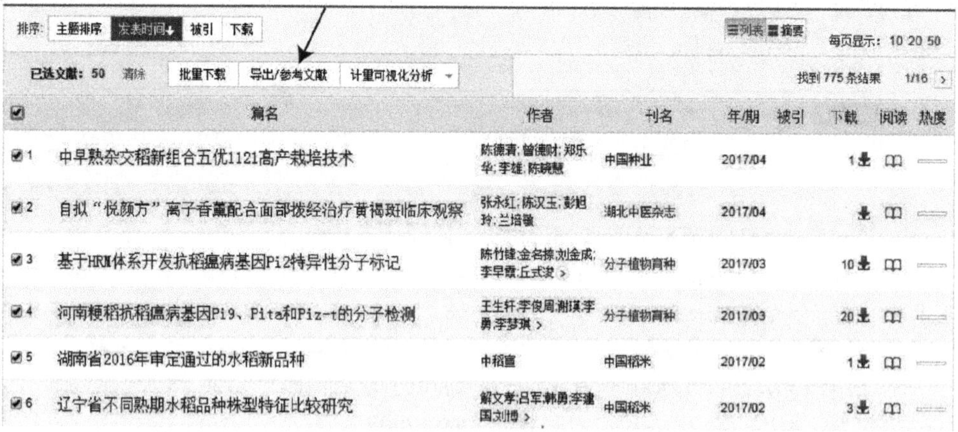

图 3-6　选择文献

选择所需要的文献后，点击“导出/参考文献”按钮，弹出如图 3-7 所示的页面，点击左侧的“EndNote”，弹出如图 3-8 所示的页面，在这个页面上点击“导出”，弹出一个保存文件的窗口（图 3-9），即可将结果输出成一个 TXT 格式的文件。保存这个文件到电脑上选定的位置。

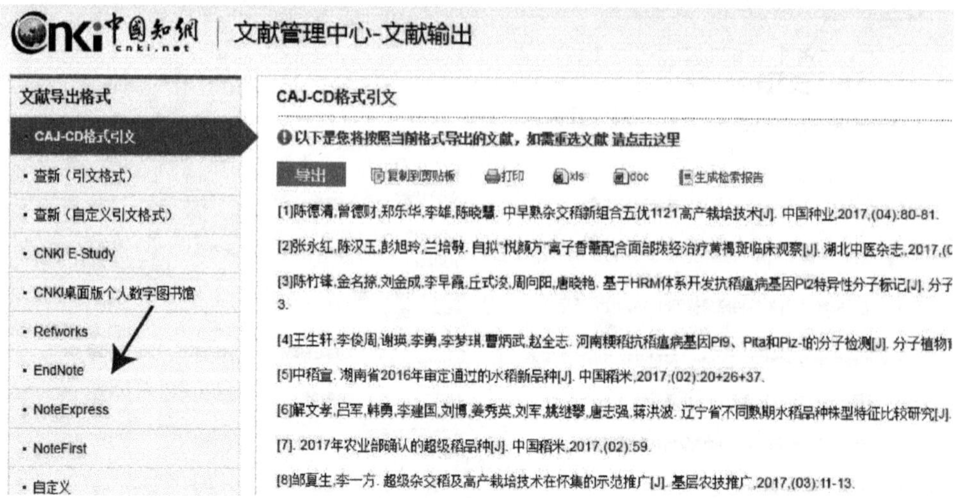

图 3-7　文献导出页面

如何将下载的 TXT 文件导入到 EndNote 中呢？首先新建一个名为“金稻”的 EndNote 文件。新建步骤为：打开 EndNote 软件，点击“File”菜单中的“New…”（图 3-10），弹出一个对话窗口，选择保存的位置和文件名称。

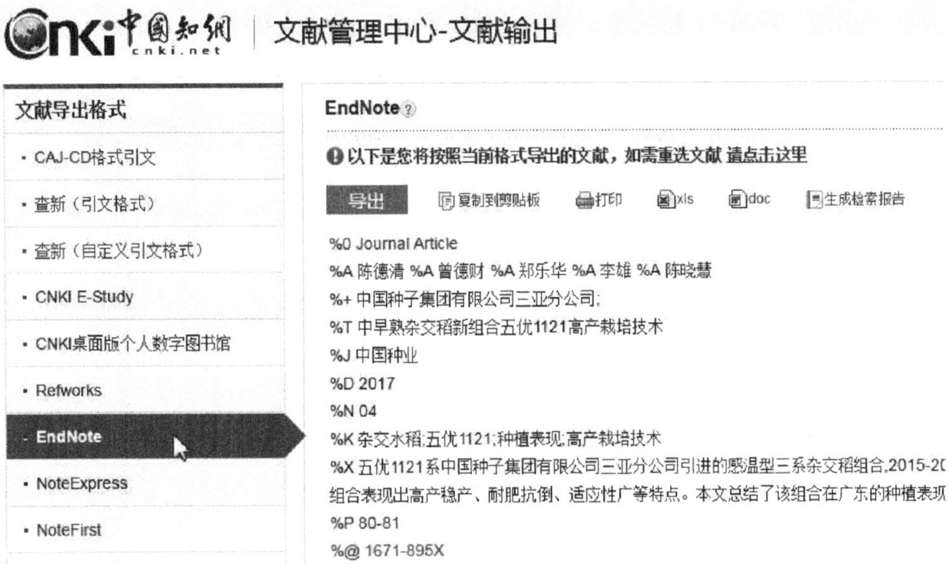

图 3-8　选择 EndNote 来导出文献的页面

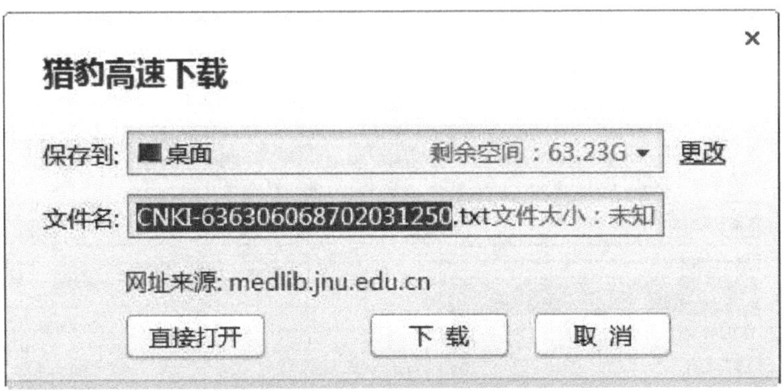

图 3-9　保存文献窗口

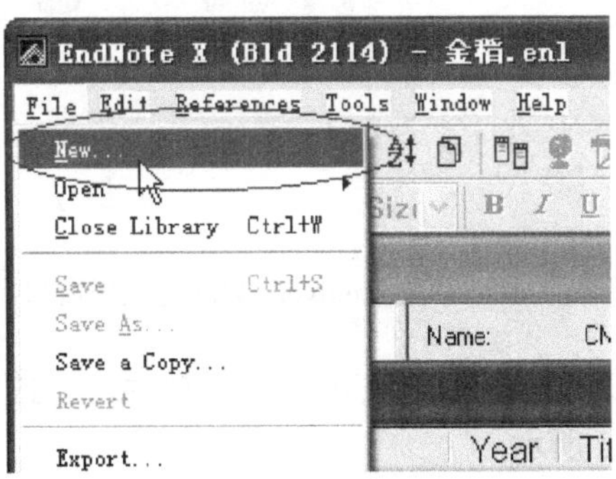

图 3-10　新建 EndNote 文件

当出现如图 3-11 所示的页面后，在文件名中输入文件名字，如“金稻”，点击“保存”。此时，“金稻”EndNote 文件中的文献数量是 0（图 3-12）。

图 3-11　新建 EndNote 文件的命名

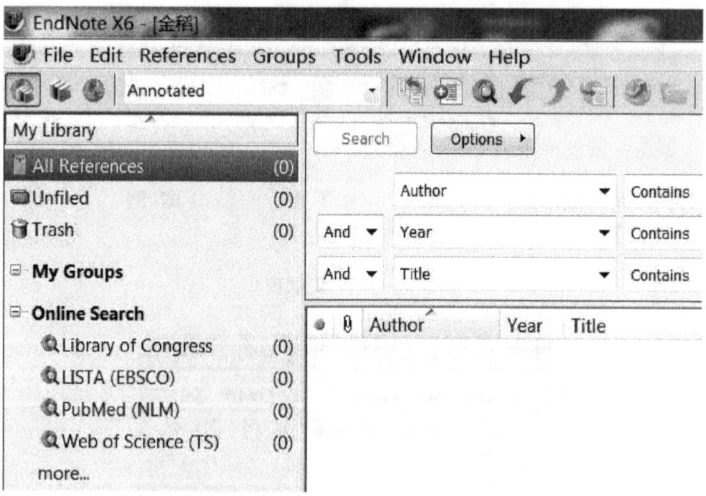

图 3-12　新建 EndNote 文件的工作窗口

打开“金稻”EndNote 文件中“File”的下拉菜单，选择子菜单“Import”中的“File...”，如图 3-13 所示。

点击“File...”弹出如图 3-14 所示的窗口，点击该窗口上的“Choose...”按钮，选择刚才保存的 TXT 文件，双击选定这个文件，点击“打开”按钮，在“Import

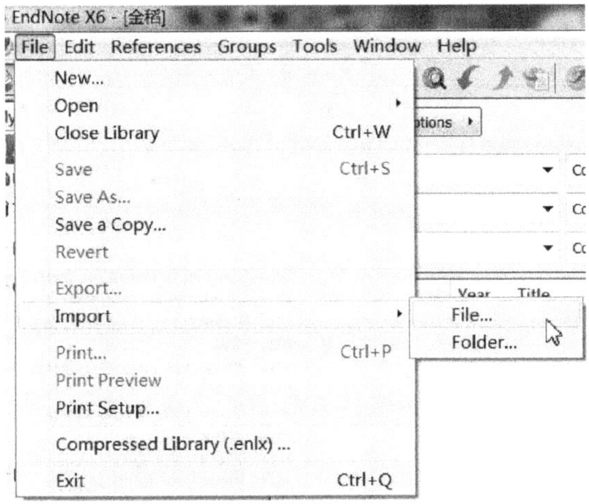

图 3-13　选择“File...”菜单

Option”中选择“EndNote generated XML”，在“Text Translation”一栏中选择“Unicode(UTF-8)”，如图 3-15 所示。在这个窗口中，如果选择其他选项，就不能将中文文献导入 EndNote。然后点击“Import”按钮，文献就自动导入到 EndNote 文件中（图 3-16）。

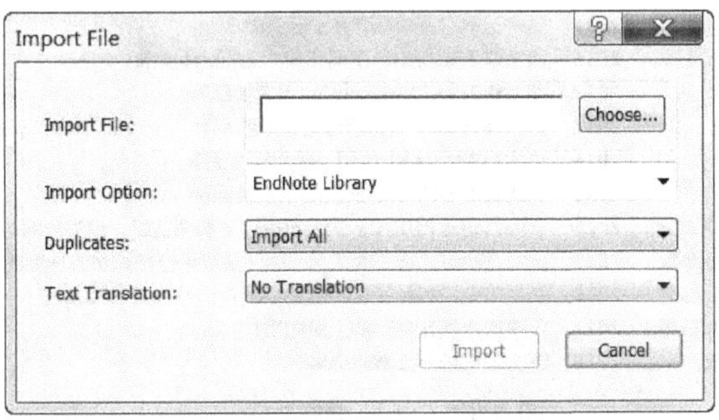

图 3-14　CNKI 检索结果导入 EndNote 的过程之一

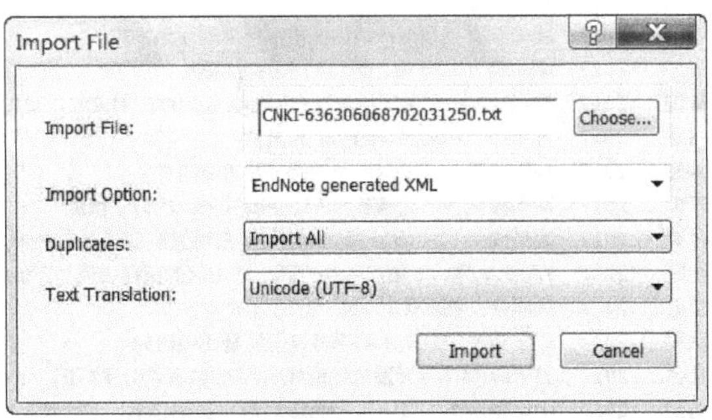

图 3-15　CNKI 检索结果导入 EndNote 的过程之二

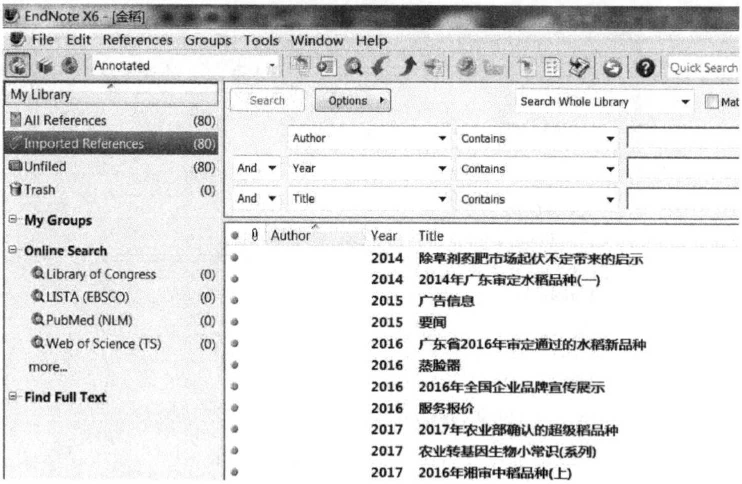

图 3-16　文献已经导入 EndNote

点击“Author”按钮后，文献题录就变成如图 3-17 所示的页面。点击“Year”按钮，文献题录就变成如图 3-18 所示的页面。

图 3-17　文献按照作者排序

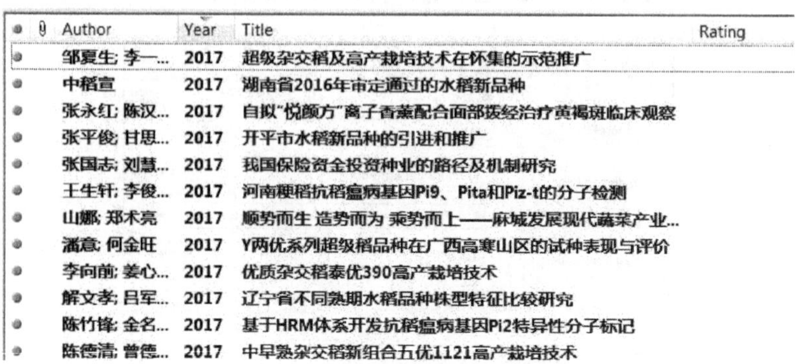

图 3-18　文献按照发表年排序

由于网站在不断更新，因此检索和保存的步骤与本节所叙述的也许不完全一样，但基本过程不会发生大的变化。

三、检索结果计量可视化分析

CNKI 还可以对检索结果进行计量可视化分析。计量可视化分析相当于有一个机器人在协助阅读，提高阅读分析的速度。具体的分析方法如下。

返回图 3-4 或图 3-5 的“金稻”检索结果页面，点击“计量可视化分析”，有“已选文献分析”和“全部检索结果分析”两种选择（图 3-19）。选择“已选文献分析”可对选定的文献进行分析；选择“全部检索结果分析”则可对全部检索结果进行分析。

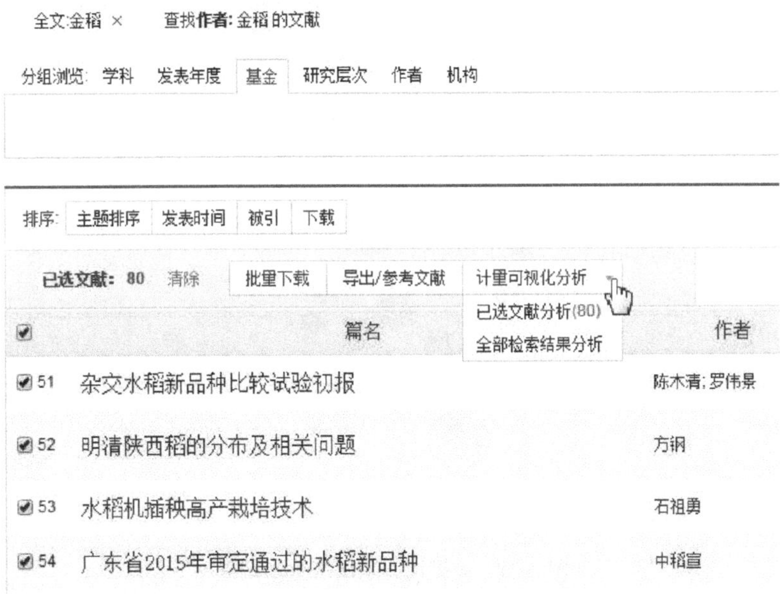

图 3-19 检索结果的“计量可视化分析”页面

例如，选择下方的“全部检索结果分析”，弹出如图 3-20 所示的页面。首先看到的总体趋势分析，显示了文献总数和发表年度趋势图等信息。可以看出，1992～2016 年，发表的有关“金稻”的论文数量在迅速增加。

第二栏为关系网络，如关键词共现网络，对其结果进行分析发现，出现频率高的关键词有水稻和栽培技术等（图 3-21）。

第三栏为分布分析，包括对基金、研究层次、作者、机构、学科、来源类别等信息的分布分析。例如，对“金稻”检索结果的基金分布进行分析发现，这些发表的文献得到了国家自然科学基金、国家科技支撑计划基金、国家科技攻关计划基金和各省自然科学基金等的资助（图 3-22）。

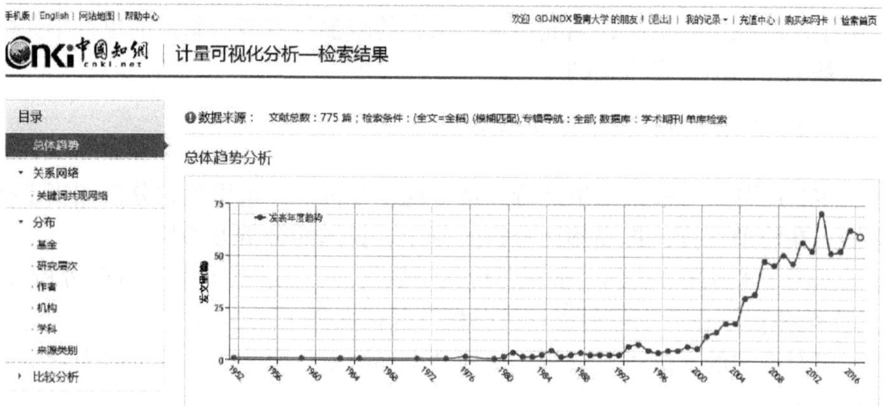

图 3-20　检索结果的总体趋势分析结果

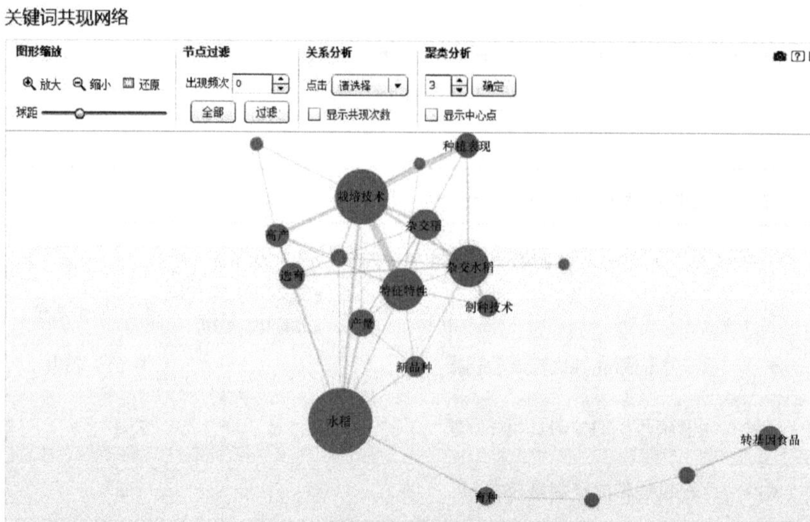

图 3-21　关键词共现网络分析结果

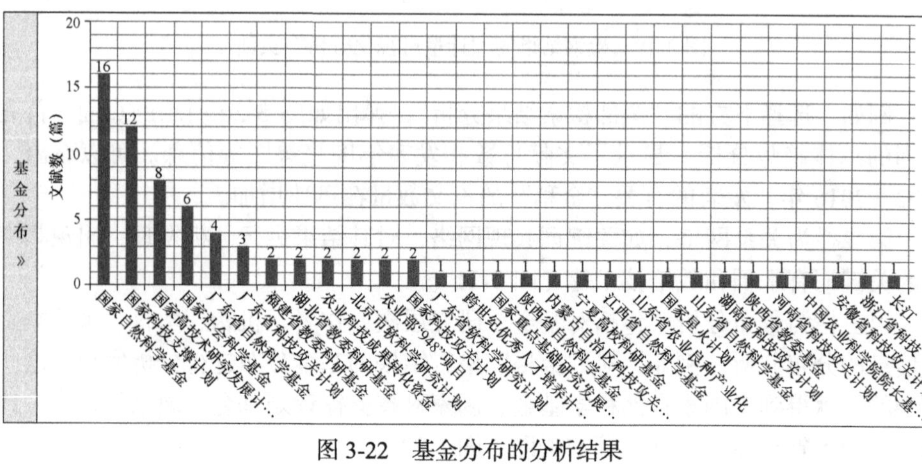

图 3-22　基金分布的分析结果

对“金稻”检索结果的研究层次分布进行分析发现，大多数文献属于基础与应用基础研究（图 3-23）。

对“金稻”检索结果的作者分布进行分析发现，发表论文最多的作者为李传国，共发表了 15 篇（图 3-24）。

对“金稻”检索结果的机构分布进行分析发现，发表论文最多的机构是广东省农业科学院水稻研究所（图 3-25）。

对“金稻”检索结果的学科分布进行分析发现，对“金稻”研究的学科属于农作物、农业经济和植物保护等（图 3-26）。

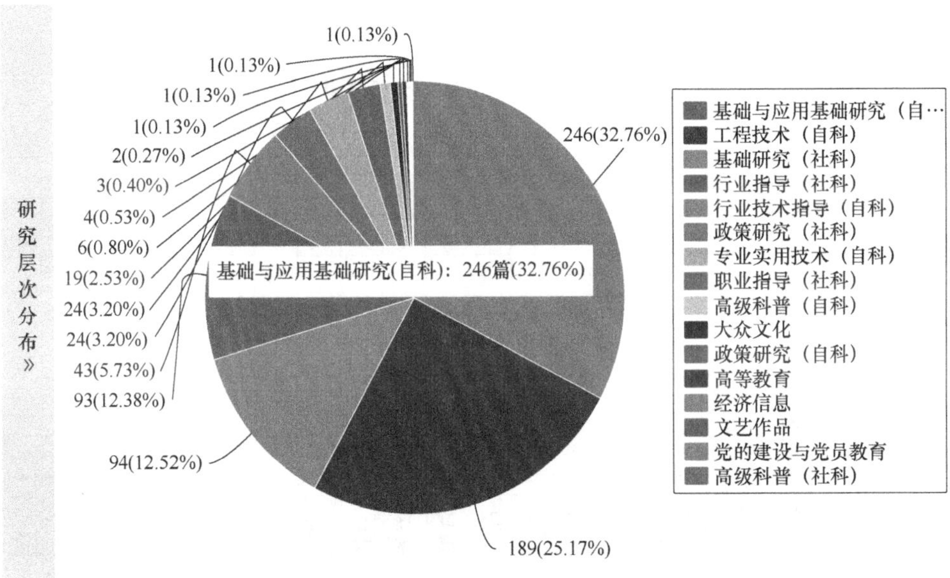

图 3-23　研究层次分布的分析结果

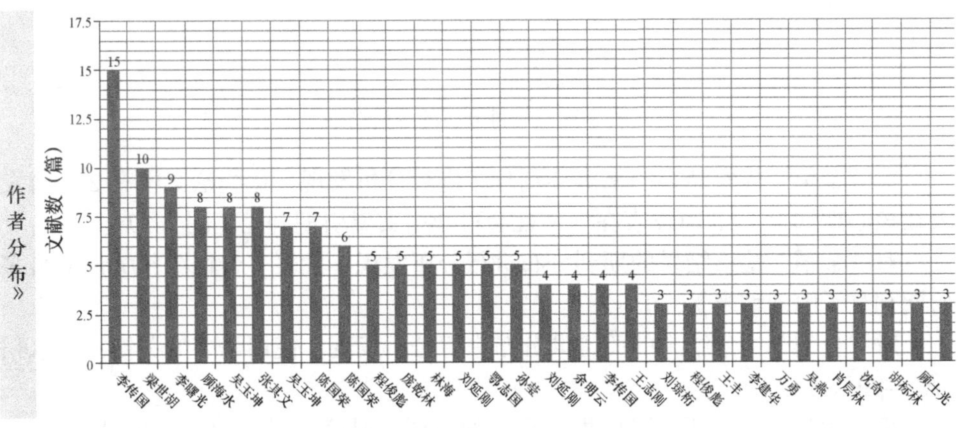

图 3-24　作者分布的分析结果

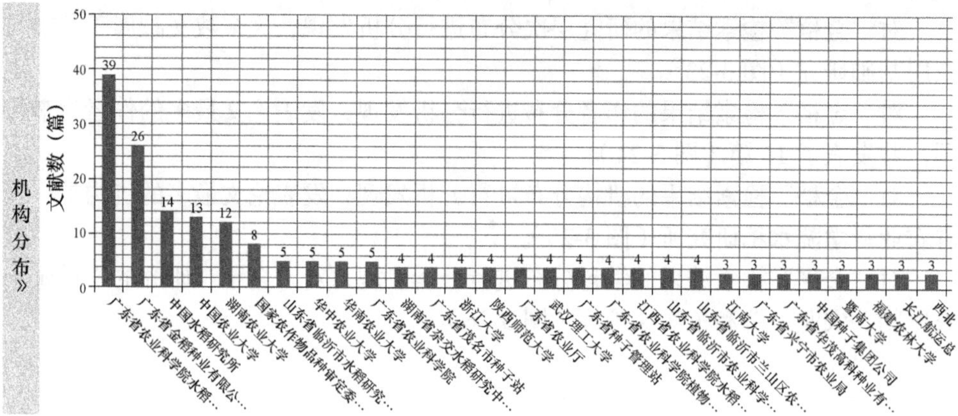

图 3-25　机构分布的分析结果

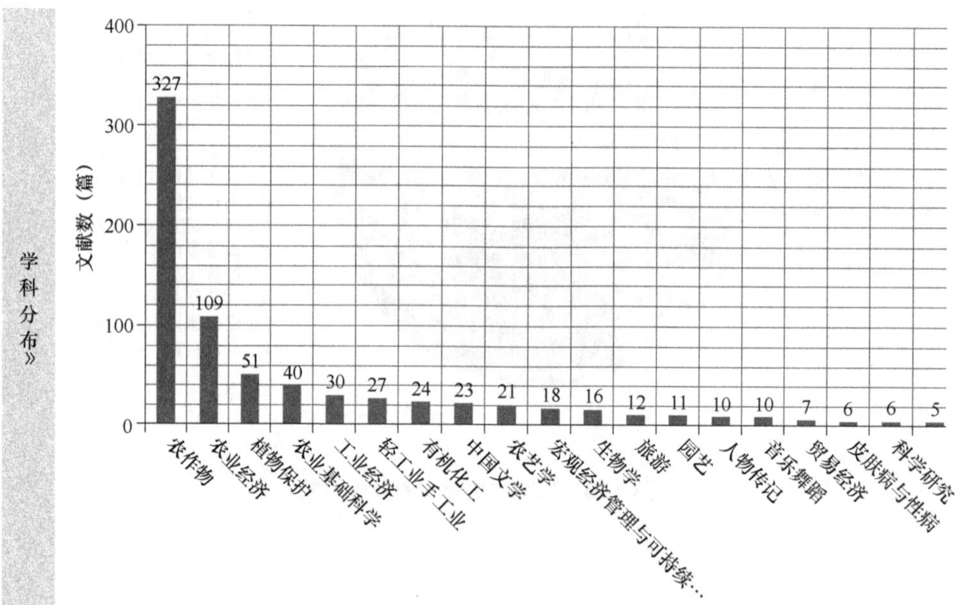

图 3-26　学科分布的分析结果

对“金稻”检索结果的来源类别分布进行分析发现，这些论文中有 234 篇发表在核心期刊上，15 篇发表在中文社会科学引文索引期刊上（图 3-27）。

对“金稻”检索结果的期刊分布进行分析发现，发表“金稻”相关论文最多的期刊是《中国稻米》（图 3-28）。

对“金稻”检索结果的关键词分布进行分析发现，使用最多的关键词是水稻（图 3-29）。

第四栏为比较分析。可以根据自己的需要，对第三栏中的分布情况如基金、研究层次、作者、机构、学科、来源类别等进行比较分析。因这些分析与第三

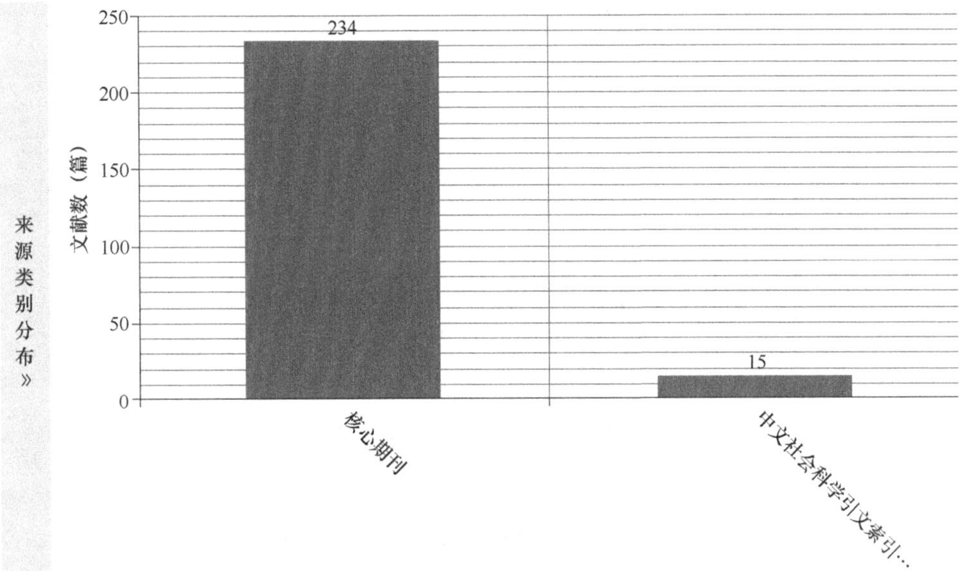

图 3-27　来源类别分布的分析结果

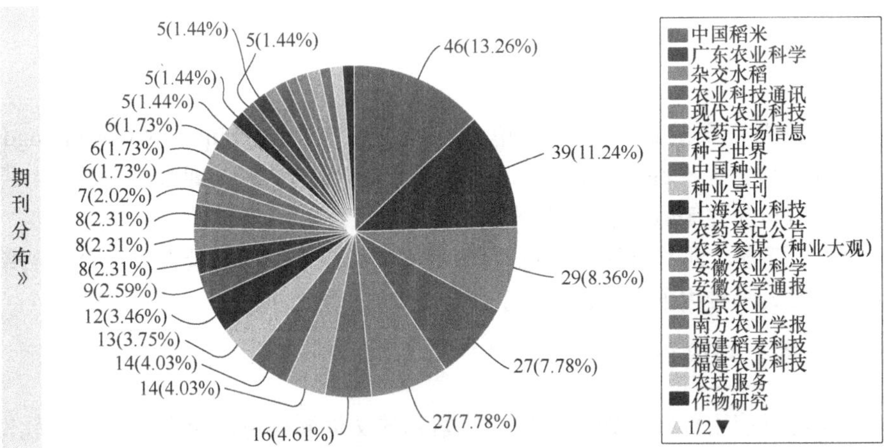

图 3-28　期刊分布的分析结果

栏的方法基本相同，读者可以根据自己的需要在网上操作实践，在此不再做详细介绍。

通过对检索结果进行总体趋势、关系网络、分布、比较分析等计量可视化分析，可以快速找出研究最多的机构和论文作者，掌握关系网络、分布等信息，并进行比较。这对计划攻读研究生的考生选择报考单位和指导老师具有重要的参考价值；对科研工作者了解同行研究情况、基金申请、课题选题、论文写作及投稿更具有重要的指导意义和启发作用。

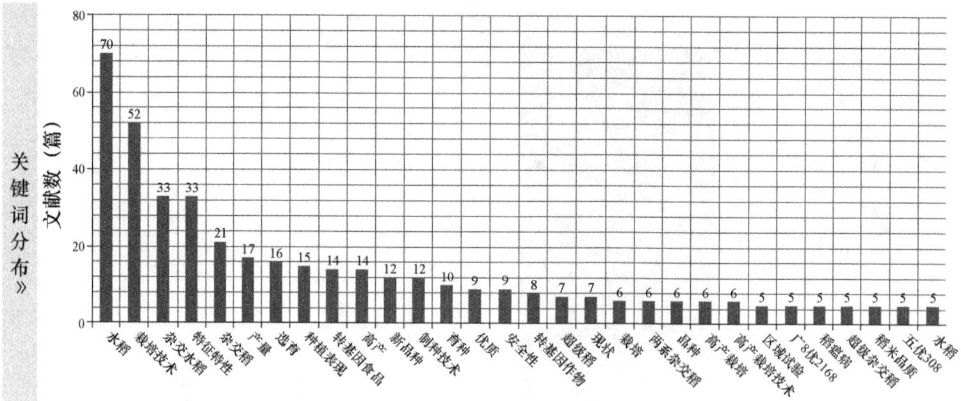

图 3-29　关键词分布的分析结果

第二节　万方数据的使用

万方数据（http://www.wanfangdata.com.cn/）的使用有 3 个步骤：进入首页、检索和保存、检索结果自动分析。

一、进入首页

万方数据首页的进入十分简单，在网址栏中键入 http://www.wanfangdata.com.cn/就可以。无论在任何地方，只要登录万方数据的网站即可进行检索，但只能看到索引与摘要等数据，无法阅读全文。

另外，万方数据首页的进入也可以使用 IP 登录，这种登录方式适合订阅单位使用。一般大学校内的 IP 可以访问学校订阅的万方数据。

二、检索和保存

检索可以使用标准检索的方式。检索到的文件同样可以导入 EndNote 软件。下面以“金稻”为例，介绍一下将检索到的文献导入 EndNote 的过程。

打开万方数据首页，如图 3-30 所示，这个页面可以选择查找的范围，可以在学术论文中检索，也可以在期刊、会议等数据库中检索。

例如，在选择期刊的情况下，在检索框内输入“金稻”，如图 3-31 所示。点击“搜论文”按钮后，就会出现如图 3-32 所示的页面，这个页面显示了检索到的文献有 1165 条。由于检索到的文献数量太多，可以在输入“金稻”时，加上双引号，继续点击“搜论文”按钮，就会出现如图 3-33 所示的页面。

在如图 3-33 所示的页面上，可以看到每一个文献上面都有一个“导出”链接。通过点击“导出”按钮可以选择需要导出的文献。例如，点击“全选”按钮，选择这个页面上的 20 篇文献，点击“导出”按钮，弹出如图 3-34 所示的页面。

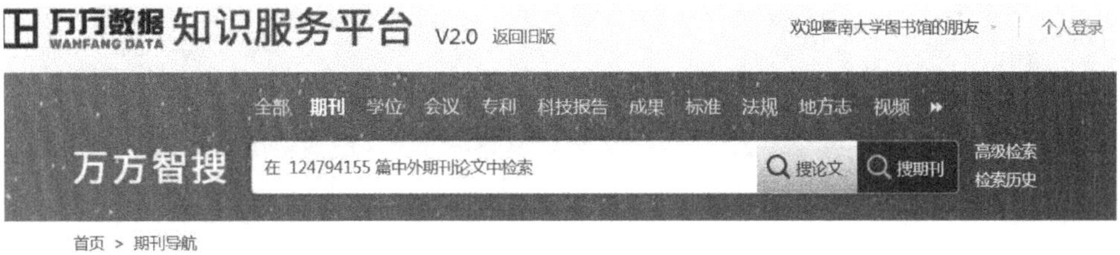

图 3-30　万方数据首页

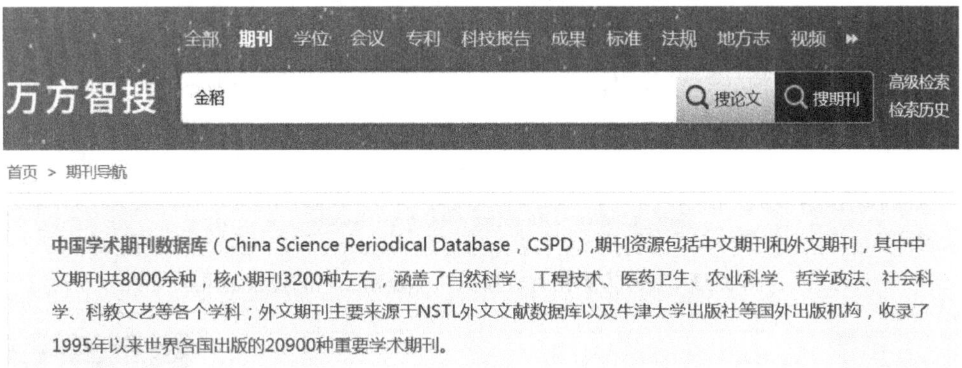

图 3-31　在万方数据首页输入检索词“金稻”

图 3-32　检索结果

图 3-33　在万方数据首页输入"'金稻'"的检索结果

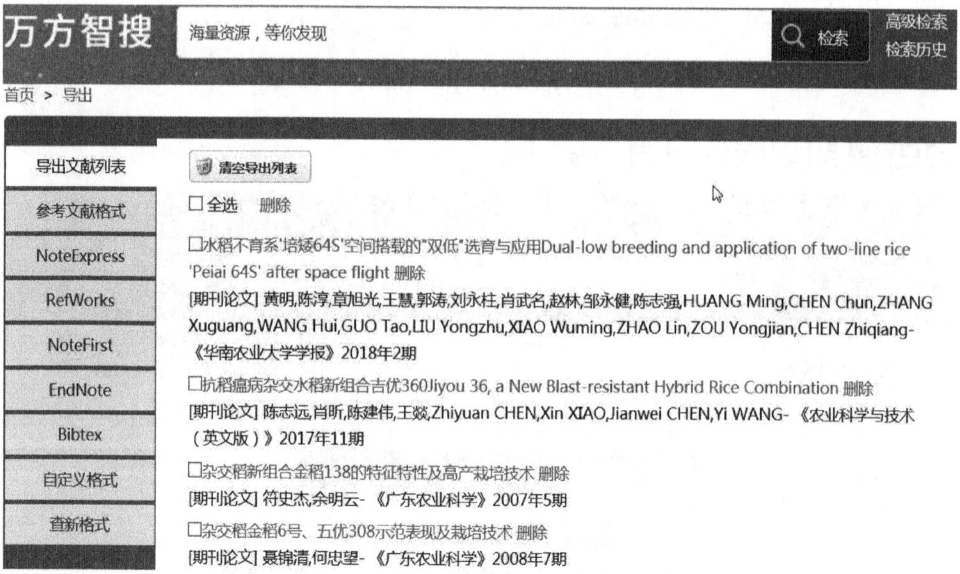

图 3-34　万方数据检索结果的页面

在如图 3-34 所示的页面上，选择"全选"，点击"EndNote"（图 3-35）。点击图 3-35 上的"导出"按钮，弹出一个保存文件的窗口，按步骤保存文件，保存的文件是 TXT 文件。保存文件完成后，可以关闭导出窗口，回到检索结果页面。

图 3-35　万方数据检索结果的导出页面

在如图 3-33 所示的页面上，可以在所需要文献序号左侧的小方框内点击，逐一选择文献。选择文献后，页面如图 3-36 所示。

图 3-36　选择 2 篇文献之后的页面

在如图 3-36 所示的页面上面出现“全选（2）”“清除”“导出”“收藏”4 个按钮，点击“清除”，可以清除 2 条文献，点击“导出”，可以导出选择的文献（图 3-37）。

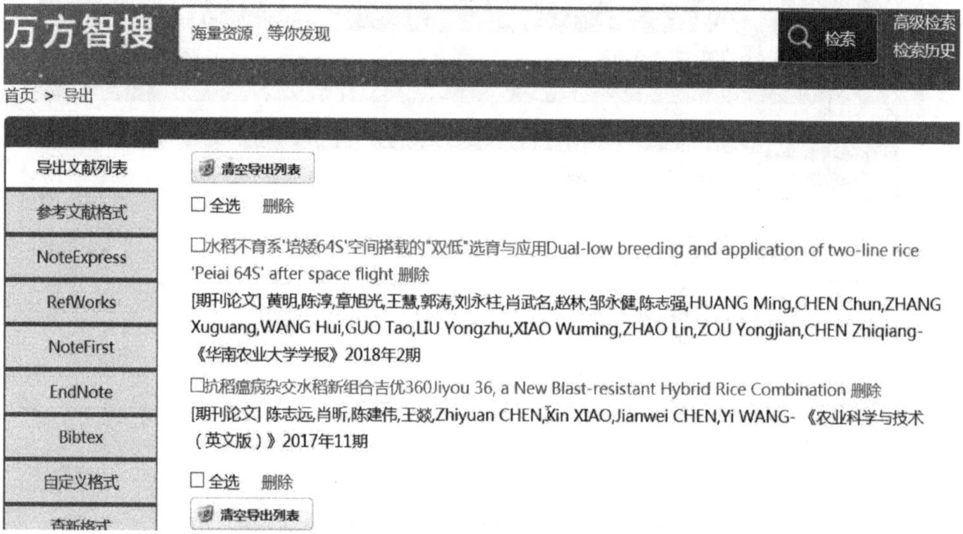

图 3-37　导出文献列表页面

在如图 3-37 所示的页面，在文献题目左侧的小方框内点击选择文献（图 3-38），继续点击“删除”按钮，就可以删除选择的文献。

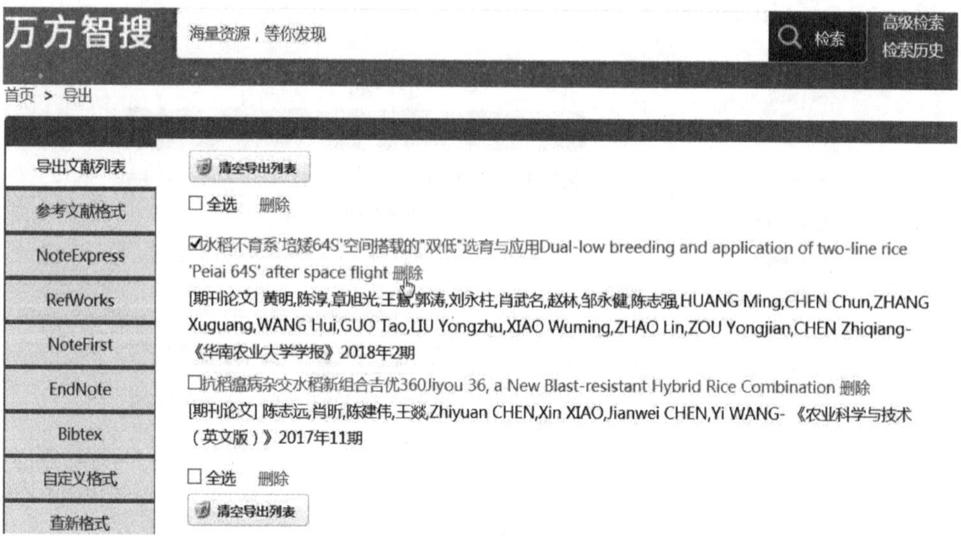

图 3-38　删除文献列表中的文献

如何将 TXT 文件导入到 EndNote 中呢？可以新建一个 EndNote 文件，也可以打开已经建立的 EndNote 文件。例如，打开上一次建立的“金稻”EndNote 文件（图 3-39）。

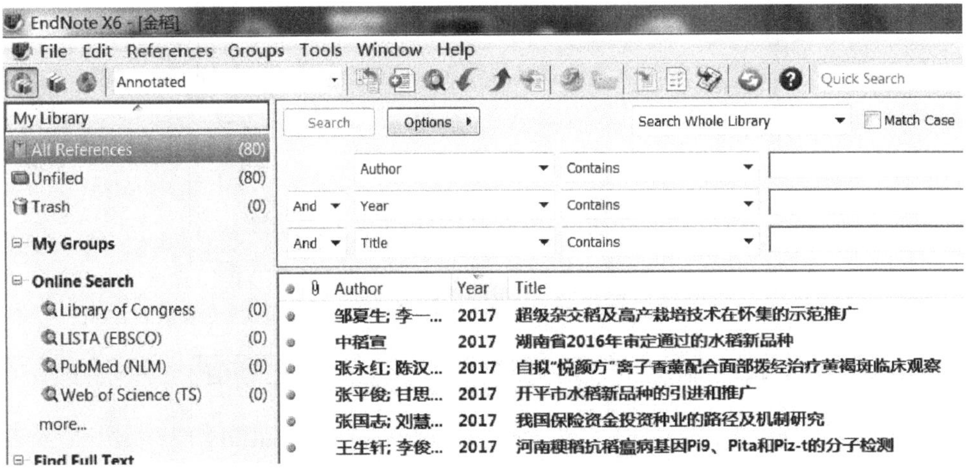

图 3-39　打开 EndNote 文件

点击“File”菜单中的“Import”，选择子菜单“Import”中的“File…”，如图 3-40 所示。

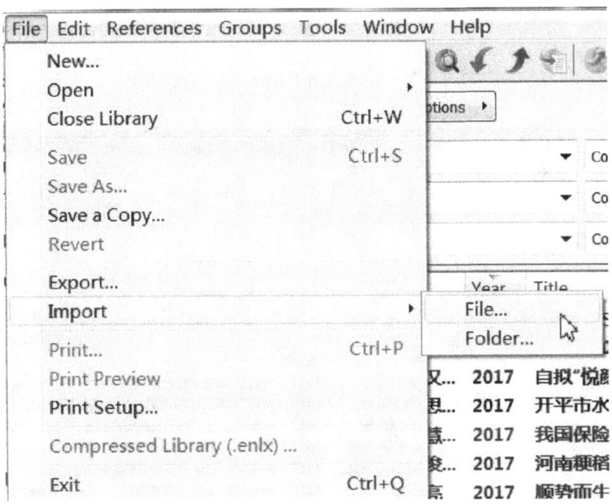

图 3-40　检索结果导入 EndNote 过程的“File…”界面

点击“File…”弹出如图 3-41 所示的窗口。点击该窗口上的“Choose…”按钮。选择保存的 TXT 文件，在“Import Option”中选择“EndNote generated XML”，在“Text Translation”一栏中选择“Unicode(UTF-8)”，此时如图 3-42 所示。然后点击“Import”按钮，即可将万方数据中的文献导入到 EndNote 中。万方数据导出的 TXT 文件成功导入后的 EndNote 的窗口如图 3-43 所示。

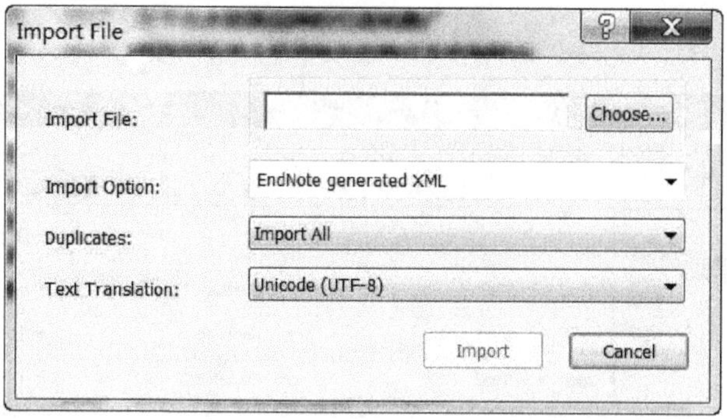

图 3-41　导入 EndNote 窗口

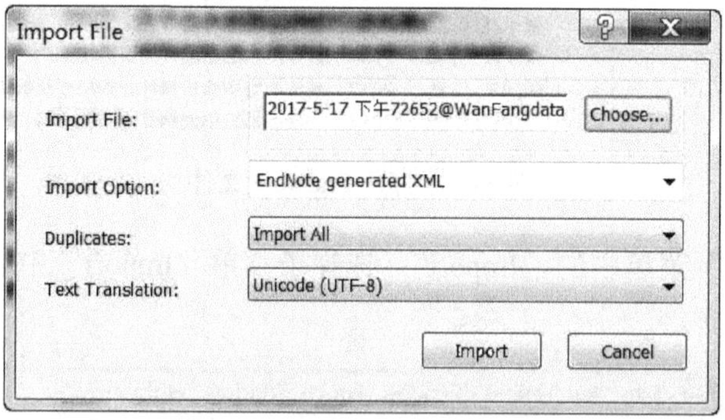

图 3-42　导入 EndNote 窗口的选项

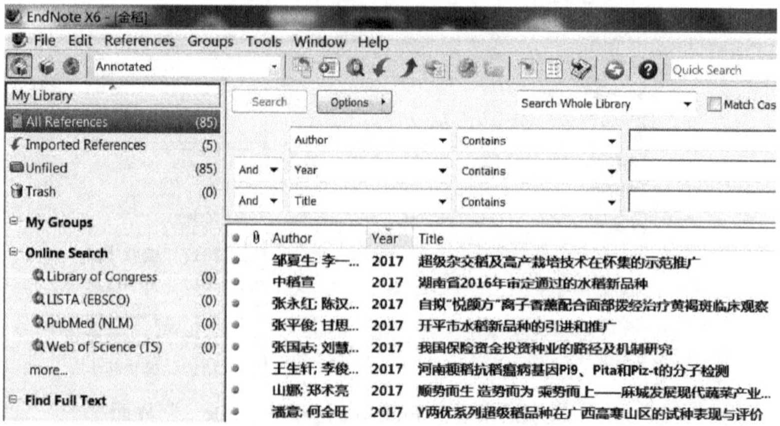

图 3-43　检索结果导入 EndNote

三、检索结果自动分析

万方数据检索结果的自动分析结果栏呈现在检索结果页面的左侧。自动分析的项目主要有论文类型、年份、按刊分类、语种、学科分类、出版状态和作者等信息。

例如，在“金稻”的检索结果页面左侧的自动分析结果栏中可以看到论文类型的分析结果，见图 3-44，其中期刊论文发表得最多，为 37 525 篇。展开“年份”，可以看到每一年发表的论文数量（图 3-45）；从中可以发现，1994～2016 年论文

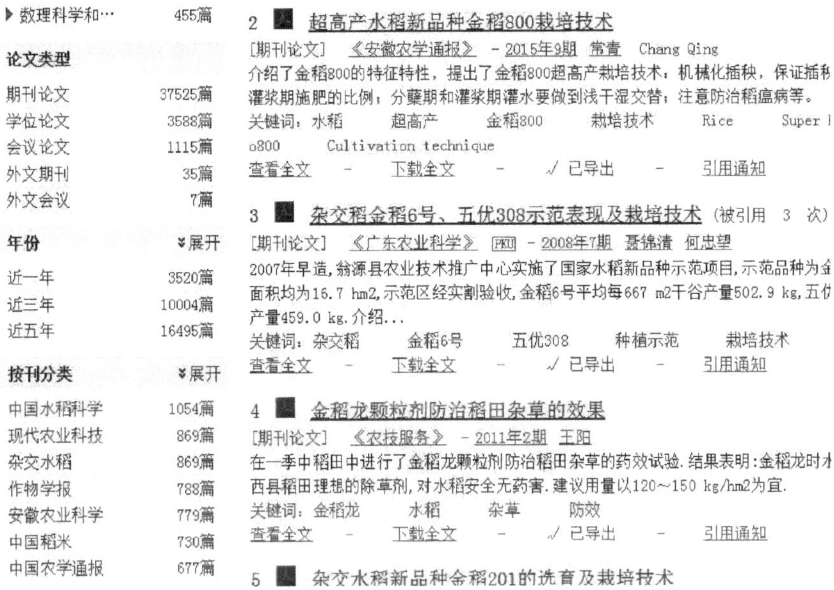

图 3-44　万方数据的检索结果及分析

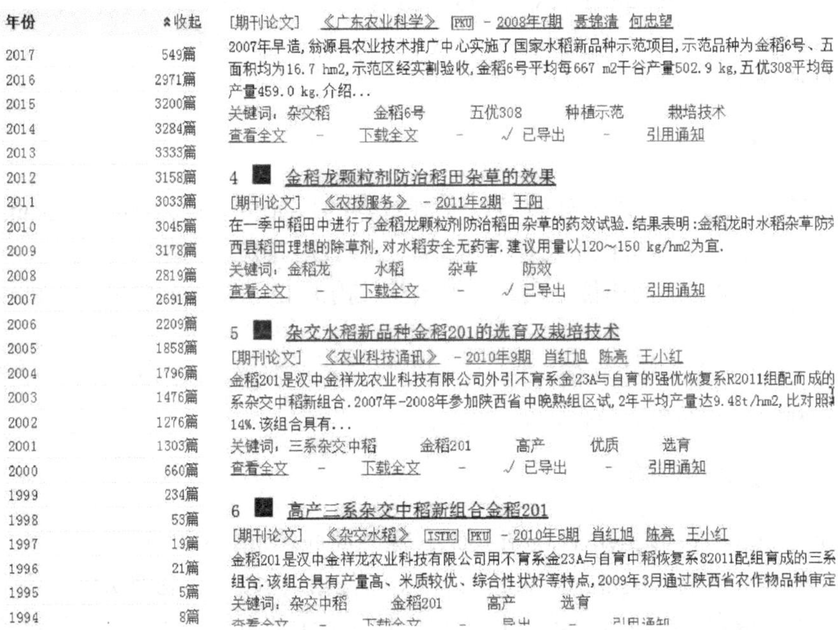

图 3-45　检索结果的年份分析

数量急剧增加。展开“按刊分类”，可以看到《中国水稻科学》是发表有关“金稻”方面文章最多的期刊（图 3-46）。

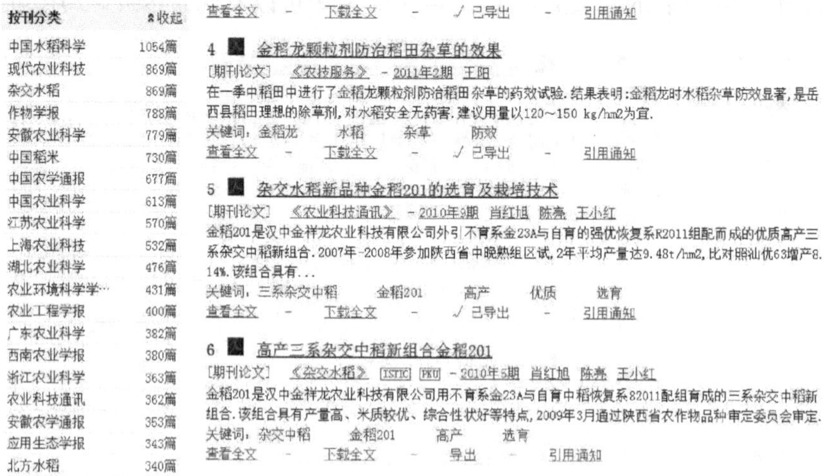

图 3-46　检索结果按刊分类

第三节　维普资讯的使用

维普资讯（http://qikan.cqvip.com/）由重庆维普资讯有限公司建立，是综合性期刊数据库。维普资讯的使用主要包含 3 个步骤：进入首页、检索和保存、检索结果自动分析。

一、进入首页

维普资讯登录方式十分简单，在浏览器的地址栏中键入 http://qikan.cqvip.com/就可以进入维普资讯中文期刊服务平台，此时是访客浏览的方式。

1）IP 登录：订阅单位适用，一般大学校内的 IP 可以访问学校订阅的维普资讯的数据库资源。

2）访客浏览：无论在任何地方，只要登录维普资讯的网站即可进行检索，但只能看到索引与摘要等数据，无法阅读全文。

二、检索和保存

通过 http://qikan.cqvip.com/进入维普资讯首页，如图 3-47 所示。

在检索框内输入关键词“金稻”，点击“搜索”，如图 3-48 所示。

点击“搜索”按钮后，就会出现如图 3-49 所示的页面。这个页面显示了检索到的文献，在显示条数右侧，选择“50”，在同行最左侧的小方框内点击，选择这

图 3-47　维普资讯中文期刊服务平台首页

图 3-48　维普资讯中文期刊服务平台的检索页面

图 3-49　维普资讯的检索结果

个页面上的 50 条文献（图 3-50）。或在文献序号左侧的小方框内点击，选定需要导出的文献。

选择好的文献，左侧的小方框内会出现一个“√”，如图 3-50 所示。

选择好需要的文献后，点击该页面上方的“导出题录”按钮，弹出如图 3-51 所示的页面。

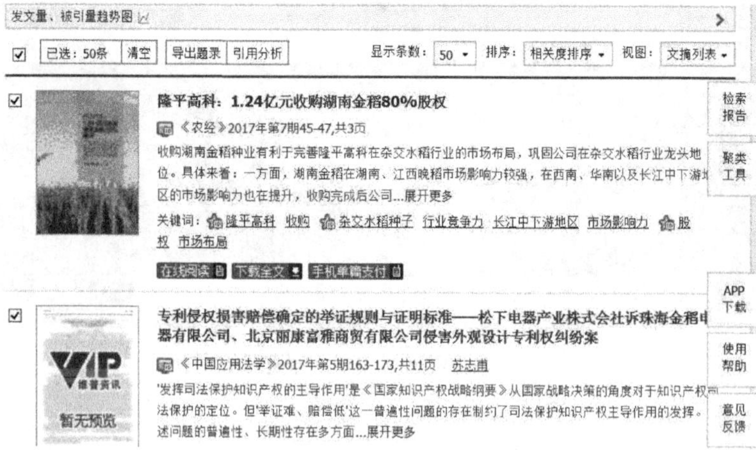

图 3-50　选择 50 条文献

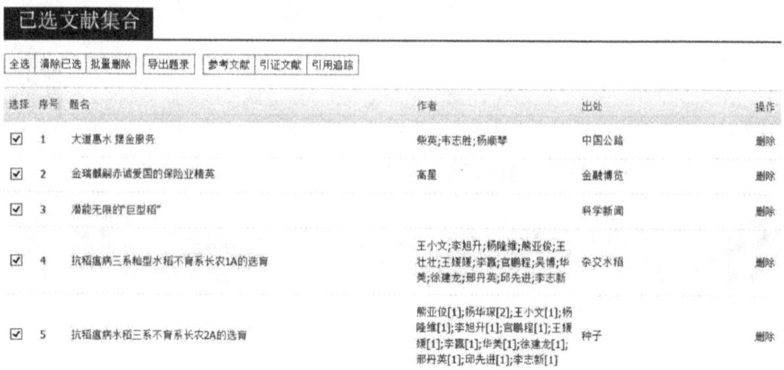

图 3-51　50 条文献的导出之一

在如图 3-51 所示的页面，点击“导出题录”按钮后，弹出一个如图 3-52 所示的窗口。

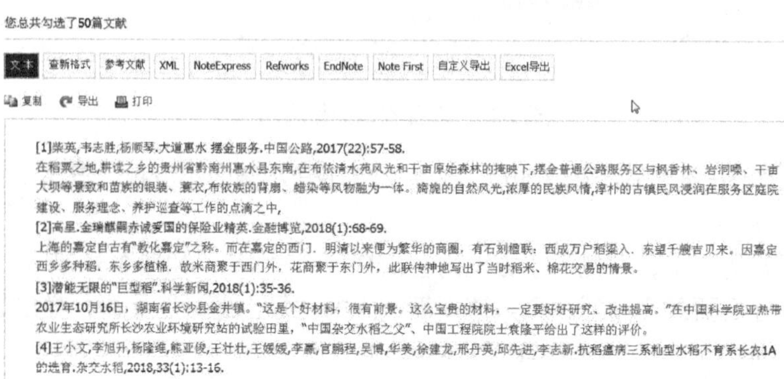

图 3-52　50 条文献的导出之二

在如图 3-52 所示的页面，继续点击“EndNote”和“导出”按钮，弹出如图 3-53 所示的窗口，在该页面上，继续点击“导出”按钮，弹出保存文件窗口，选择保存的位置，点击“下载”，保存 TXT 文件。

图 3-53　50 条文献的导出之三

新建一个空白的 EndNote 文件，或者打开原来的“金稻”EndNote 文件，然后，在这个文件的“File”菜单中选择“Import”中的“File...”，如图 3-54 所示。

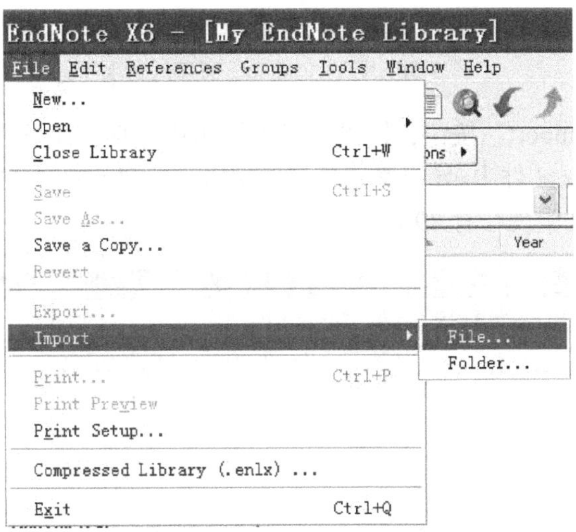

图 3-54　维普资讯中文期刊服务平台检索结果的导入

选择后，就会弹出如图 3-55 所示的活动窗口。

在图 3-55 所示的活动窗口上，点击按钮“Choose...”按钮，选择刚才所保存的 TXT 文件。继续在“Import Option”中选择“EndNote generated XML”，在“Text Translation”一栏中选择“Unicode(UTF-8)”，此时如图 3-56 所示。

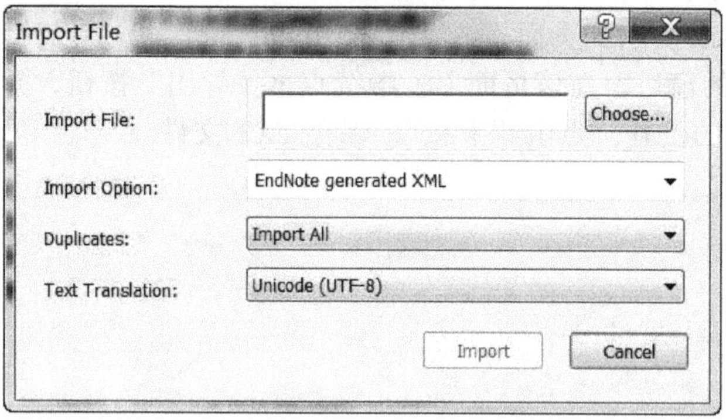

图 3-55　导入 EndNote 的窗口

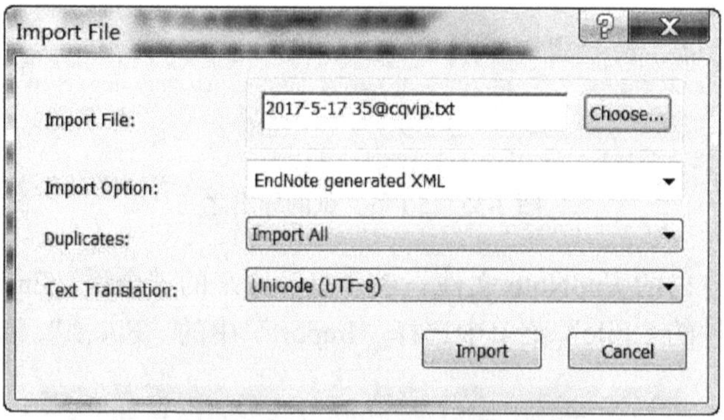

图 3-56　导入 EndNote 窗口的选项

然后点击“Import”按钮，即可将维普资讯中文期刊服务平台数据库中的文献导入到 EndNote 文件中。导出文献后的 EndNote 文件如图 3-57 所示，在这个“金稻”EndNote 文件中现在有 89 篇文献的题录。

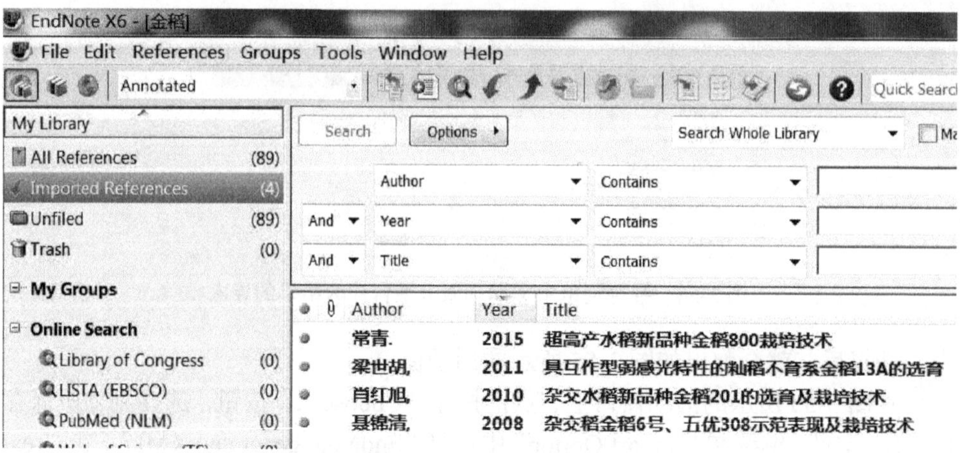

图 3-57　维普资讯中文期刊服务平台检索结果导入到 EndNote 中

对于查找到的文献题录，没有必要每一篇文献都去找全文。首先进行文献的阅读和筛选，发现感兴趣的文献后，再继续在这些中文数据库中查找它的全文，然后下载原文的 PDF 文件，并粘贴到 EndNote 文件对应的文献题录后，就可以随时阅读了。

三、检索结果自动分析

维普资讯中文期刊服务平台数据库检索结果的自动分析结果栏呈现在检索结果页面的左侧。自动分析的项目主要有期刊收录、学科、主题、机构、作者、期刊和年份等信息（图 3-58）。例如，在“期刊收录”下方，可以看到详细内容，显示不同数据库中的论文数量（图 3-59）。

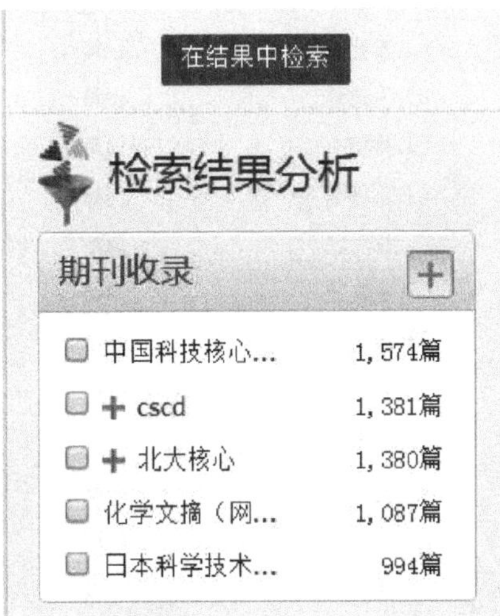

图 3-58　维普资讯中文期刊服务平台的检索结果分析局部

图 3-59　期刊收录的分析结果

在“学科”下方，可以看到不同学科的论文数量。在“主题”下方可以看到，不同主题的论文数量，其中“水稻”和“杂交”方面的论文较多（图 3-60）。

在“机构”下方，可以看到不同机构发表论文的数量（图 3-61），其中扬州大学发表的论文最多。

在“作者”下方，可以看到发表论文作者的排序（图 3-62）。

学科	
农业科学	1,982篇
生物学	255篇
经济管理	142篇
环境科学与工…	140篇
医药卫生	67篇

主题	
水稻	1,082篇
杂交	446篇
栽培	233篇
选育	230篇
高产	222篇

图 3-60　学科和主题的分析结果

机构	
扬州大学	114篇
南京农业大学	106篇
中国科学院南…	82篇
浙江大学	67篇
福建农林大学	62篇
江苏省农业科…	51篇
湖南农业大学	48篇
浙江省农业科…	47篇
华南农业大学	44篇
中国水稻研究…	43篇
江西农业大学	37篇
中国科学院研…	35篇
广东省农业科…	34篇
贵州大学	33篇
广西大学	32篇
云南省农业科…	32篇
广西农业科学…	31篇
华中农业大学	31篇
中国农业大学	30篇
江西省农业科…	29篇

图 3-61　机构的分析结果

作者	
杨建昌	37篇
朱建国	33篇
金庆生	25篇
李云武	20篇
杨从金	20篇
曾亚文	19篇
王志琴	18篇
林纲	17篇
赵德明	15篇
林文雄	14篇
沈其荣	13篇
程家安	13篇
金道超	11篇
陈小荣	11篇
贺浩华	10篇
彭小松	10篇
傅军如	10篇
朱庆森	10篇
朱昌兰	10篇
欧阳林娟	8篇

图 3-62　作者的分析结果

在“期刊”下方，可以看到不同期刊上发表论文的数量，《杂交水稻》发表“金稻”相关的论文最多（图 3-63）。

在“年份”下方，可以看到不同年份发表论文的数量，大致呈增加趋势（图 3-64）。

图 3-63　期刊的分析结果

图 3-64　年份的分析结果

可见，检索结果自动分析为检索者提供了非常直观和重要的信息，为检索者节约了进行分析和总结的时间。

第四章　常用英文数据库的检索

由于英语是国际化的语言，国外文献的电子化早一些，而且不同国家有不同的数据库，因此数据库很多都是英文的。本章主要介绍常用英文数据库的类型，以及如何使用这些英文数据库进行文献检索和保存并对检索结果进行分析，为利用英文文献奠定基础。

目前国内常用的英文数据库一般都整合在大学图书馆的电子资源中。目前常用的英文数据库主要有ISI Web of Knowledge、Wiley Blackwell、Elsevier-ScienceDirect、Springer Link、PubMed等，其中，ISI Web of Knowledge、PubMed是摘要型数据库（少数文献提供全文）；Wiley Blackwell、Elsevier-ScienceDirect、Springer Link是全文型数据库。

本章思维导图：

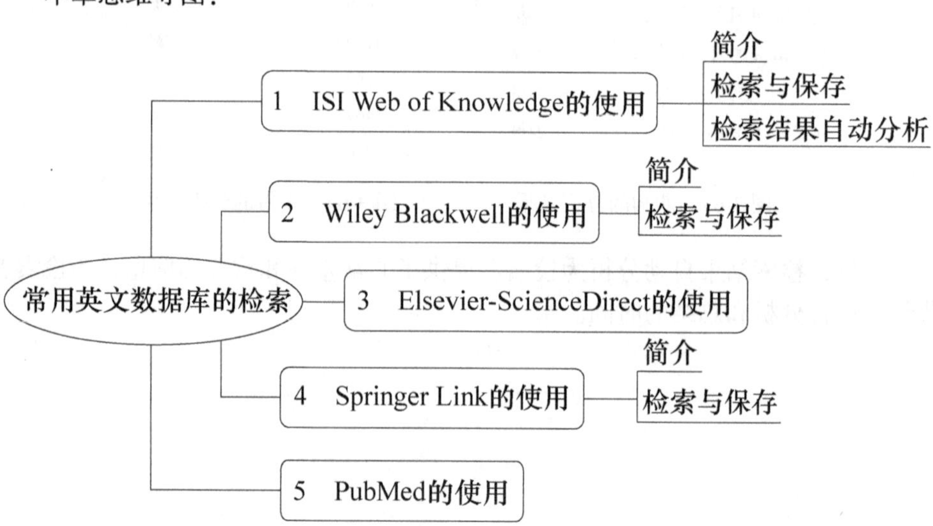

第一节　ISI Web of Knowledge 的使用

一、ISI Web of Knowledge 的简介

在ISI Web of Knowledge平台上，Web of Science影响最大，使用最多。Web

of Science 是含有引文检索的文摘数据库的集合，文献记录来源于 11 000 多种学术期刊及会议录等，它含有 SCI Expanded 等著名引文索引和世界著名会议文献库 CPCI。目前，国内外一致把 Web of Science 收录的期刊看作核心期刊，认定其收录的论文具有一定学术水平。Web of Science 含有 6 个子库。

（1）科学引文索引扩展版（Science Citation Index Expanded，SCI-Expanded，SCI-E）　收录期刊 8000 多种，其中包括我国科技期刊 100 多种，来源文献最早可以回溯到 1899 年。学科有农学、天文学、地球科学、生物化学、生物学、生物技术、化学、计算机科学、材料学、数学、医学、精神病学、肿瘤学、药理学、物理学、植物学、外科学、兽医学和动物学等。

（2）社会科学引文索引（Social Sciences Citation Index，SSCI）　收录 2600 多种社会科学期刊，选择性收录科技期刊 3300 种，其中包括我国科技期刊近 10 种，来源文献从 1898 年至今。涵盖的学科有人类学、历史、工业关系、情报学和图书馆学、法学、语言学、哲学、心理学、政治学、公共卫生、社会问题、社会工作、社会学、药物滥用、城市研究和妇女研究等。

（3）艺术与人文科学引文索引（Art & Humanities Citation Index，A & HCI）收录 1400 多种艺术与人文科学期刊，选择性收录科技和社会科学期刊 6800 种，来源文献从 1975 年至今。涵盖的学科有考古学、建筑学、艺术、亚洲研究、古典作品、舞蹈、民间传说、历史、语言学、文学评论、文学、音乐、哲学、诗歌、广播影视、宗教和戏剧等。

（4）科学会议录引文索引（Conference Proceedings Citation Index-Science，CPCI-S）　收录 1990 年以来的自然科学方面的会议文献。

（5）社会科学与人文科学会议录引文索引（Conference Proceedings Citation Index-Social Science & Humanities，CPCI-SSH）　收录 1990 年以来的社会科学与人文科学方面的会议文献。

（6）BIOSIS Previews　简称 BP，是著名的生命科学文章数据库。收录期刊 5000 多种，包括植物学、动物学、微生物学、生物医学、农学、药理学、生态学、临床医学、生物化学、生物物理学、生物工程、生物技术等领域的文献。文献类型有期刊论文、综述、会议文献、报告、图书、美国专利等。BP 内容来自 Biological Abstracts（BA）和 Biological Abstracts/RRM（Reports Reviews Meetings）两种检索工具，收录自 1926 年以来的文摘，数据每周更新。

二、ISI Web of Knowledge 的检索与保存

ISI Web of Knowledge 的使用主要包含 3 个步骤：进入首页、检索和保存、分析检索结果。因为保存文献的题录需要一个 EndNote 文件，所以要先建立一个 EndNote 文件。建立一个命名为“golden rice”的 EndNote 文件，并打开这个文件。当然，这个文件可以根据自己检索的主题来任意命名。

1. 进入首页

ISI Web of Knowledge 首页的进入一般使用 IP 登录，链接一般都在大学图书馆的首页上。大学校内的 IP 一般都可以访问该学校订阅的 ISI Web of Knowledge 资源，而且可以下载全文。例如，使用校内 IP 地址，在暨南大学图书馆首页上，找到常用数据库链接，如图 4-1 所示，点击“Web of Science 平台”就可以进入这个网站首页的链接页面。

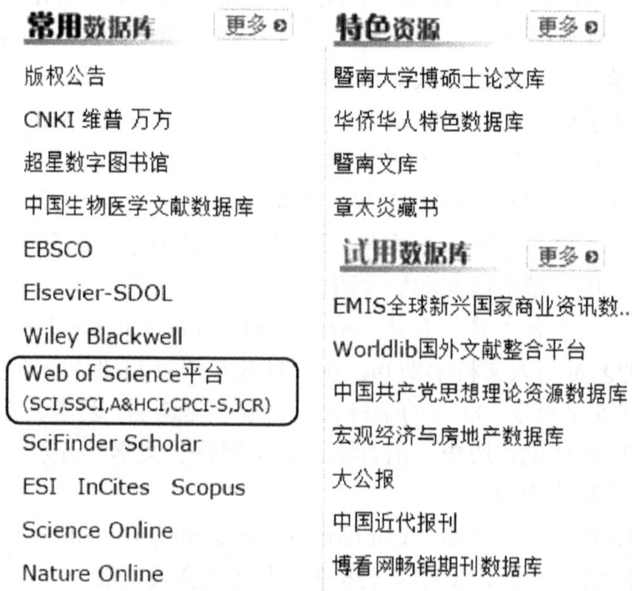

图 4-1　暨南大学图书馆首页上的常用数据库

如果 IP 地址是在校外的话，在暨南大学图书馆首页上，点击“Web of Knowledge 平台”就会进入如图 4-2 所示的页面，显示 IP 地址是校外。点击上方

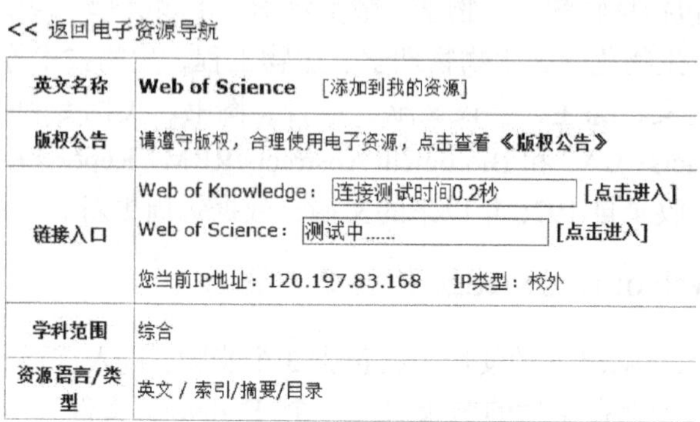

图 4-2　暨南大学图书馆资源的校外入口

的“点击进入”，会进入如图 4-3 所示的页面。在这个页面上输入用户名和密码，点击“登录”，就可以进入。如果是学校内部的 IP 地址，就不会弹出输入用户名和密码的页面。如果选择一个月内免密码登录，也不会出现这个窗口。

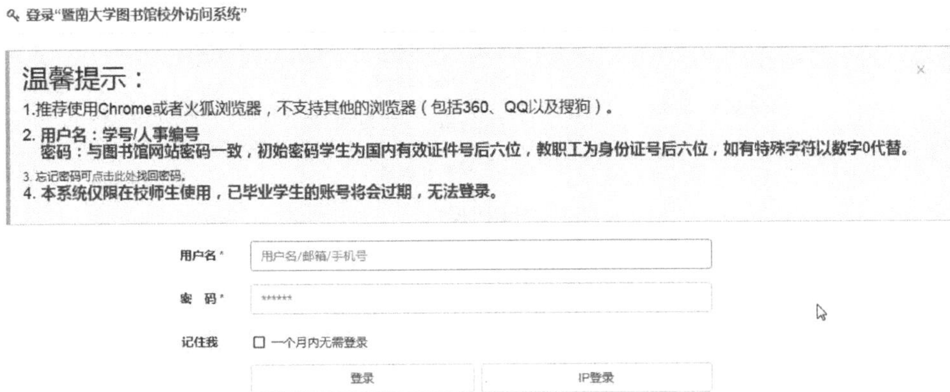

图 4-3　暨南大学图书馆远程访问系统

Web of Science 的首页如图 4-4 所示。点击所有数据库右侧的下拉菜单，可以看到此数据库可以使用的外文资源和中文资源（图 4-5）。

图 4-4　Web of Science 平台首页

点击“Web of Science 核心合集”，就可以进入如图 4-6 所示的页面。在这个页面，可以进行检索。

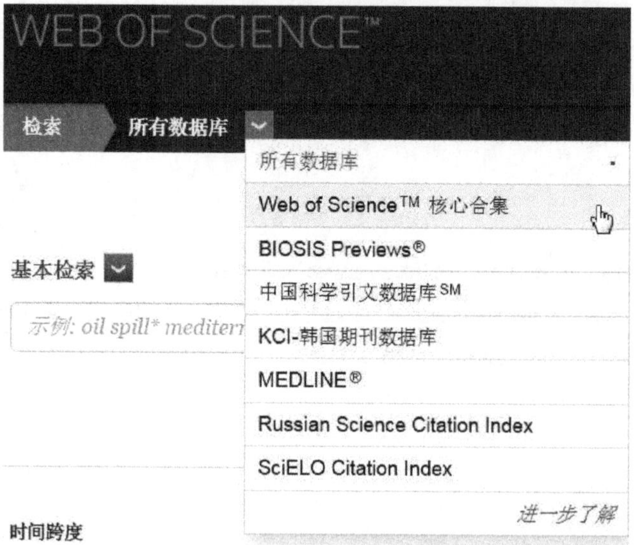

图 4-5　Web of Science 平台首页所有数据库的下拉菜单

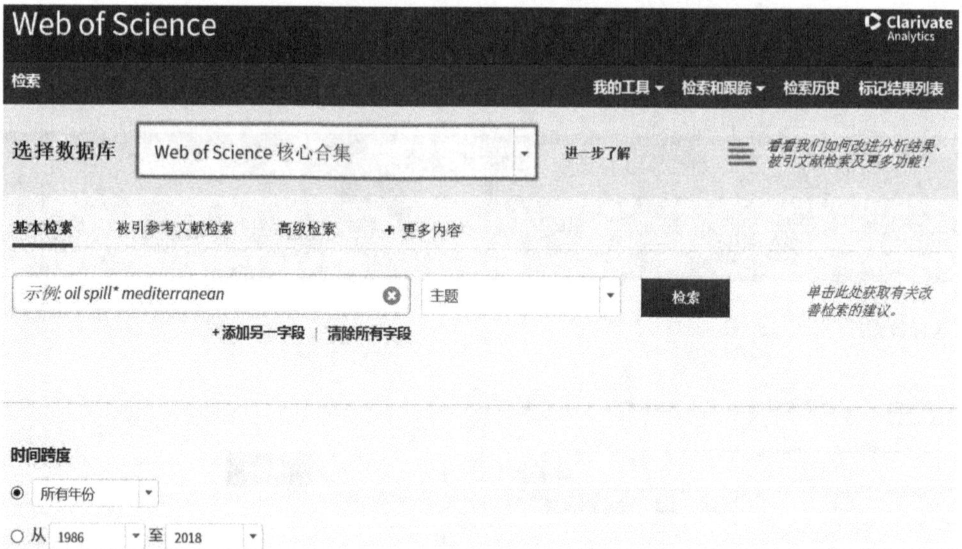

图 4-6　Web of Science 核心合集首页

2. 检索和保存

ISI Web of Knowledge 平台的检索可以使用标准检索方式,然后把检索到的文献导入到 EndNote 软件中。下面以“golden rice”为例，介绍检索文献并导出到 EndNote 的全部过程。

在如图 4-6 所示的页面上，输入“golden rice”，点击右侧的蓝色“检索”按钮，如图 4-7 所示。

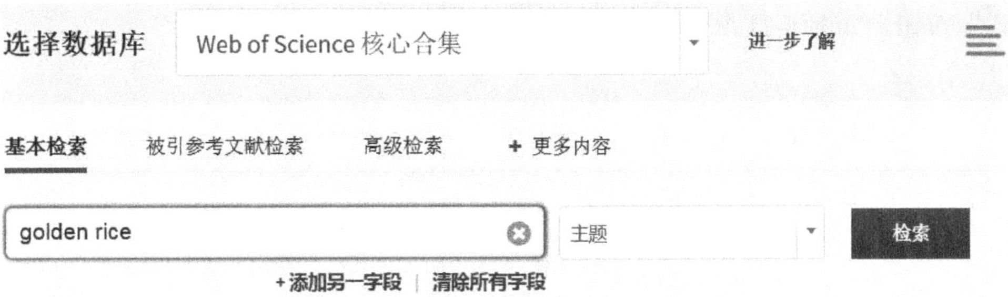

图 4-7　Web of Science 核心合集检索页面

检索后，出现如图 4-8 所示的页面，在这个页面上，显示有 416 个检索结果。如果文献数量太多，可以继续在该页面“精炼检索结果”下方的检索框内输入其他的关键词来限定检索范围和主题，继续进行检索。也可以在 golden rice 两侧加上双引号，来减少检索结果的数量。如果文献不多，就不用进行精炼检索。

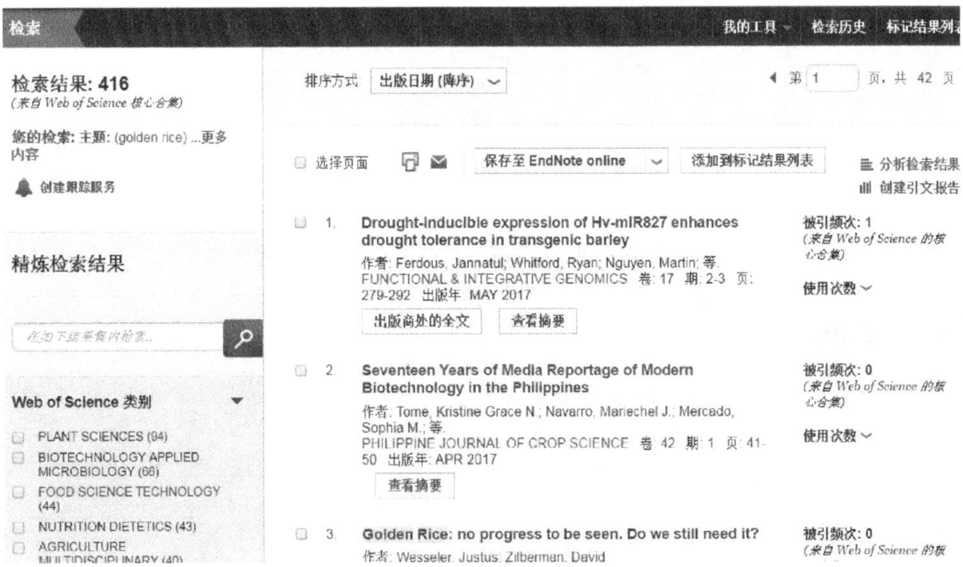

图 4-8　Web of Science 核心合集检索结果

在如图 4-8 所示的页面上，点击“保存至 EndNote online”右侧的下拉菜单（图 4-9），选择“保存至 EndNote desktop”，弹出如图 4-10 所示的窗口。

在这个窗口上，有“记录数”和“记录内容”选项。在“记录数”选项中又有“页面上的所有记录”和“记录”选项，如选择“页面上的所有记录”选项，就表示选择了页面上显示的所有文献，如点击“记录”左侧的圆圈，可以选择文献的数量，如分别在“记录”右侧输入 1 和 416，就表示选择了 1～416 的文献。在“记录内容”选项中也有下列选择菜单，如选择“全记录”，点击“发送”按钮，如图 4-11 所示。

图 4-9　Web of Science 核心合集检索结果的保存之一

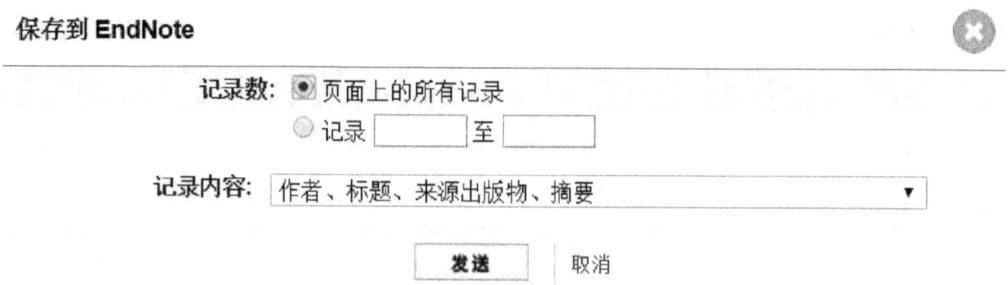

图 4-10　Web of Science 核心合集检索结果的保存之二

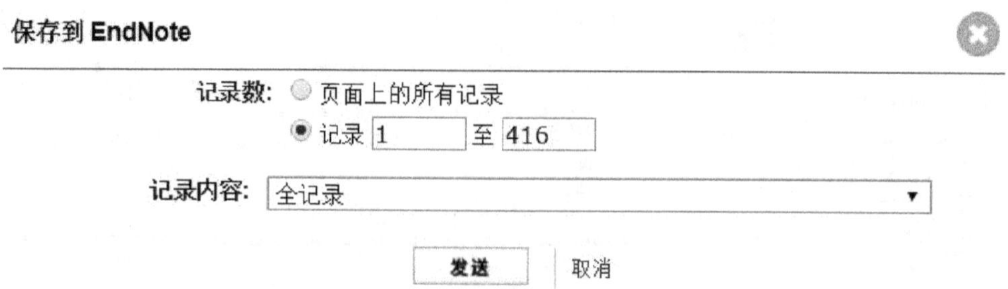

图 4-11　Web of Science 核心合集检索结果的保存之三

点击“发送”按钮之后弹出一个对话窗口（图 4-12）。

点击“保存”后，就可以保存这些文献。导入文献前的“golden rice” EndNote 文件如图 4-13 所示，显示文献数目为 0 篇，416 篇文献导入后的“golden rice” EndNote 文件如图 4-14 所示，显示文献数目为 416 篇。

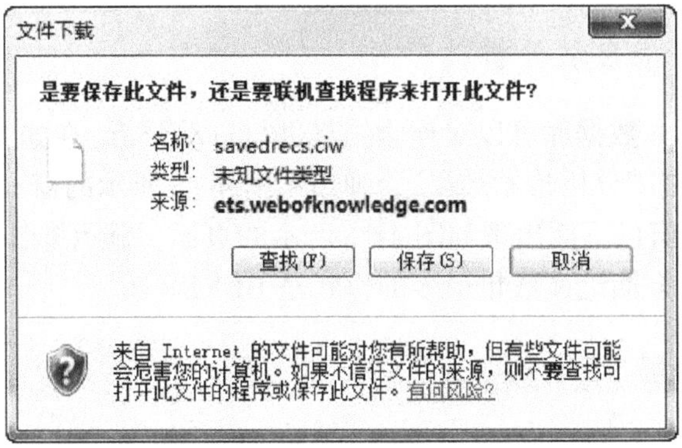

图 4-12　Web of Science 核心合集检索结果的保存之四

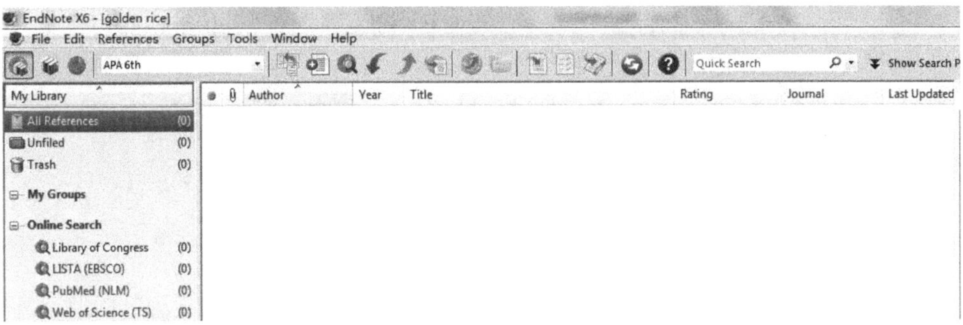

图 4-13　新建的“golden rice”EndNote 文件

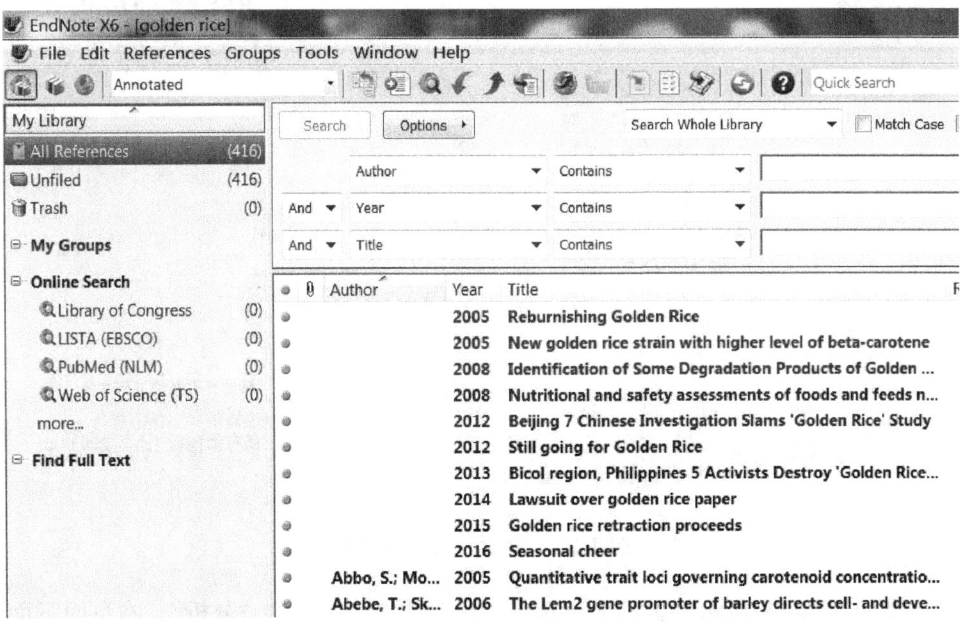

图 4-14　导入 416 篇文献后的“golden rice”EndNote 文件

三、检索结果自动分析

Web of Science 数据库可以对检索结果进行自动分析。在如图 4-8 所示的检索结果中，点击右侧“分析检索结果”，弹出如图 4-15 所示的窗口。选择“作者”，点击“分析”，在窗口下面出现如图 4-16 所示的页面。显示排名前 10 的作者。发表“golden rice”方面论文数量最多的作者是 BEYER P。

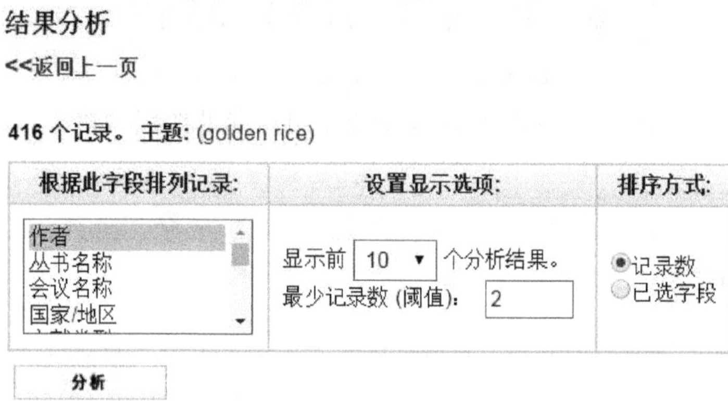

图 4-15　结果分析窗口

字段: 作者	记录数	占 416 的 %
BEYER P	16	3.846 %
POTRYKUS I	14	3.365 %
QAIM M	13	3.125 %
AL-BABILI S	12	2.885 %
GELLYNCK X	12	2.885 %
ANONYMOUS	11	2.644 %
DE STEUR H	11	2.644 %
DATTA K	10	2.404 %
DATTA SK	10	2.404 %
STEIN AJ	10	2.404 %

图 4-16　“作者”的分析结果

在如图 4-15 所示的页面上，选择“国家/地区”，点击“分析”，在页面下面出现如图 4-17 所示的页面。美国发表“golden rice”方面的论文最多。

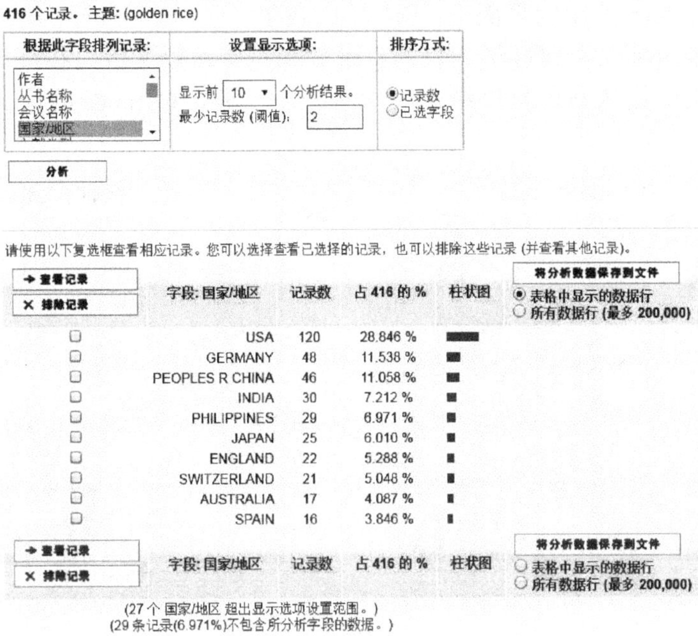

图 4-17　“国家/地区”的分析结果

在如图 4-15 所示的页面上，选择“来源出版物名称”，点击“分析”，在窗口下面出现如图 4-18 所示的页面。在杂志 PLOS ONE 上发表“golden rice”方面的论文数量最多。

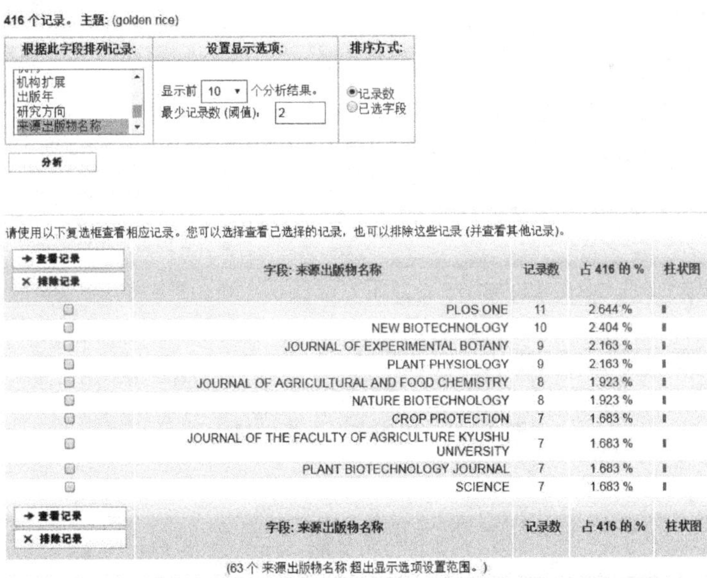

图 4-18　“来源出版物名称”的分析结果

在如图 4-15 所示的页面上，选择“出版年”，点击“分析”，出现如图 4-19 所示的内容，可以看到每年发表的文献数和每年的引文数。在页面下方还可以看到论文引用次数的排序结果（图 4-20），其中 Cermak 的论文引用次数最高。

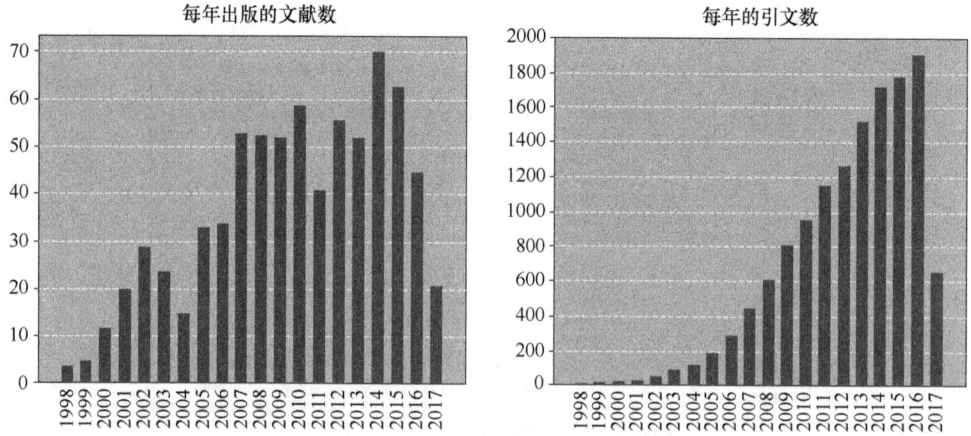

图 4-19　“出版年”分析结果之一

选择记录前面的复选框，从 "引文报告" 中删除记录
或者限定在以下时间范围内出版的记录，从 1950 至 2017 转至

		2013 ◄	2014	2015	2016	2017 ►	合计	平均引用次数/年
		1532	1734	1791	1909	670	13982	254.22
1.	**Efficient design and assembly of custom TALEN and other TAL effector-based constructs for DNA targeting** 作者: Cermak, Tomas; Doyle, Erin L.; Christian, Michelle; 等. NUCLEIC ACIDS RESEARCH 卷: 39 期: 12 文献号: e82 出版年: JUL 2011	166	235	180	185	44	896	128.14
2.	**Improving the nutritional value of Golden Rice through increased pro-vitamin A content** 作者: Paine, JA; Shipton, CA; Chaggar, S; 等. NATURE BIOTECHNOLOGY 卷: 23 期: 4 页: 482-487 出版年: APR 2005	61	51	54	42	15	554	42.62
3.	**Breeding for micronutrients in staple food crops from a human nutrition perspective** 作者: Welch, RM; Graham, RD JOURNAL OF EXPERIMENTAL BOTANY 卷: 55 期: 396 页: 353-364 出版年: FEB 2004	45	66	60	56	18	531	37.93
4.	**Biofortified crops to alleviate micronutrient malnutrition** 作者: Mayer, Jorge E.; Pfeiffer, Wolfgang H.; Beyer, Peter CURRENT OPINION IN PLANT BIOLOGY 卷: 11 期: 2 页: 166-170 出版年: APR 2008	20	15	19	24	8	169	16.90
5.	**A comparison of transgenic barley lines produced by particle bombardment and Agrobacterium-mediated techniques** 作者: Travella, S; Ross, SM; Harden, J; 等.	17	16	16	10	3	159	12.23

图 4-20　“出版年”分析结果之二

至此，检索、保存和检索结果的自动分析过程就完成了。查找文献结束后，需要选择文献进行全文阅读。如何来查找全文呢？查找全文数据库一般利用 Wiley Blackwell、Elsevier-ScienceDirect、Springer Link 等。下面详细介绍全文数据库的使用。

第二节　Wiley Blackwell 的使用

一、Wiley Blackwell 的简介

John Wiley & Sons Inc.是一家业务涵盖学术出版、高等教育出版及大众图书出版并处于领先地位的出版商。Wiley Blackwell 由 John Wiley & Sons Inc.的科学、技术及医学业务与 Blackwell 出版社合并而成。

Wiley Blackwell 的文库范围非常广，包括化学、物理、工程、农业、兽医学、食品科学、医学、护理、口腔、生命科学、心理、商业、社会科学、艺术、人类学等多个学科的 1400 多种期刊，以及很多其他重要的跨学科领域出版的期刊。Wiley Blackwell 数据库中的资源主要放在 Wiley 网上图书馆（Wiley Online Library），这个数据库的检索主要是通过 Wiley 网上图书馆的网站进行。

二、Wiley Blackwell 的检索与保存

Wiley Blackwell 的使用主要包含 2 个步骤：进入首页、检索和保存。同样在保存文献题录前，需要先建立一个 EndNote 文件，并且打开这个文件。下面仍然以“golden rice”为例，介绍如何在 Wiley Blackwell 数据库中检索文献，并将文献导出到 EndNote。

1. 进入首页

Wiley Blackwell 数据库的链接一般都在大学图书馆的首页上。大学校内的 IP 一般都可以访问该学校订阅的 Wiley Blackwell 资源，而且可以下载全文。或者输入 http://onlinelibrary.wiley.com/，也可以进入这个网站的首页，但此时仅可以查找开放存取的文献，大多数文献看不到全文。暨南大学图书馆上 Wiley Blackwell 网站的链接如图 4-21 所示，点击“点击进入”。

Wiley Blackwell 网上图书馆的首页如图 4-22 所示，页面中央有检索框。

<< 返回电子资源导航

英文名称	Wiley-Blackwell　[添加到我的资源]
版权公告	请遵守版权，合理使用电子资源，点击查看《版权公告》
链接入口	Wiley电子期刊（现刊+回溯期刊）：[点击进入] NSTL回溯期刊平台：[点击进入] 您当前IP地址：120.241.152.11　IP类型：校外
学科范围	综合
资源语言/类型	英文 / 全文电子期刊
收录时间	1997-
收录数量	1244 种(册) / 3000000 篇
详细描述	John Wiley & Sons Inc. 约翰威立国际出版公司1807年创建于美国，是全球知名的出版机构，面向专业人士、科研人员、教育工作者、学生、终身学习者提供必需的知识和服务。经过200年的发展，威立（Wiley）已经在全球学术出版、高等教育出版和专业及大众图书出版领域建立起了卓越的品牌，成为全球唯一一家业务涵盖这三大领域并处于领先地位的独立出版商。Wiley-Blackwell 是2007年2月由Blackwell出版社与Wiley的科学，技术及医学业务合并而成的。Wiley-Blackwell 是当今世界最重要教科和专业出版商之一，同时也是最大的学术出版机构。Wiley-Blackwell 与超过700个非赢利学协会合作——因此出版的期刊代表了这些学科的尖端研究，并且是学术团体的核心。 提示： 1.截至2014年4月，Wiley-Blackwell收录期刊2000多种，其中我校可以访问的全文期刊1244种，详见备注中的《Wiley全文期刊列表》； 2.有解锁图标的论文表明是我馆订购或免费论文，可以直接获取全文。没有解锁图标的论文不能直接获取全文，需请求图书馆文献传递 *点此链接* 3.若您在Wiley-Blackwell中查找的论文所属期刊不在全文期刊列表中，通常无法下载全文，您可以请求图书馆文献传递 *点此链接*

图 4-21　暨南大学图书馆 Wiley Blackwell 链接入口

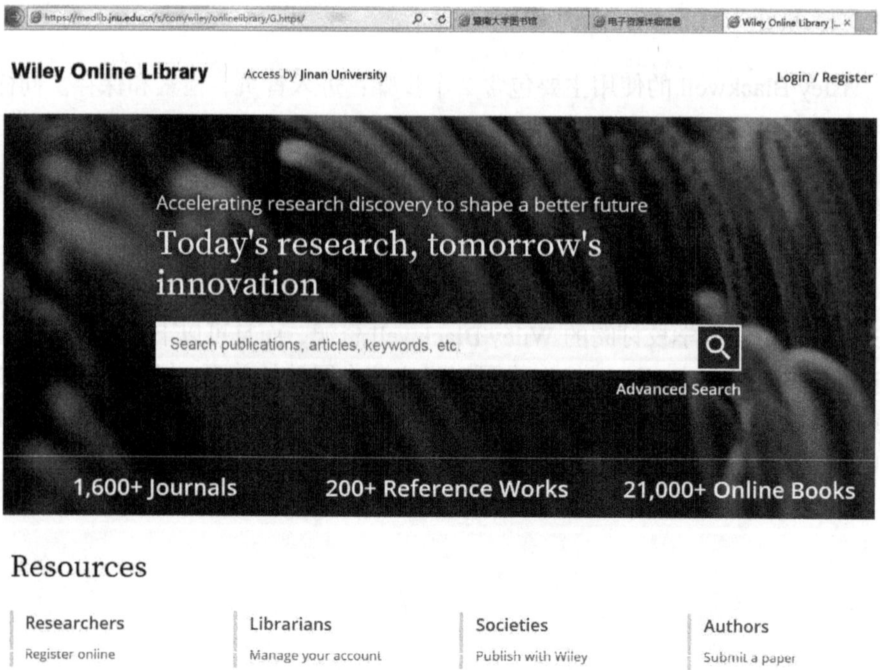

图 4-22　Wiley Blackwell 网上图书馆首页

2. 检索和保存

在网站的首页上，输入检索词“golden rice”，点击右侧的检索符号(图 4-23)，会出现如图 4-24 所示的检索结果页面。在这个页面有 9179 篇文献，这个数量太多了，可以继续进行高级检索，缩小检索范围。也可以加上双引号，减少文献的数量。可以发现，加上双引号后，文献数量有 519 条（图 4-25）。

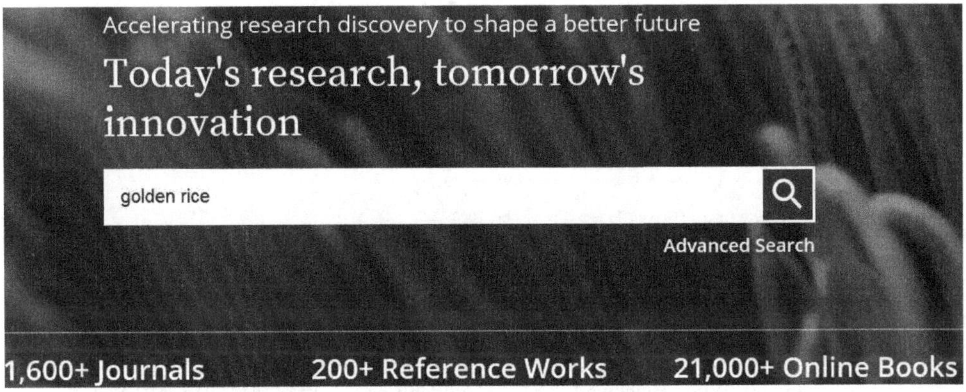

图 4-23　输入检索词“golden rice”

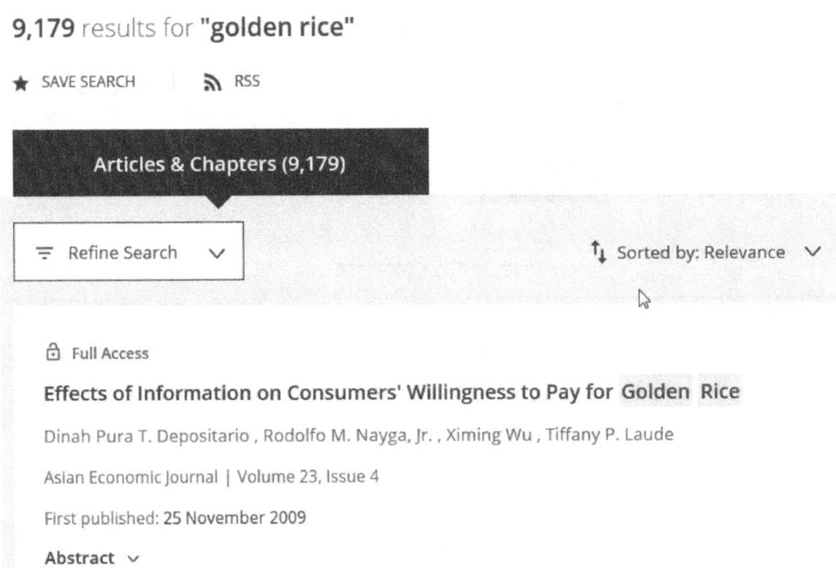

图 4-24　golden rice 的检索结果

点击页面上方的“Refine Search”，进入如图 4-26 所示的页面。

在这个页面上的日期选择中，选择“Last Year”，点击“Search”(图 4-27)，会出现如图 4-28 所示的页面，显示检索到在过去一年内、在摘要中出现“golden rice”的文献。

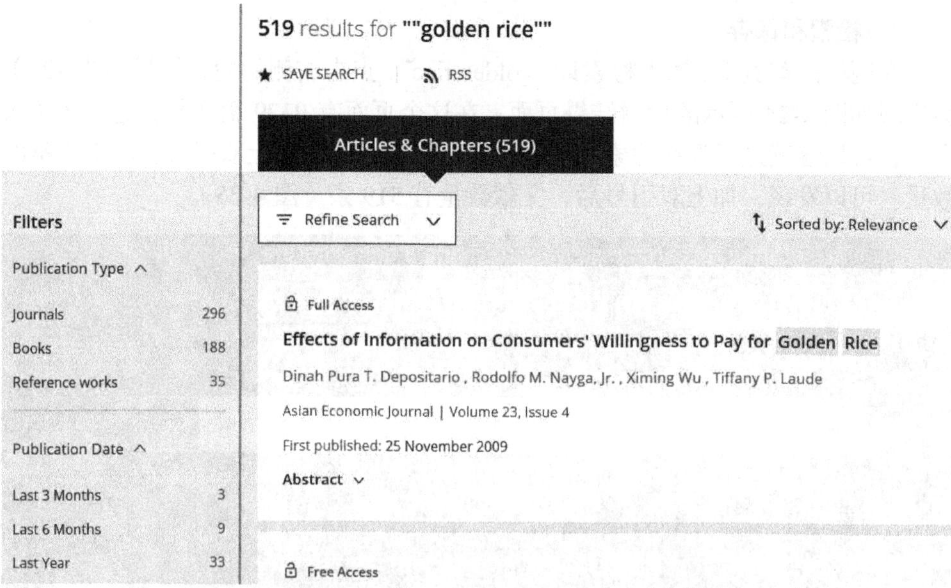

图 4-25 在 Wiley Blackwell 上对“‘golden rice’”检索结果的局部内容

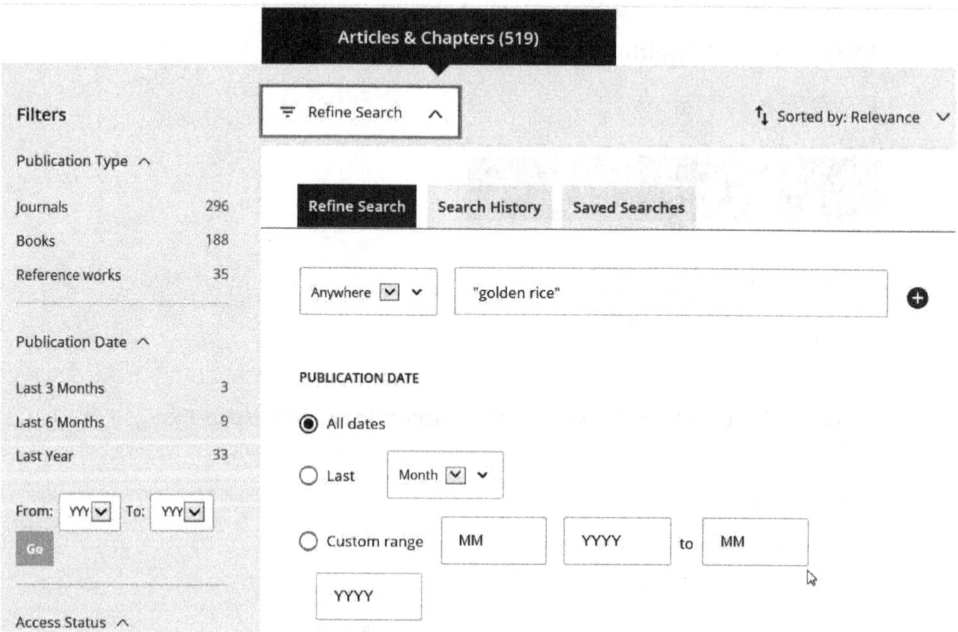

图 4-26 Wiley Blackwell 的高级检索

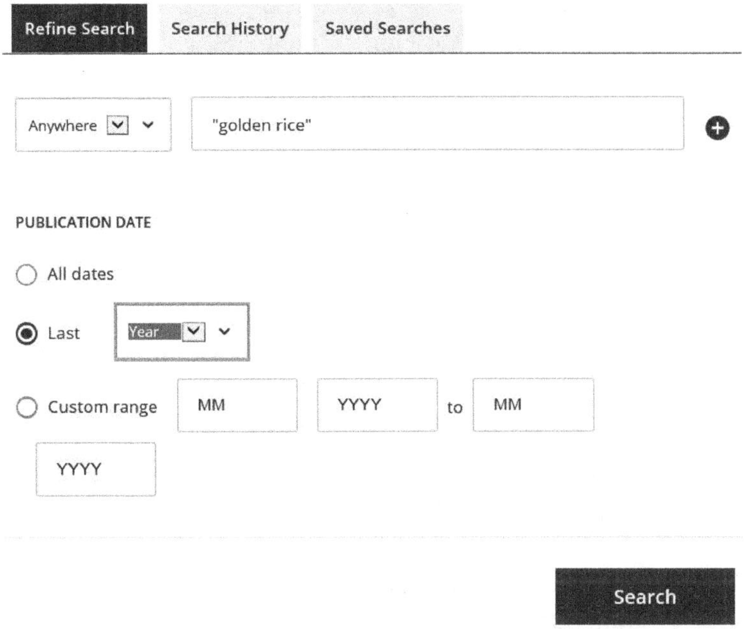

图 4-27　Wiley Blackwell 检索选择最近一年的文献

在图 4-28 所示的页面上，显示有 33 条文献。在第一篇文献的目录上方，有一个 “Full Access”的链接，说明可以下载全文。点击第一篇文献的目录，进入如图 4-29 所示的页面。

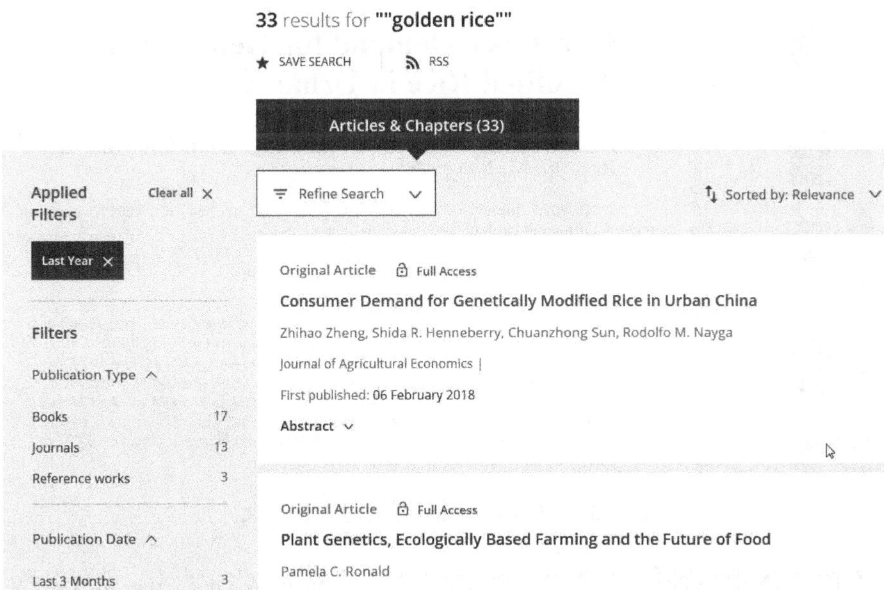

图 4-28　Wiley Blackwell 的检索结果

图 4-29 Wiley Blackwell 上一篇文献的详细内容

在图 4-29 所示的页面上，点击“PDF”，弹出一个 PDF 全文的窗口（图 4-30）。保存这个 PDF 文件在电脑的合适位置就可以了。

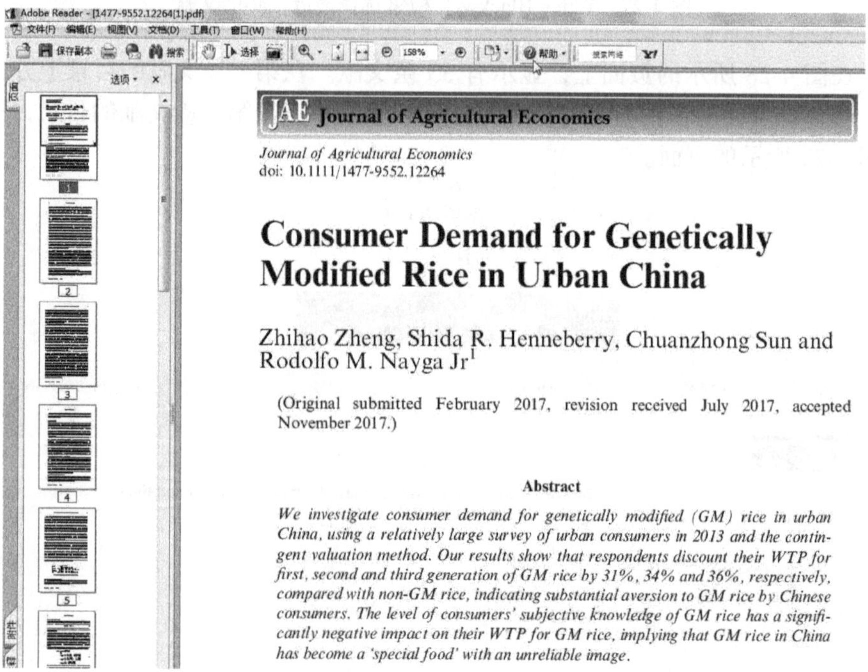

图 4-30 Wiley Blackwell 上的 PDF 原文

在图 4-28 所示的检索结果每一条文献下方的“Abstract”上点击，就可以弹出摘要的详细内容（图 4-31）。

Original Article　Full Access

Consumer Demand for Genetically Modified Rice in Urban China

Zhihao Zheng, Shida R. Henneberry, Chuanzhong Sun, Rodolfo M. Nayga

Journal of Agricultural Economics |

First published: 06 February 2018

Abstract ^

Abstract

We investigate consumer demand for genetically modified (GM) rice in urban China, using a relatively large survey of urban consumers in 2013 and the contingent valuation method. Our results show that respondents discount their WTP for first, second and third generation of GM rice by 31%, 34% and 36%, respectively, compared with non-GM rice, indicating substantial aversion to GM rice by Chinese consumers. The level of consumers' subjective knowledge of GM rice has a significantly negative impact on their WTP for GM rice, implying that GM rice in China has become a 'special food' with an unreliable image.

图 4-31　Wiley Blackwell 检索结果的 Abstract 内容

在检索结果的左侧有文献分析结果（图 4-32）。出版物的类型分析显示：书籍有 17 条，期刊有 13 条，综述有 3 条。出版日期分析结果显示过去 3 个月有 3 条文献，过去半年有 9 条文献。学科的分析结果显示，有关农业的有 15 条，商业和管理有 2 条等。

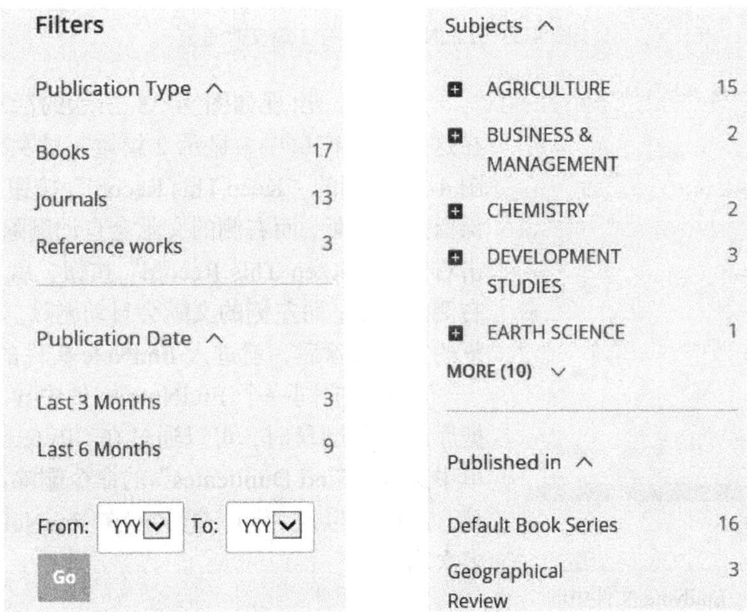

图 4-32　检索结果的分析

以前的 Wiley Blackwell 数据库还有自动导出链接，现在 Wiley Blackwell 取消了自动导出的链接，所以将这些文献导入到 EndNote 中，需要手工输入作者、刊物名称、题目、出版年、页码等详细信息。

因为不同的数据库可以有相同的文献，自动导入 EndNote 后，EndNote 文件会有重复文献（图 4-33）。如何处理这些重复文献呢？EndNote 软件还具有删除重复文献的功能。删除过程如下：在“References”菜单的下拉菜单中，选择“Find Duplicates”，如图 4-34 所示。

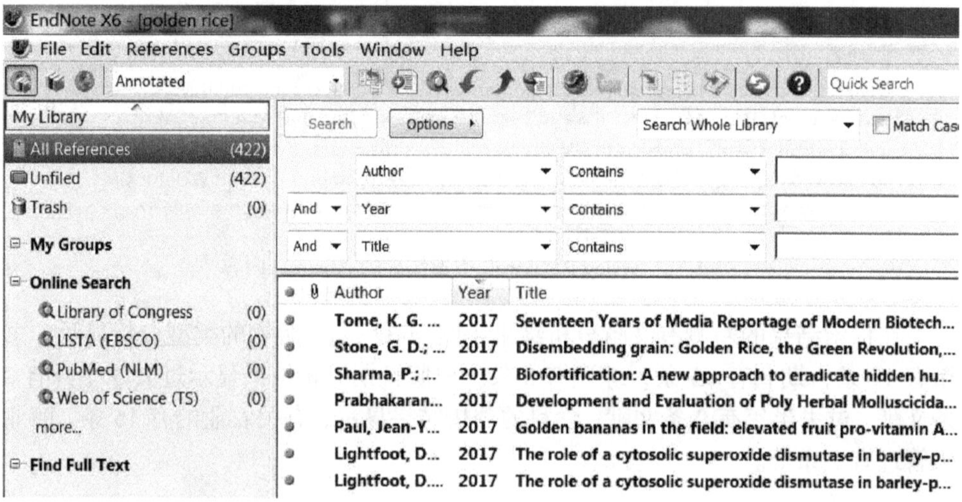

图 4-33　EndNote 文件有 2 篇文献重复

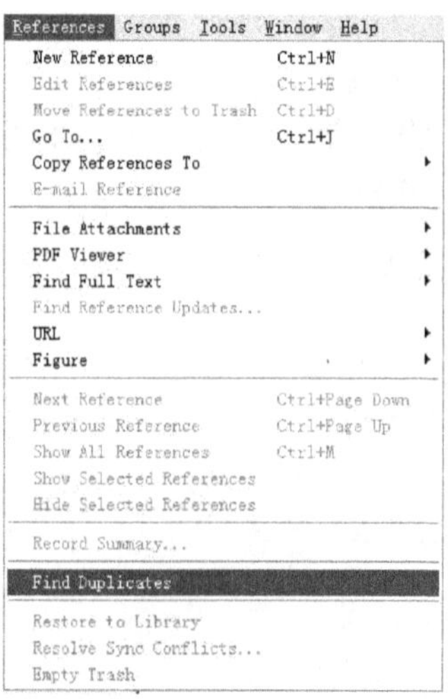

图 4-34　EndNote 文件中的“References”菜单的下拉菜单

点击后，出现如图 4-35 所示的活动窗口。在这个活动窗口中，显示 2 篇重复的文献，点击图 4-35 左侧的“Keep This Record”按钮，就可以保留这个文献，而右侧的文献会自动删除；如果点击右侧的“Keep This Record”按钮，就可以保留右侧的文献，而左侧的文献会自动删除。将所有重复的文献删除后，就进入 EndNote 文件的窗口中。

可见，向同一个 EndNote 文件中导入不同数据库的文献题录时，可以通过在“References”菜单中选择“Find Duplicates”的命令删除重复的文献，这样可以避免同一篇文献在 EndNote 文件中多次出现。

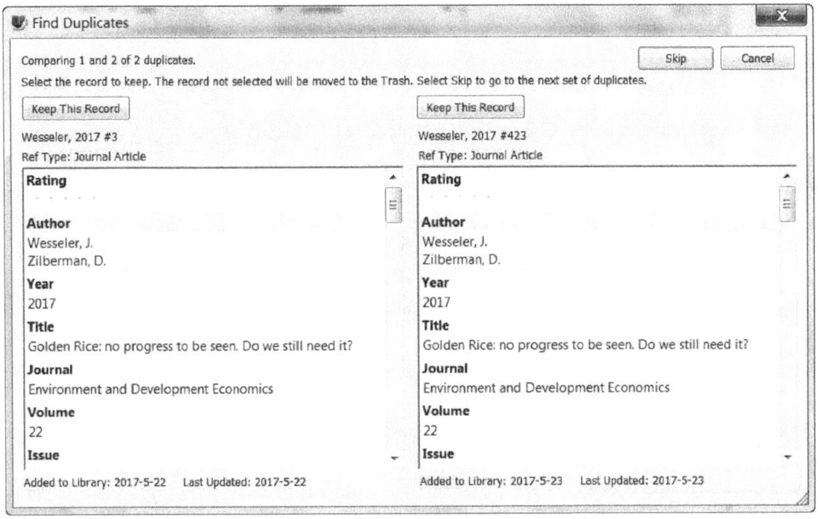

图 4-35　EndNote 文件中寻找重复文件的活动窗口

第三节　Elsevier-ScienceDirect 的使用

Elsevier-ScienceDirect 的使用主要包含 2 个步骤：进入首页、检索和保存。

1. 进入首页

Elsevier-ScienceDirect 首页的链接一般都在大学图书馆的首页上。大学校内的 IP 一般都可以访问该学校订阅的 Elsevier-ScienceDirect 资源，而且可以下载全文。暨南大学图书馆的首页如图 4-36 所示。点击“Elsevier-SDOL”，进入如图 4-37 所示的链接入口。点击“点击进入”。

校外的 IP 需要一个认证窗口。校内的 IP 点击“Elsevier-SDOL”后，直接进入网站首页，如图 4-38 所示。

此外，无论是否是 Elsevier 期刊的订阅用户，在浏览器中输入 Elsevier 的在线搜索平台 Science Direct 的网址 http://www.sciencedirect.com 也可以进入其首页。非订阅用户可以查看文献题录、摘要及免费全文；订阅用户可以查看、下载免费全文和自己订阅的全文。

2. 检索和保存

Elsevier-ScienceDirect 平台提供了检索功能，它的检索可以使用简单检索的方式，也可以采用高级检索的方式。

在 Elsevier-ScienceDirect 网站首页的检索框内输入“golden rice”，点击检索按钮“”，如图 4-39 所示。弹出如图 4-40 所示的页面，显示检索到了 11 040 篇文献。

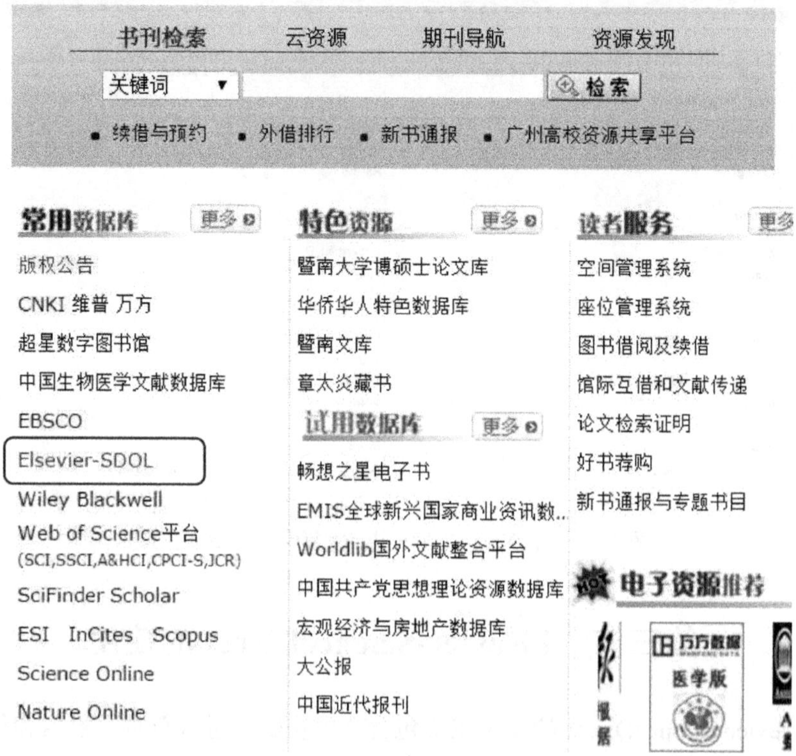

图 4-36　暨南大学图书馆首页的常用数据库

图 4-37　Elsevier-SDOL 链接入口

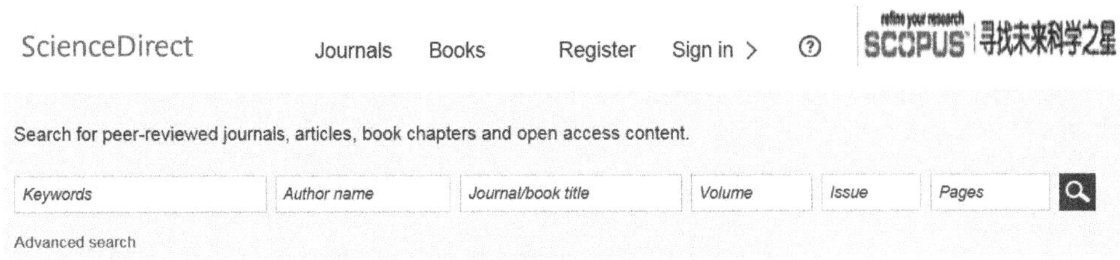

图 4-38　Elsevier-ScienceDirect 首页

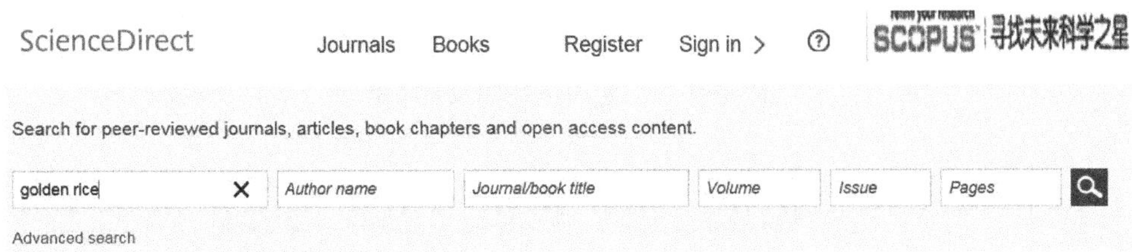

图 4-39　在 Elsevier-ScienceDirect 检索框内输入检索词

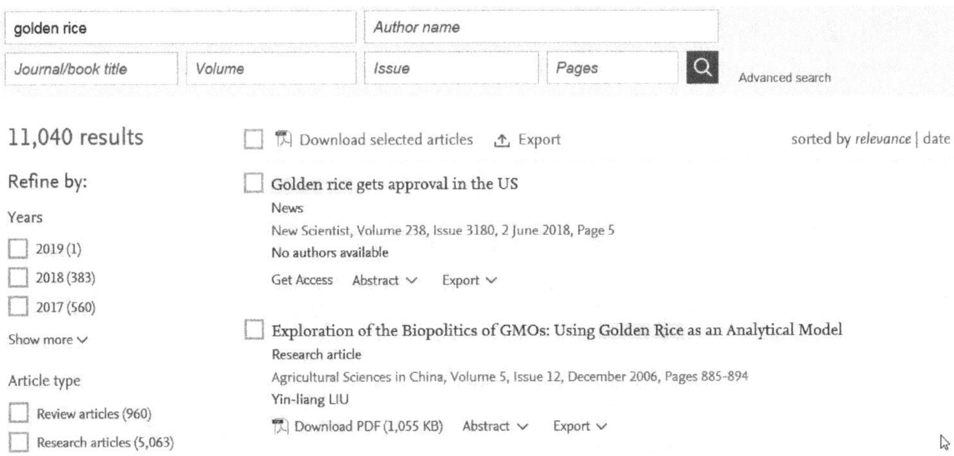

图 4-40　Elsevier-ScienceDirect 检索结果

由于数量太多，可以仅查阅近一年的文献。在左侧“Years”下方，点击“2018”左侧的小方框，显示有 383 条检索结果（图 4-41）。在本页面的下方找到“Article type”，点击“Review articles”左侧的小方框，进入如图 4-42 所示的检索结果页面，此页面显示有 55 个检索结果。

在图 4-42 所示的页面上向下拉，一直拉到最下端（图 4-43），可以看到一个显示文献数目的选择链接，在“100”上点击，进入如图 4-44 所示的页面。

图 4-41　选择 2018 年的检索结果

图 4-42　选择论文的类型

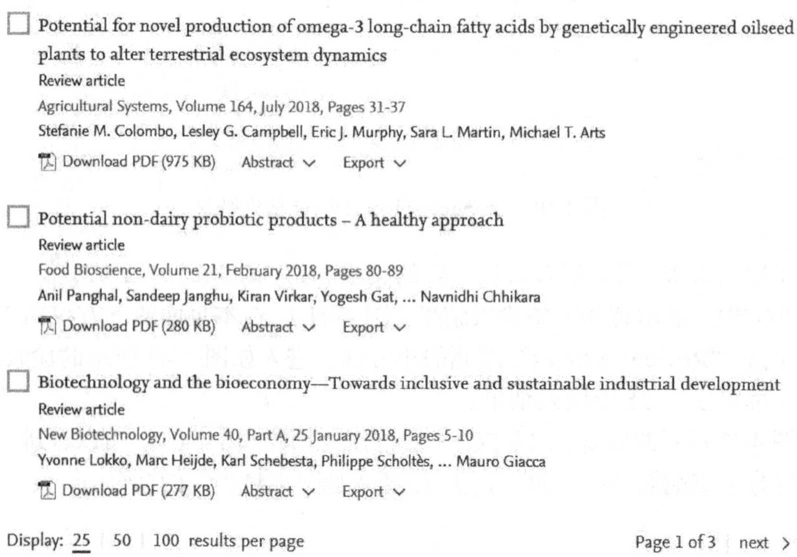

图 4-43　检索结果的最下方

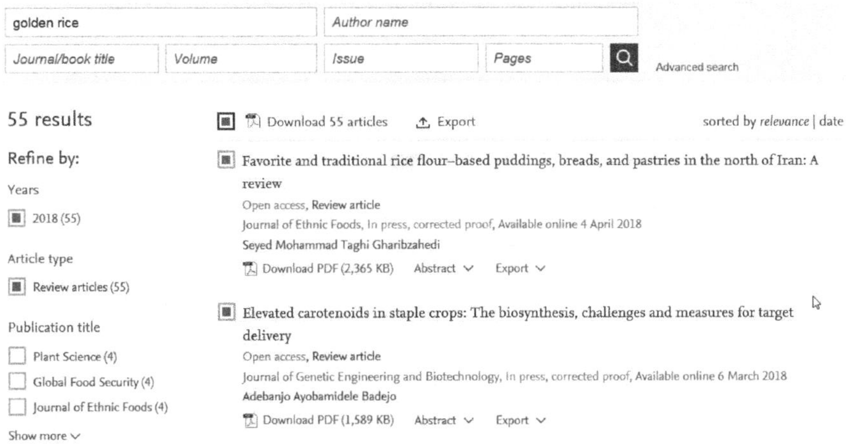

图 4-44　显示文献最大数量为 100 条

在图 4-44 所示的页面上，点击文献题目左侧的小方框，小方框内会出现一个橙色的正方形，表示选择了这篇文献。点击最下方的小方框，选择 55 篇文献，点击“Export”，弹出如图 4-45 所示的窗口。

在图 4-45 所示的窗口，选择“Export citation to RIS”，在弹出的保存文件窗口上，按照步骤保存文件。然后打开一个新建的 EndNote 的文件，选择“File”菜单下方的“Import”，继续选择“File”（图 4-46）。在弹出窗口上，选择刚刚保存的文件，“Text Translation”选择“No Translation”，点击“Import”按钮（图 4-47），就可以发现导出的文献已导入到 EndNote 文件中。

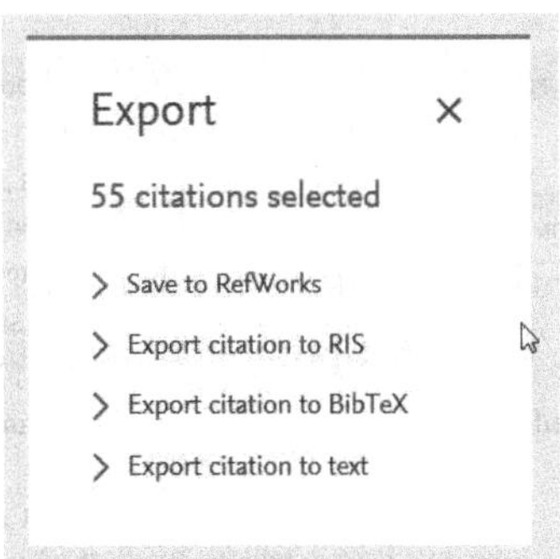

图 4-45　导出文献的弹出窗口

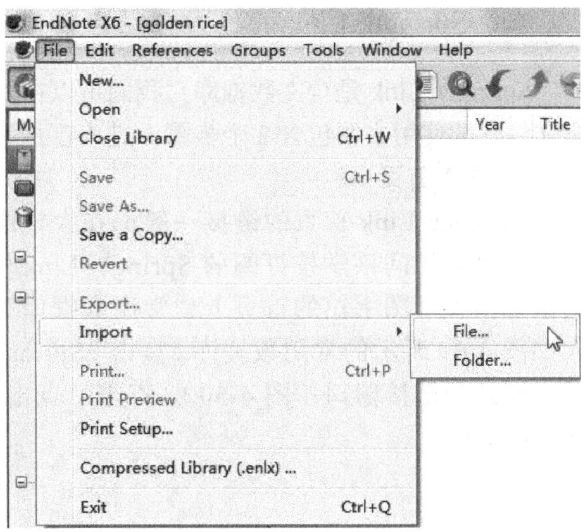

图 4-46　EndNote 导入文件的选择

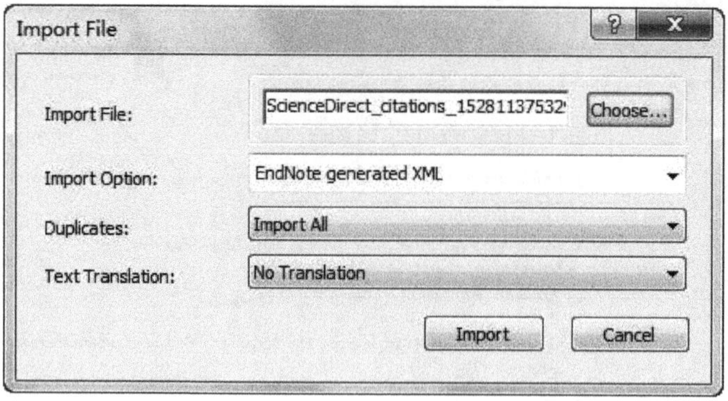

图 4-47　EndNote 导入文件的弹出窗口

此外，Elsevier-ScienceDirect 还可以用来查找全文。查找全文时，最好从校内 IP 进入，这样可以下载更多全文。

第四节　Springer Link 的使用

一、Springer Link 的简介

Springer-Verlag 是德国的一家出版社。Springer Link 是全球第一个电子期刊全文数据库。Springer Link 中的大多数全文电子期刊是国际重要期刊，其中 SCI 源刊达到 72%，它是科研人员的重要信息源。

二、Springer Link 的检索与保存

Springer Link 是全文数据库，我们可以在发现感兴趣的文献时，利用它查找全文，它的使用主要包含 2 个步骤：进入首页、检索和保存。

1. 进入首页

Springer Link 首页的链接一般都在大学图书馆的首页上，大学校内的 IP 一般都可以访问该学校订阅的 Springer Link 资源，而且可以下载全文。例如，点击暨南大学图书馆的首页上“常用数据库”右侧的“更多”（图 4-48），进入如图 4-49 所示的常用数据库。点击“Springer-Springer Link online Journals”进入网站的链接窗口（图 4-50），点击“点击进入”，进入 Springer Link 首页（图 4-51）。

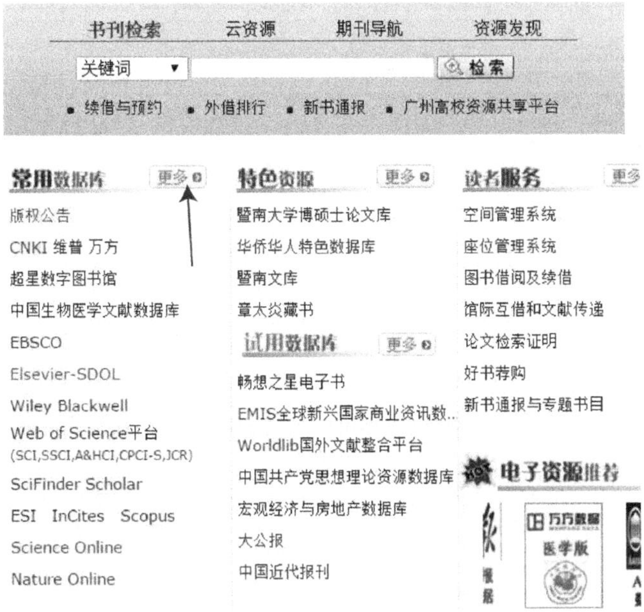

图 4-48　校外 IP 进入暨南大学图书馆后数据库的首页

名称	点击次数	详细信息
CNKI中国知网	7283487	点击查看
Web of Science	577275	点击查看
维普-《中文科技期刊数据库》（全文版）	564222	点击查看
CNKI（清华同方）-中国优秀博硕士学位论文全文数据库	539381	点击查看
Elsevier-SDOL(ScienceDirect OnLine)	524150	点击查看
超星数字图书馆	503267	点击查看
暨南大学博硕士论文数据库	308197	点击查看
ISI-SCIE(Science Citation Index Expanded)	290421	点击查看
SciFinder Scholar(CA网络版)	205391	点击查看
PubMed-Entrez PubMed	175537	点击查看
Wiley-Blackwell	166466	点击查看
EBSCO-Academic Search Complete	140744	点击查看
EI(Engineering Village 2)	91716	点击查看
ACS(American Chemical Society)	82230	点击查看
读秀学术搜索	73843	点击查看
Springer-Springer Link online Journals	70134	点击查看
中国生物医学文献数据库(CBM网络版)	65589	点击查看
新东方多媒体学习库	62872	点击查看
MyET英语学习资源库	61709	点击查看
国务院发展研究中心信息网(国研网总站)	60236	点击查看

图 4-49　校外 IP 进入暨南大学图书馆后的英文数据库的首页

<< 返回电子资源导航

英文名称	Springer-Springer Link online Journals [添加到我的资源]
版权公告	请遵守版权，合理使用电子资源，点击查看《版权公告》
链接入口	入口1：[点击进入] 您当前IP地址：120.241.152.11 IP类型：校外
学科范围	电子电气、计算机、信息科学 数学 化学、材料科学、食品科学 物理 医药卫生 生物、环境科学 土木、建筑、工程技术 政治、法律 经济、管理
资源语言/类型	英文 / 全文电子期刊
收录时间	1997-
收录数量	1819 种(册) / 篇
详细描述	使用提示：输入检索词检索后，在页面左上角有"Include Preview-Only Content"，去掉后面的√将只显示可以下载全文的期刊或图书。 德国施普林格（Springer-Verlag）是世界上著名的科技出版社，该社通过Springer Link系统发行电子图书并提供学术期刊检索服务。目前共出版有2100余种期刊。SpringerLink通过纯数字模式的专家评审编辑程序，从以卷期为单位的传统印刷出版标准过渡到以单篇文章为单位的网络出版标准，现在已有超过200种期刊优先以电子方式出版（OnlineFirst），大大提高了文献网上出版的速度和效率，并保持了文献的高质量要求。Springer的发展目标是把OnlineFirst出版方式应用到所有SpringerLink提供全文服务的期刊上。 截至2017年9月，Springer数据库我校可以访问的全文期刊为1819种（不含免费、试读期刊）。
使用范围	校园网和VPN用户

图 4-50 Springer Link 链接入口

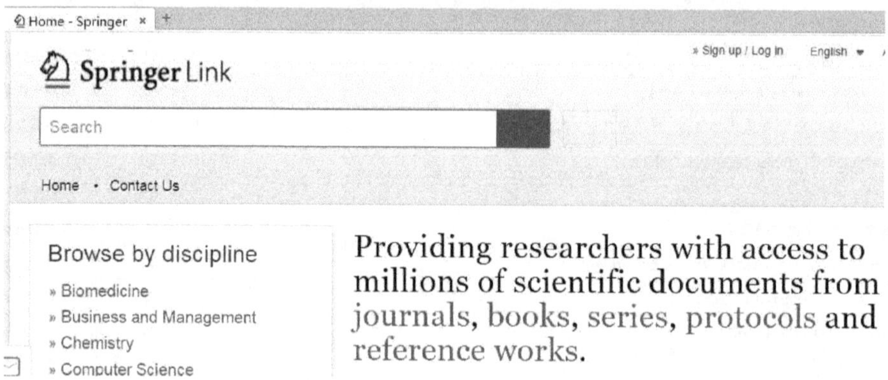

图 4-51 Springer Link 首页

或者在浏览器网址栏中输入 http://link.springer.com/，也可以进入如图 4-51 所示的网站首页。但此时仅仅可以查找开放存取的文献，大多数文献看不到全文。

2. 检索和保存

Springer Link 平台提供了简单检索、高级检索和期刊浏览的功能。Springer Link 的检索可以使用简单检索的方式，直接将论文的题目输入检索框内，点击检索就可以获得检索结果。也可以输入关键词，进行检索，如输入“golden rice”，点击检索按钮进行检索，会弹出一个如图 4-52 所示的页面，在这个页面上，显示

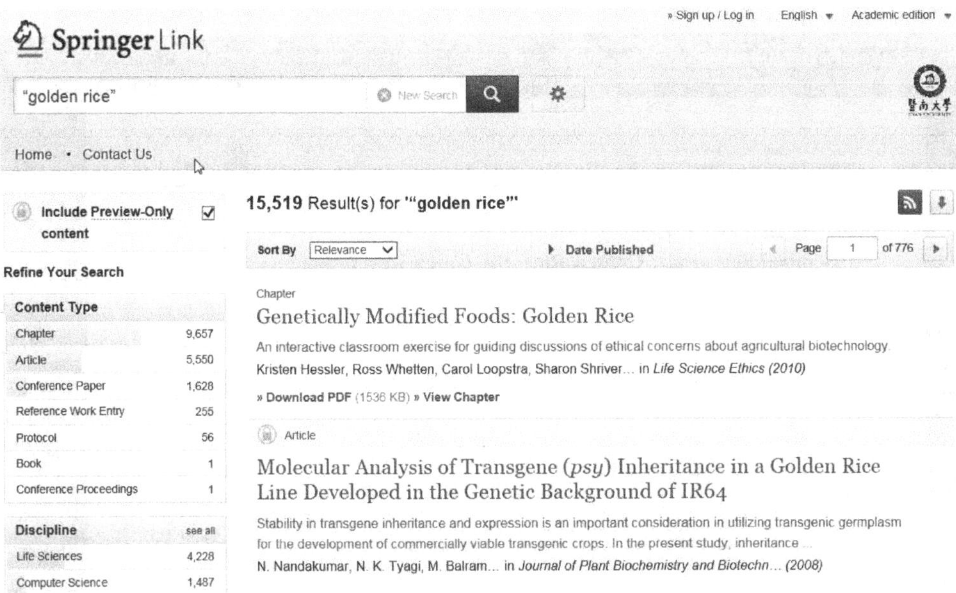

图 4-52　Springer Link 简单检索

有 15 519 个结果。

Springer Link 平台没有提供批量下载的功能，如果对某一个文献有兴趣，可以点击文献下方的“Download PDF”（图 4-53），进入下载页面（图 4-54）。点击 PDF 文件上方的下载图标或“保存副本”，就可以下载 PDF 格式的文件，并保存在电脑上。这个数据库大多数文献可以下载全文。

图 4-53　单个文献的 PDF 文件下载

总而言之，Springer Link 是全文数据库，主要用来查找全文，文献的题录没有必要用这个数据库来查找。使用这个数据库的一般原则是，先发现非常感兴趣的文献，然后利用这个数据库来找全文。

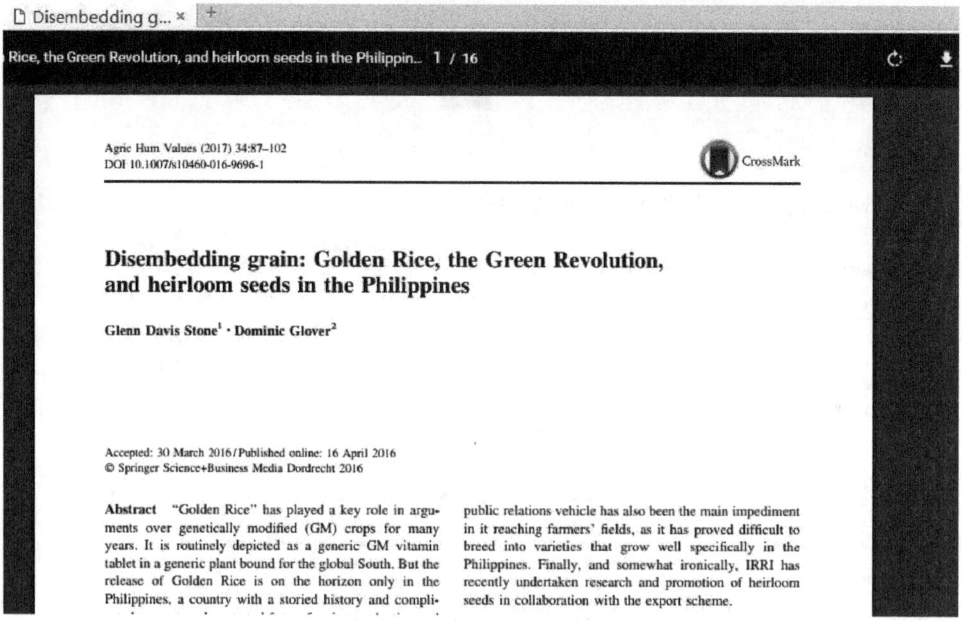
Disembedding g... ×

Rice, the Green Revolution, and heirloom seeds in the Philippin... 1 / 16

Agric Hum Values (2017) 34:87–102
DOI 10.1007/s10460-016-9696-1

CrossMark

Disembedding grain: Golden Rice, the Green Revolution, and heirloom seeds in the Philippines

Glenn Davis Stone[1] · Dominic Glover[2]

Accepted: 30 March 2016 / Published online: 16 April 2016
© Springer Science+Business Media Dordrecht 2016

Abstract "Golden Rice" has played a key role in arguments over genetically modified (GM) crops for many years. It is routinely depicted as a generic GM vitamin tablet in a generic plant bound for the global South. But the release of Golden Rice is on the horizon only in the Philippines, a country with a storied history and compli-

public relations vehicle has also been the main impediment in it reaching farmers' fields, as it has proved difficult to breed into varieties that grow well specifically in the Philippines. Finally, and somewhat ironically, IRRI has recently undertaken research and promotion of heirloom seeds in collaboration with the export scheme.

图 4-54 PDF 文件下载页面

第五节 PubMed 的使用

PubMed 可通过单击 NCBI 首页上的 PubMed 链接进入，也可从图书馆首页进入（图 4-55 和图 4-56）。PubMed 的首页见图 4-57。PubMed 的检索可以使用标准检索方式，然后将检索到的文献导入到 EndNote 软件中。也可以直接利用 EndNote 软件中的网上检索功能直接检索（详见第二章的内容），直接用 EndNote 软件来检索更方便、快速，一般就不从首页上进行检索了。

介绍了这么多的数据库，使用时是不是需要在每个数据库中都全部查找一遍呢？从查全的角度来说，可以每个数据库都查找；但从节省时间的角度来说，并不需要所有的数据库都去查找，仅仅需要查找 1 或 2 个数据库即可。例如，中文文献通过 CNKI 来查找，英文文献通过 Web of Science 来查找。然后进行文献的阅读，根据摘要的内容进行筛选，认为十分重要、需要进一步阅读的文献可以通过后面的全文数据库来查找全文，否则没有必要所有的文献都去查找全文。通过这样的方法可以大大节省时间。

名称	点击次数	详细信息
CNKI中国知网	8253695	点击查看
Web of Science	770213	点击查看
维普-《中文科技期刊数据库》（全文版）	614946	点击查看
Elsevier-SDOL(ScienceDirect OnLine)	566177	点击查看
CNKI（清华同方）-中国优秀博硕士学位论文全文数据库	545085	点击查看
超星数字图书馆	533316	点击查看
全国报刊索引数据库	519436	点击查看
暨南大学博硕士论文数据库	333912	点击查看
ISI-SCIE(Science Citation Index Expanded)	292173	点击查看
SciFinder Scholar(CA网络版)	236794	点击查看
PubMed-Entrez PubMed	202022	点击查看
Wiley-Blackwell	179302	点击查看
EBSCO-Academic Search Complete	166478	点击查看
万方医学期刊（含中华医学会期刊）	128330	点击查看
EI(Engineering Village 2)	98183	点击查看
读秀学术搜索	94925	点击查看
ACS(American Chemical Society)	88054	点击查看
MET全民英语学习资源库	85651	点击查看
Springer-Springer Link online Journals	76408	点击查看

图 4-55　暨南大学图书馆数据库目录

英文名称	**PubMed-Entrez PubMed**　[添加到我的资源]
版权公告	请遵守版权，合理使用电子资源，点击查看 **《版权公告》**
链接入口	入口1 ： **[点击进入]** 您当前IP地址：120.241.152.11　IP类型：校外
学科范围	医药卫生
资源语言/类型	英文 / 其它
收录时间	1960-
详细描述	PubMed是美国国立医学图书馆出版的免费文摘索引数据库，没有IP使用限制。 关于PubMed的全文： 1.PubMed提供的免费全文，在校内或校外上网都可以看，这是没有区别的。 2.PubMed没有提供免费全文，但提供了该文献的出版商网址链接。如果图书馆正好购买了该出版商的数据库，则校园网IP范围内的用户可以直接点击出版商网址链接获取全文，而校外上网用户获取不到全文。 例如：在PubMed中检索《Different contribution of BH3-only proteins and caspases to doxorubicin-induced apoptosis in p53-deficient leukemia cells》，检索结果右上角有"ELSEVIER FULL-TEXT ARTICLE"。图书馆购买了Elsevier数据库，且该刊有全文访问权限。校园网IP用户直接点击"ELSEVIER FULL-TEXT ARTICLE"即可获取全文。
使用范围	无限制

图 4-56　PubMed 入口

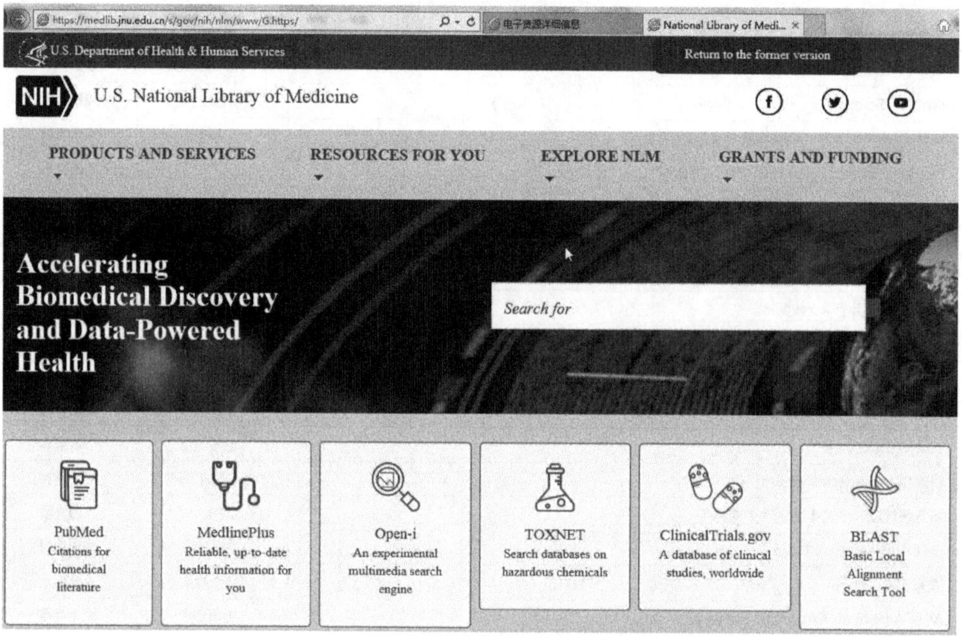

图 4-57　PubMed 首页

第五章　常用阅读器和 APP 及微信公众号的使用

科研人员需要不断查阅新文献才可以了解同行所做的研究及取得的实验结果。例如，*Science* 每周五更新；*Nature* 每周四更新。如果每周分别在不同时间进入这些杂志的网站浏览获取资料，需要在几个网站间不断转换，比较浪费时间。此时，聚合内容阅读器（really simple syndication，RSS）（简称阅读器）就成为科研人员的一个好帮手。RSS可将杂志更新的内容自动导入到阅读器中，需要阅读时打开阅读器就可以看到自己所订阅杂志的最新目录。通过这种方法可以避免在不同网站间的不断转换，节省了网上浏览的时间。通过使用阅读器，科研人员不必每周进入这些杂志的首页，又能直接查阅自己喜爱杂志上所发表的文章。本章以新浪点点通阅读器为例来介绍阅读器的使用方法。

随着移动互联网的发展，手机客户端的使用率有大于电脑客户端的趋势。手机应用软件（即 APP，英文 application 的简称）已成为获取资讯的重要途径。例如，CNKI 为读者提供了手机端文献服务平台 APP CNKI 全球学术快报；PubMed 也有其对应的 APP 等。本章主要以 CNKI 全球学术快报和 PubMed 等为例来介绍 APP 的使用方法，并推荐一些科技方面的微信公众号，以帮助读者更快、更好地获取科技方面的资讯。

但需要注意的是，手机 APP 的信息快速送达是其特色，但这些信息经常片段化，可信度有待验证，所以手机端得到的信息需要在确认后才能使用。

本章思维导图：

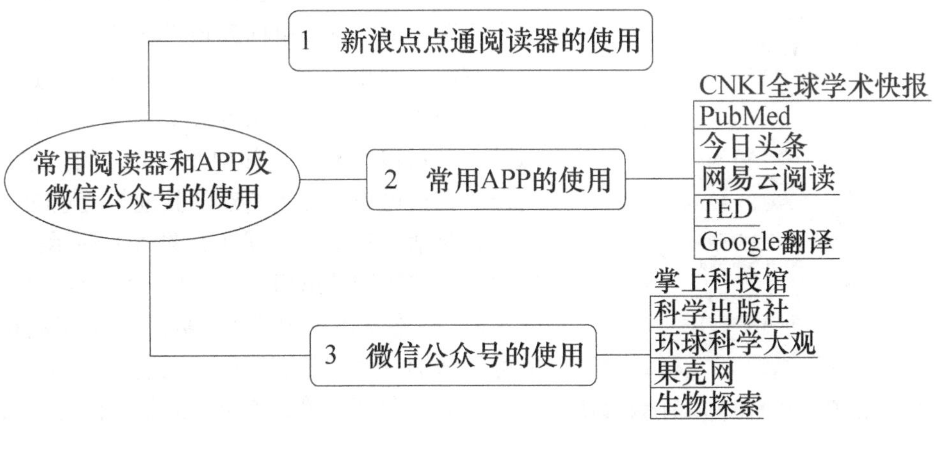

第一节　新浪点点通阅读器的使用

新浪点点通阅读器的使用方法十分简单。首先百度搜索新浪点点通阅读器，然后进入下载地址，下载完成后，按照步骤进行安装。安装完成之后，就会在电脑的桌面上出现一个新浪点点通阅读器的图标。

双击新浪点点通阅读器的图标，打开新浪点点通阅读器，就进入了工作页面，如图 5-1 所示。

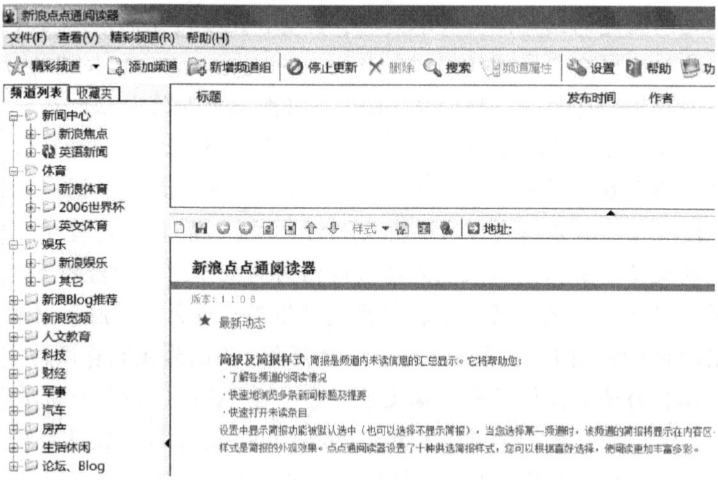

图 5-1　新浪点点通阅读器首页

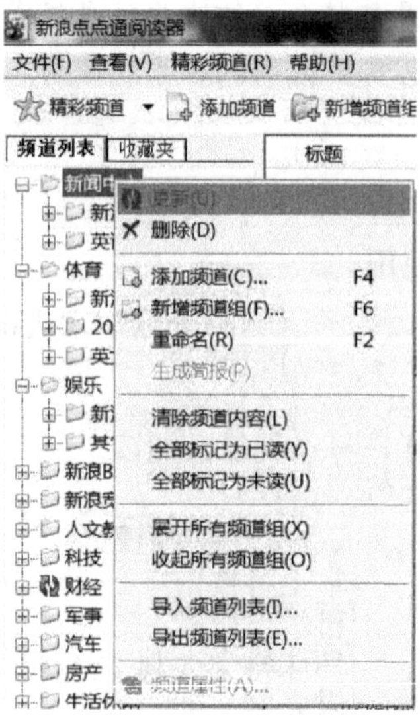

图 5-2　新浪点点通阅读器的选择菜单

在如图 5-1 所示页面的左侧栏，显示了“新闻中心”“体育”“娱乐”等自动携带的订阅频道。如不喜欢自动携带的某些订阅频道，可以通过手动删除功能将其删除。例如，想删除“新闻中心”频道，就将鼠标放到“新闻中心”上，点击右键，弹出一个选择菜单（图 5-2），选择删除，弹出如图 5-3 所示的对话框窗口，点击“是”，就可以删除“新闻中心”的订阅。采用同样的方法可将自己不喜欢的其他频道删除。

如要增加频道组，就在如图 5-1 所示的菜单中点击“新增频道组”，弹出一个如图 5-4 的所示窗口。在文本框内输入“期刊”，点击确定，就可以增加一个“期刊”的频道组（图 5-5）。

增加“期刊”等频道组之后就可以订阅自

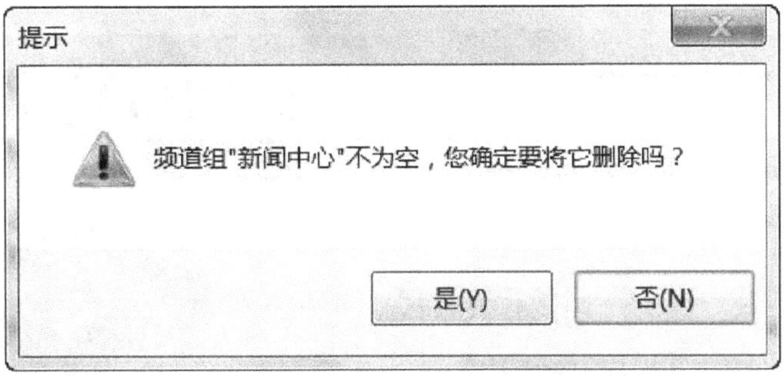

图 5-3　频道删除菜单对话框

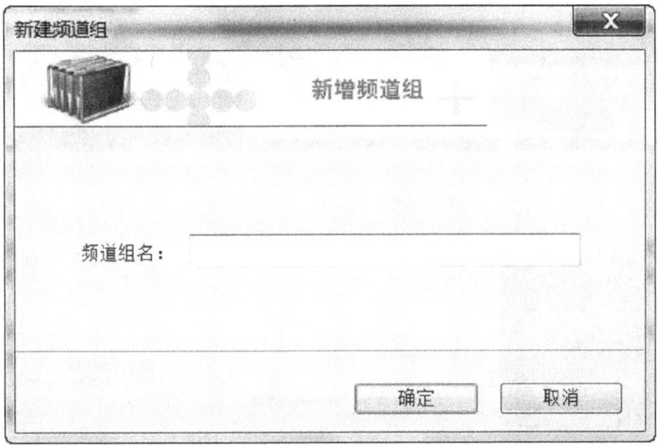

图 5-4　“新增频道组”窗口

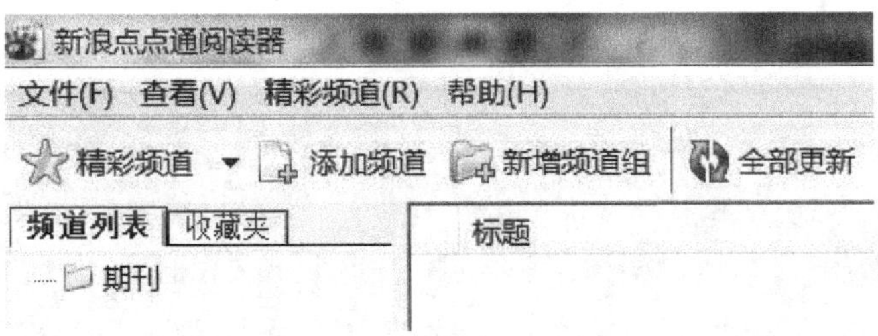

图 5-5　新增的期刊频道组

己感兴趣的期刊及其他资讯，下面以 *Science* 为例来介绍新浪点点通阅读器的订阅方法。

将新浪点点通阅读器的窗口最小化，在网页顶部的地址栏输入网址 http://www.sciencemag.org/，进入 *Science* 的首页（图 5-6）。点击“Journals”，进入杂志的首页（图 5-7）。在杂志首页的最下面（图 5-8），点击订阅符号“”，弹出如图 5-9 所示的页面。

图 5-6　*Science* 网站首页

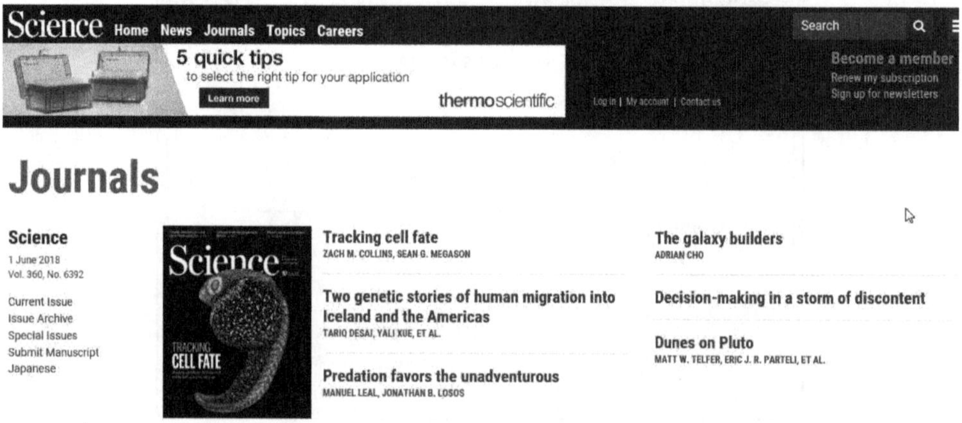

图 5-7　*Science* 杂志首页

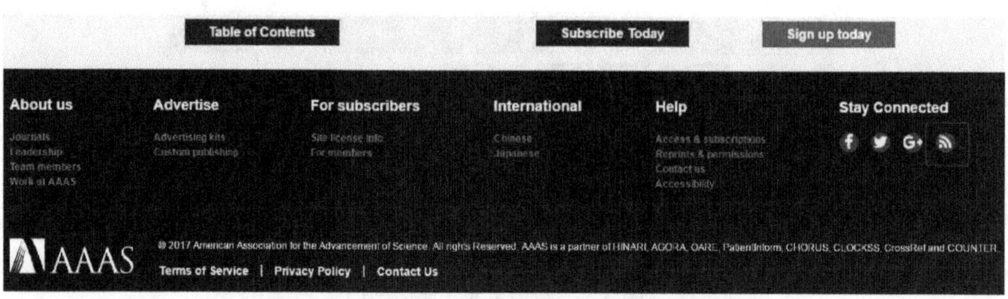

图 5-8　*Science* 杂志首页的最下面及订阅按钮

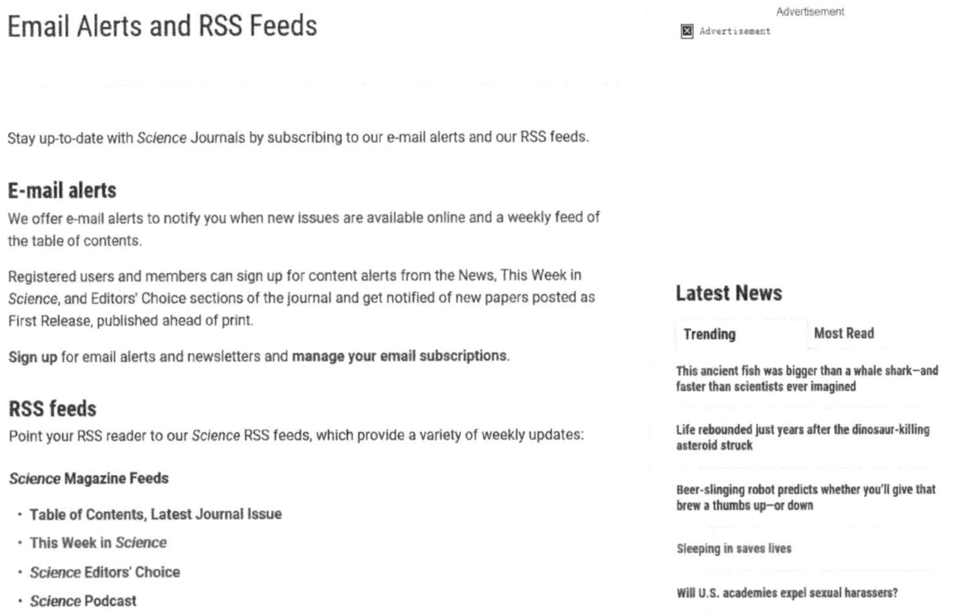

图 5-9　*Science* 杂志首页的最下面及订阅链接

在图 5-9 所示的页面上，按住鼠标往下拉，点击“RSS feeds”下方的“Table of Contents, Latest Journal Issue”，弹出如图 5-10 所示的页面，复制地址栏中的地址。

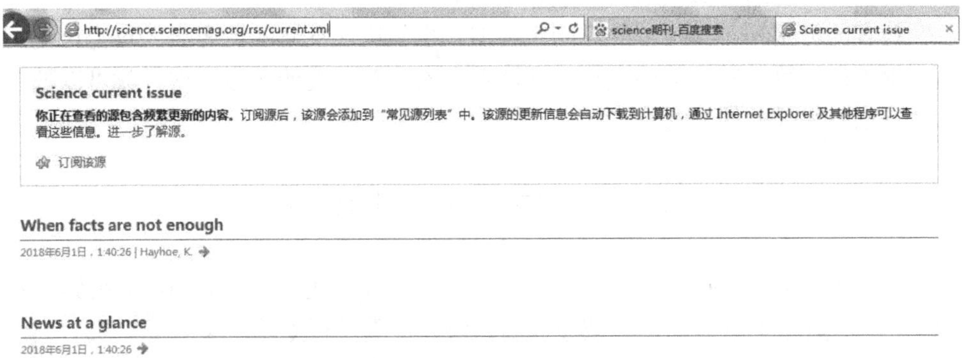

图 5-10　*Science* 杂志订阅页面

回到新浪点点通阅读器页面，点击菜单中的“添加频道”，弹出一个添加频道的窗口，将复制的订阅地址粘贴到“频道地址”右侧的文本框中（图5-11）。点击这个窗口中的“下一步”，弹出如图 5-12 所示的频道属性选择窗口，对属性进行选择后，点击“完成”，就可以看到新浪点点通阅读器左侧的频道列表中增加了“Science current issue”（图 5-13）。

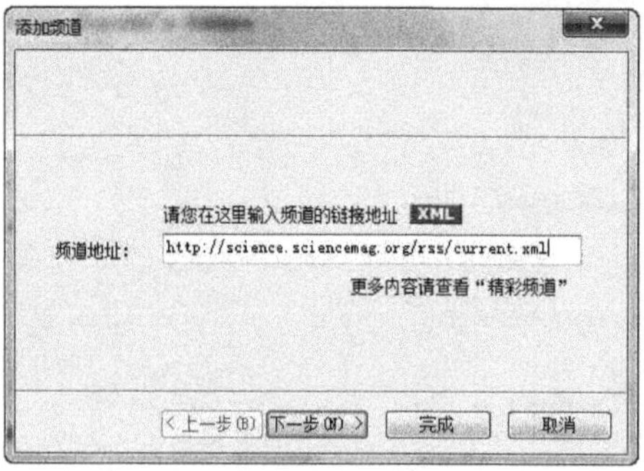

图 5-11 添加频道窗口

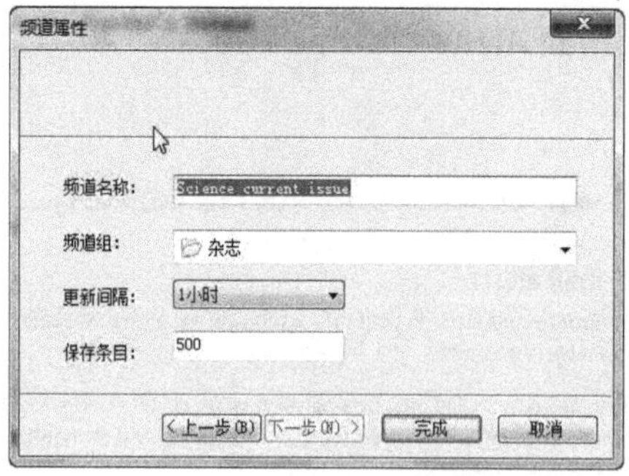

图 5-12 频道属性的选择窗口

图 5-13 订阅的"Science current issue"频道

前几年，*Nature* 和 *Cell* 杂志的网页上还有订阅链接，现在这两个杂志均没有订阅链接，不能通过阅读器自动接收最新的论文。

博客的订阅和 *Science* 的订阅很类似，也是进入某个的博客后，点击订阅按钮，就可以按照步骤往新浪点点通阅读器上添加感兴趣的博客，这样就可以随时接收自己感兴趣的博客文章了。

第二节 常用 APP 的使用

一些手机 APP 的使用方法也同样十分简单。首先使用手机应用商店搜索这些 APP，然后进入下载界面，下载完成后，按照步骤进行安装。安装完成之后，就会在手机的桌面上出现相应的图标，如 CNKI 全球学术快报、PubMed、今日头条、网易云阅读和 TED 等。本节主要介绍这些 APP 的使用。由于版本不同，可能界面会有所不同，但使用方法大同小异。

一、CNKI 全球学术快报

CNKI 全球学术快报是中国知网为读者打造的手机端文献服务平台，该平台整合了全球文献，为用户提供个性化的快报推送服务，实现实时了解最新学术科技前沿动态的目的。该 APP 操作简单方便，读者可通过手机进行文献的在线阅读和下载，并提供文献标注信息、阅读记录等内容的云同步，跨越移动端和桌面系统的限制。同时读者可以通过学术文献与作者进行交流和沟通。

该 APP 的使用方法如下：打开手机，在手机应用商店搜索框内输入“CNKI”，在下面弹出的链接中，点击“CNKI 全球学术快报”（图 5-14），按照步骤进行下载并安装。安装完成后，手机上会出现一个如图 5-15 所示的图标。使用时，点击这个图标就可以进入它的登录页面（图 5-16）。

图 5-14　搜索到的 CNKI 全球学术快报 APP 图标

图 5-15　CNKI 全球学术快报的图标

在登录页面，可以使用申请的账户登录，也可以点击“先看看”，进入首页（图 5-17）。点击最上方的“点击检索文献”，进入如图 5-18 所示的页面。

打开主题的下拉菜单，可以看到篇名、关键词等选择（图 5-19），如点击“作者”，在检索框内输入“马三梅”（图 5-20），点击搜索，进入如图 5-21 所示的检索结果页面。

在这个页面，选择“主题”，打开下拉菜单（图 5-22），可以选择“发布时间”等选项，继续对查到的结果进行排序和选择。

“关键词”“篇名”等的检索方法与“作者”检索方法类似，只需要按照步骤操作就可以检索出结果。

图 5-16　CNKI 全球学术快报的登录页面

图 5-17　CNKI 全球学术快报的首页

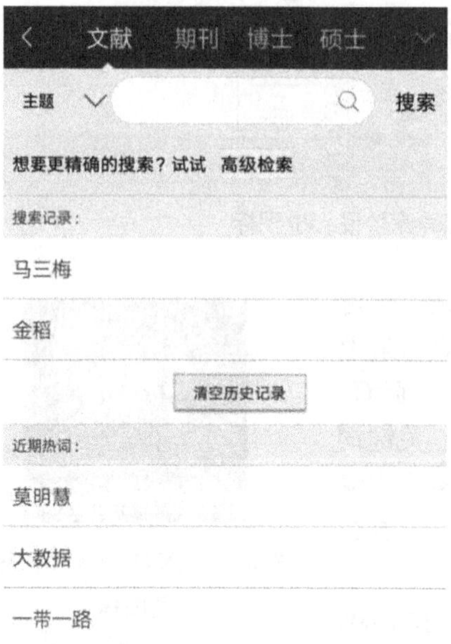

图 5-18　CNKI 全球学术快报的检索页面

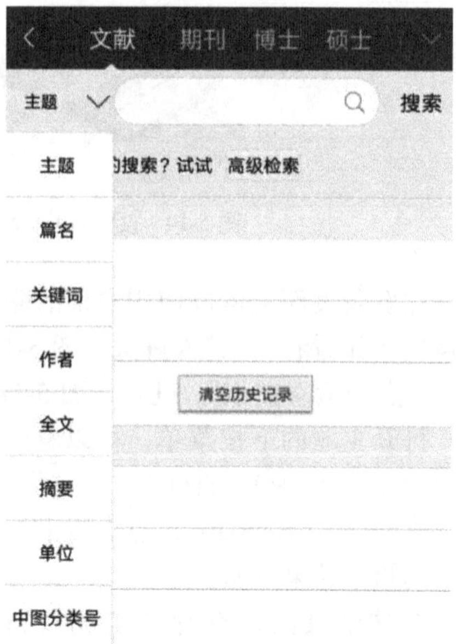

图 5-19　CNKI 全球学术快报的文献下拉菜单

图 5-20 CNKI 全球学术快报的作者检索窗口

图 5-21 CNKI 全球学术快报的作者检索结果

CNKI 全球学术快报 APP 的主要功能是检索。如果下载的话，需要注册。一般情况下，要使用下载和引用的功能最好还是利用电脑端的 CNKI。

二、PubMed

打开手机应用商店，在搜索框内输入“PubMed”，在下面弹出的链接中，点击“PubMed”（图 5-23），按照步骤进行下载并安装。安装完成后，手机上会出现一个如图 5-24 所示的图标。使用时点击这个图标就可以进入它的首页（图 5-25）。

在搜索框内输入“transgenic corn”，点击检索按钮符号“🔍”，就可以显示检索结果，关于“transgenic corn”显示有 1813 个结果（图 5-26）。继续在论文题目上点击，就可以进入详细页面（图 5-27）。

图 5-22 CNKI 全球学术快报的检索结果

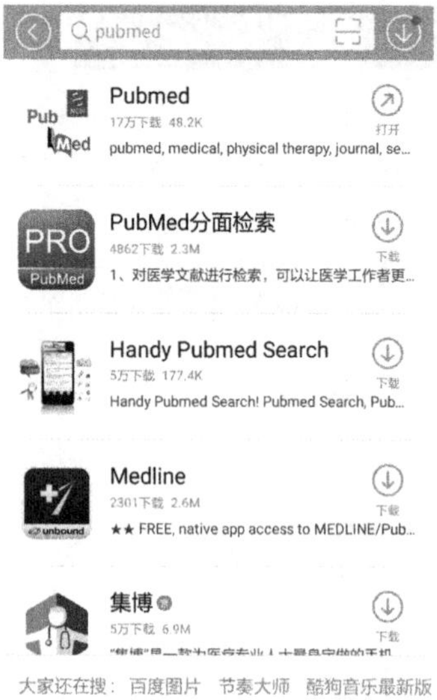

图 5-23 PubMed APP 的查找

图 5-24 PubMed 的图标

图 5-25 PubMed 的首页

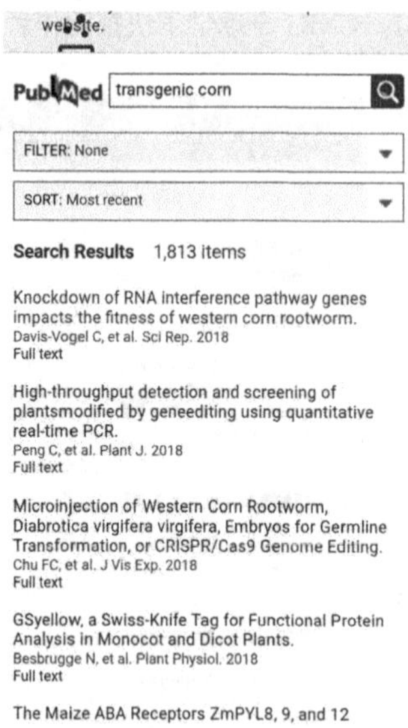

图 5-26 PubMed 的检索结果

图 5-27 文献的详细页面

从上面的介绍可以看出，使用手机 APP 检索文献和使用电脑检索的方法差异并不大。但是手机检索需要流量，读者可在有 WIFI 的情况下使用。手机的屏幕一般较小，并且屏幕辐射强度较大，不适合长时间看文献，长期使用手机检索易对眼睛造成伤害。手机 APP 检索可以作为在没有电脑情况下的替代或作为移动终端来使用。

三、今日头条

今日头条是一款新闻资讯 APP，可搜索并订阅内容，并能自动分析用户的兴趣爱好，为用户推荐感兴趣的内容。

今日头条的使用方法如下：通过手机应用商店搜索“今日头条”，按照步骤下载并安装到手机上，然后手机屏幕上会出现一个如图 5-28 所示的图标。点击图标就可以打开 APP 来阅读相关资讯，也可以选择订阅相应的资讯，选择“订阅”后，出现如图 5-29 所示的页面。

图 5-28　今日头条的图标

点击“添加订阅”，出现如图 5-30 所示的页面，然后可以选择订阅感兴趣的内容。在今日头条的科技频道可以看到最新科技信息。

图 5-29　今日头条的首页

图 5-30　今日头条的科技频道

四、网易云阅读

网易云阅读是国内移动应用中的一个在线书库 APP，为用户提供优秀且富有乐趣的阅读作品，被用户誉为“手机必备阅读 APP”。

网易云阅读的使用方法如下：打开手机应用商店，在搜索框内输入“网易云阅读”，在下面弹出的链接中，点击“网易云阅读”，按照步骤进行下载并安装。安装完成后，手机上出现一个如图 5-31 所示的图标，使用时点击图标就可以进入它的首页（图 5-32）。

图 5-31　网易云阅读的图标

图 5-32　网易云阅读的首页

在首页上方的菜单栏可以选择各个链接，进入详细页面。点击搜索按钮符号“🔍”可以进入搜索页面。

五、TED

TED 由 technology（科技）、entertainment（娱乐）及 design（设计）三个英文单词首字母组成，是美国的一家私有机构。该机构以其组织的 TED 大会著称，这个会议的宗旨是“传播一切值得传播的创意”。TED 大会每年举行一次，大会演讲做成视频放在互联网上，供全球观众免费分享。TED 也有相应的 APP。

TED 的具体使用方法如下：打开手机应用商店，在搜索框内输入“TED”，在下面弹出的链接中，点击“TED”，按照步骤进行下载并安装。安装完成后，手机上会出现一个如图 5-33 所示的图标，使用时点击这个图标就可以进入它的首页（图 5-34）。

在首页上点击“观看最多”，就可以看到观看次数最多的视频（图 5-35），每个视频左下角是演讲者的姓名和演讲的题目，右下角是视频的持续时间。点击就可以观看视频。

图 5-33　TED 图标

图 5-34　TED 首页

图 5-35　观看最多的 TED 视频

六、Google 翻译

阅读英文文献已成为了解科技资讯的一种重要渠道，但部分中国读者阅读英文文献有困难。如果能够将所读的英文文献翻译成通顺的中文，就可以帮助人们加深对文献的理解，目前一些手机 APP 可以进行辅助翻译。例如，Google 翻译就是一个可以进行汉、英翻译，而且能够读音的 APP，它可以将一个单词或者句子翻译出来，人们可以用它来学习英语和阅读英文科技文献。

图 5-36　Google 翻译图标

该 APP 的使用方法如下：打开手机应用商店，在搜索框内输入“Google 翻译”，在下面弹出的链接中，点击“Google 翻译”，按照步骤进行下载并安装。安装完成后，手机上出现一个如图 5-36 所示的图标。使用时点击图标就可以进入它的首页（图 5-37）。

在 Google 翻译的首页，可以输入中文，如输入“我喜欢写作”，下面一行自动出现“I like writing”（图 5-38）。点击英文右侧的小箭头，进入发音页面（图 5-39），分别点击“中文”和“英语”左侧的喇叭形按钮，就可以听到发音。

图 5-37　Google 翻译首页

图 5-38　Google 翻译的结果

可见，使用 Google 翻译 APP，可以很方便地进行汉、英互译，而且可以听到发音。

图 5-39　Google 翻译的发音页面

第三节　微信公众号的使用

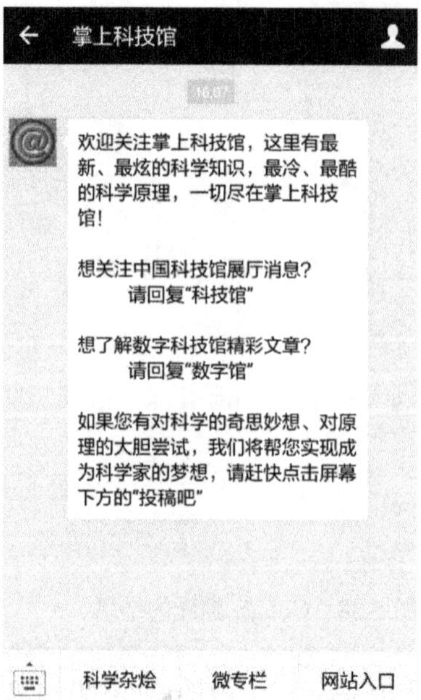

图 5-40　掌上科技馆的介绍

现在使用微信的人越来越多，因此可以通过关注微信公众号来获取一些科技和人文类的最新资讯和观点。本节主要介绍一些有关科技方面的公众号。

一、掌上科技馆

点击微信右上方的“+”，之后依次点击“添加朋友”和“公众号”，在搜索输入栏输入“掌上科技馆”，按照步骤，点击“关注”即可。掌上科技馆主要介绍“最新、最炫的科学知识，最冷、最酷的科学原理”（图 5-40）。如果有兴趣，读者也可以写稿并进行投稿。

二、科学出版社

点击微信右上方的“+”，之后依次点击“添加朋友”和“公众号”，在搜索输入栏输入“科学出版社”，点击搜索，搜索到“科学出版社”之后点击“关注”，就完成了订阅。科学出版社公众号主要的目的是“传播科学，创造未来”，和读者“分享科学新知，体验科学的精彩世界”（图 5-41）。这个公众号主要介绍一些最新的科学资讯和科学出版社出版的最新书籍。读者可以通过公众号购买喜欢的书籍。

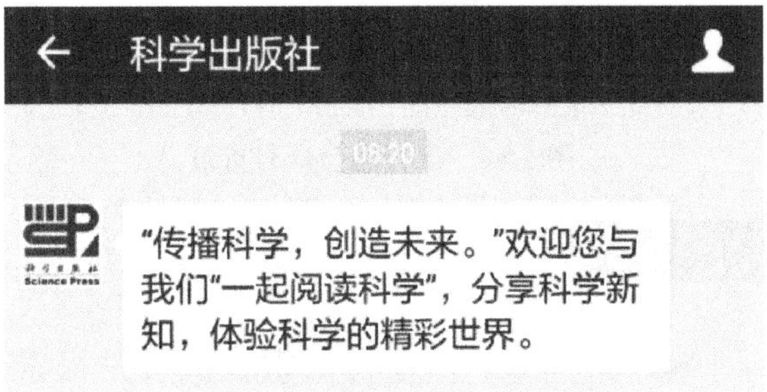

图 5-41　科学出版社公众号首页

三、环球科学大观

采用同样的方法可以订阅环球科学大观的微信公众号。环球科学大观主要介绍科学方面的进展，目的在于“用科学的眼光观世界，用富有的思维察明理”（图 5-42）。

图 5-42　环球科学大观公众号首页

四、果壳网

果壳网是北京果壳互动科技传媒有限公司创办的公众号（图 5-43），它是一个开放、多元的泛科技兴趣社区。

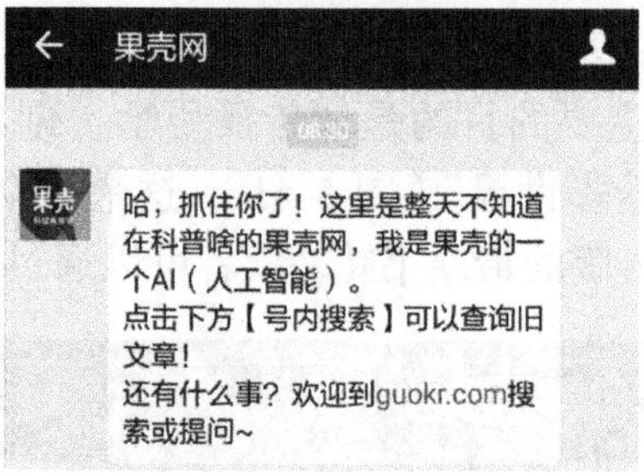

图 5-43　果壳网公众号首页

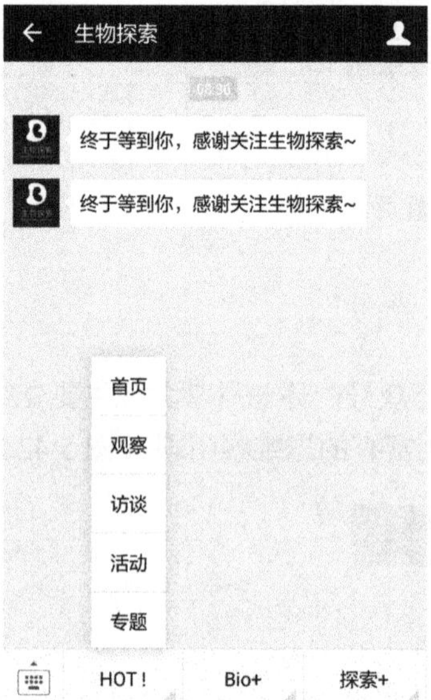

图 5-44　生物探索公众号首页

五、生物探索

生物探索公众号是探索生物科技价值的新媒体（图 5-44）。在其“专题”栏目中有一些科普常识及本年度诺贝尔奖的介绍。此外，点击“HOT!”，在专题中可以看到一些最新的科学进展等资讯。

这些公众号都非常实用，可以根据自己的需求订阅，了解和学习最新的知识。因为公众号属于自媒体，发布的内容没有经过专家的审核和修改，所以读者对文章的观点和科学性一定要进行独立思考，不能盲目全信。在这个信息过量的社会，独立思考成为对一个人基本要求，否则，人们很容易被错误的观点欺骗而不自知。

第六章　硕士论文和博士论文及专利的检索

硕士论文和博士论文是高等院校、科研单位的研究生为申请学位而撰写的，是作为考核和评审的学术性研究论文。硕士论文和博士论文一般涉足前人尚未研究过，或尚未研究成熟的学科前沿课题，因此它是了解国内外科研发展动态的重要信息媒介，对相关研究具有重要的参考价值。目前，国内的硕士论文和博士论文可以通过 CNKI 和万方数据等数据库进行检索，国外的硕士论文和博士论文可以通过 ProQuest 等数据库来检索。

专利在字面上是指专有的权利和利益，一般是指一项发明创造的首创者所拥有的受保护的独享权益，并由政府机关或者代表若干国家的区域性组织根据申请而颁发的一种文件。专利文献作为技术信息有效的载体，囊括了全球最新的技术情报，相比一般刊物所提供的信息早 5～6 年，而且大部分发明创造只通过专利文献公开，并不见诸其他的科技文献。相对于其他文献形式，专利更具有新颖、实用的特征。可见，专利文献是世界上最大的技术信息源。专利检索就是根据一项或数项特征，从大量的专利文献或专利数据库中挑选符合某一特定要求的文献或信息的过程，对科技工作者具有重要的意义。

本章思维导图：

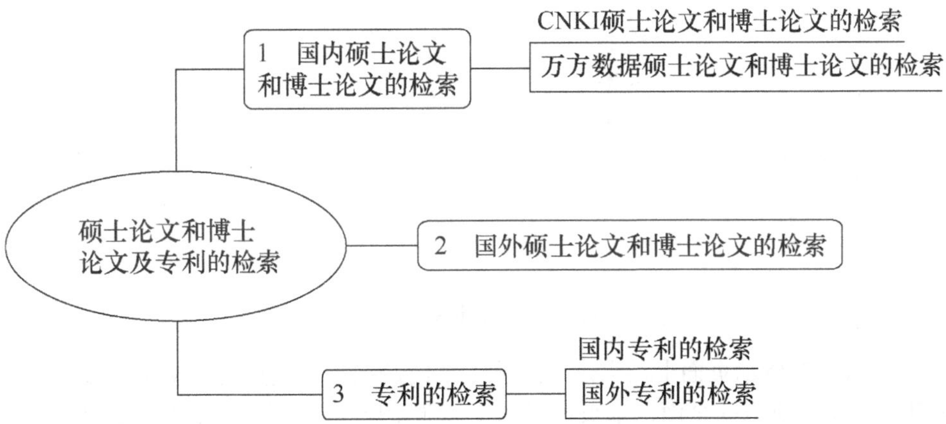

第一节　国内硕士论文和博士论文的检索

一、CNKI 硕士论文和博士论文的检索

在暨南大学的图书馆首页，找到常用数据库中的 CNKI，逐步点击，进入 CNKI 的首页（图 6-1）。将主题“转基因水稻”输入检索框，点击放大镜按钮进入如图 6-2 所示的页面。

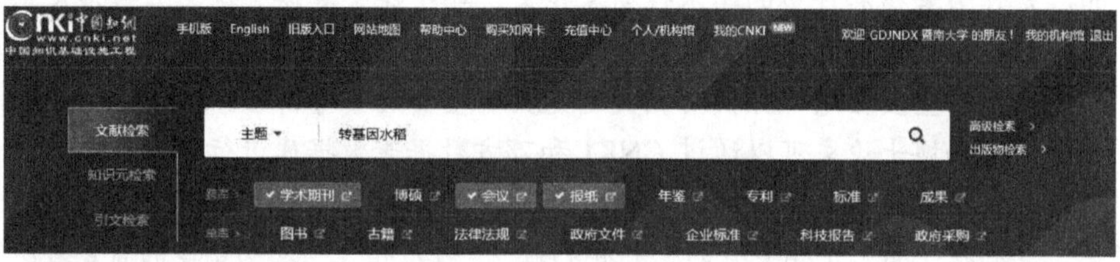

图 6-1　CNKI 首页

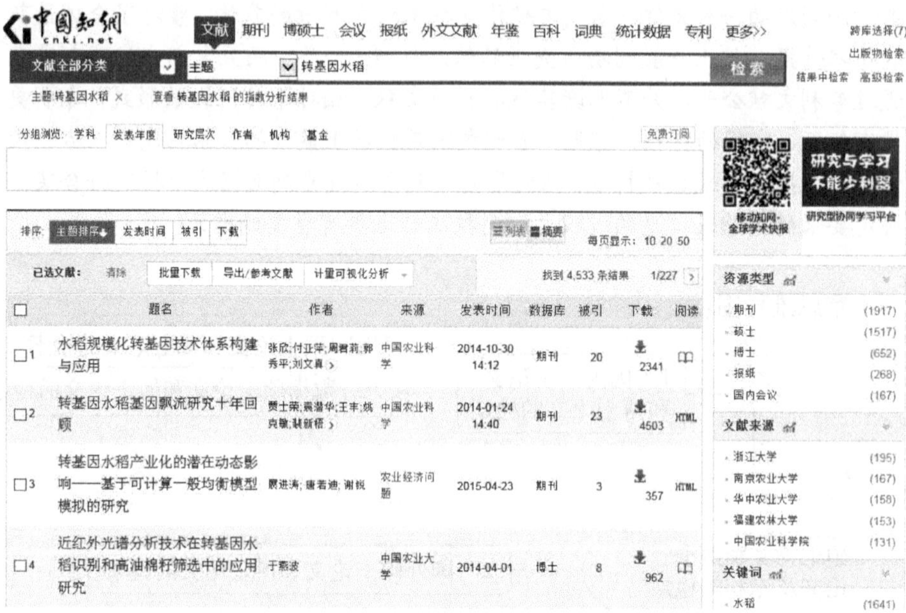

图 6-2　检索词输入页面

在图 6-2 所示页面上，点击“博硕士”的链接，继续点击“检索”按钮后，出现如图 6-3 所示的页面，本页面显示了按照主题排序的检索结果，有 2169 条。在这个页面上，点击“出版时间”，页面显示如图 6-4 所示，检索结果就会按照发表时间的顺序排列。可以选择任意一篇论文进入详细页面，点击如图 6-4 所示页面上的第三篇文献，就会出现如图 6-5 所示的页面。

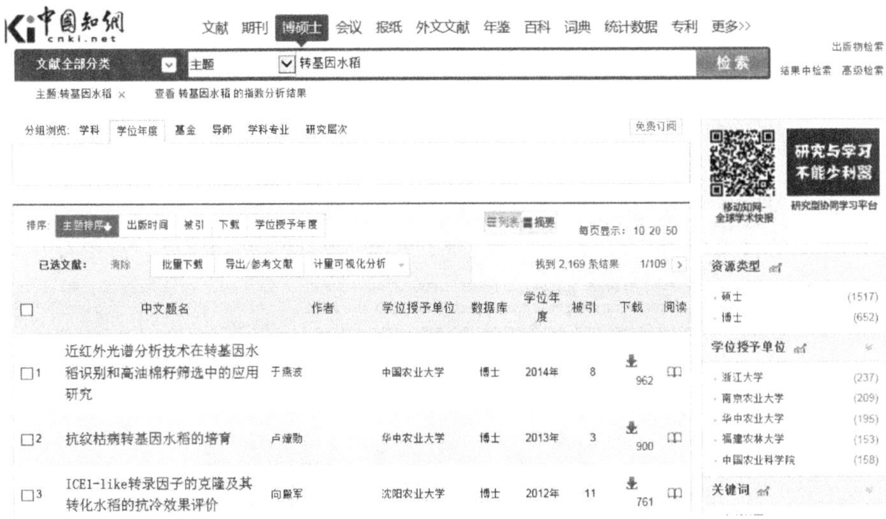

图 6-3　硕士论文和博士论文的检索结果

图 6-4　硕士论文和博士论文的检索结果按照发表时间排序

在如图 6-5 所示的页面显示了论文的作者、摘要和毕业学校等信息。页面下方有“整本下载”“分页下载”“分章下载”和“在线阅读”等链接。点击“整本下载”，弹出一个下载对话框窗口，点击“下载”就可以将该论文下载到电脑上。也可以点击“分页下载”，弹出如图 6-6 所示的页面，选择页码范围就可以下载对应部分的论文。下载的论文是 CAJ 格式，需在电脑上安装 CAJViewer 软件才可打开 CAJ 文件进行阅读。

此外，在检索结果页面，也有“批量下载”“导出/参考文献”和“计量可视化分析”等按钮，这些功能的具体操作步骤可以参考“第三章　常用中文数据库的检索”的“第一节　中国知识资源总库的使用”。

二、万方数据硕士论文和博士论文的检索

在暨南大学图书馆首页，找到常用数据库中的万方数据，逐步点击，进入万

图 6-5　一篇硕士论文或博士论文的详细信息页面

图 6-6　硕士论文或博士论文分页下载的链接页面

方数据的首页（图 6-7）。点击“学位”链接，将关键词设为“转基因水稻”，输入检索框，点击“检索”按钮（图 6-8）。

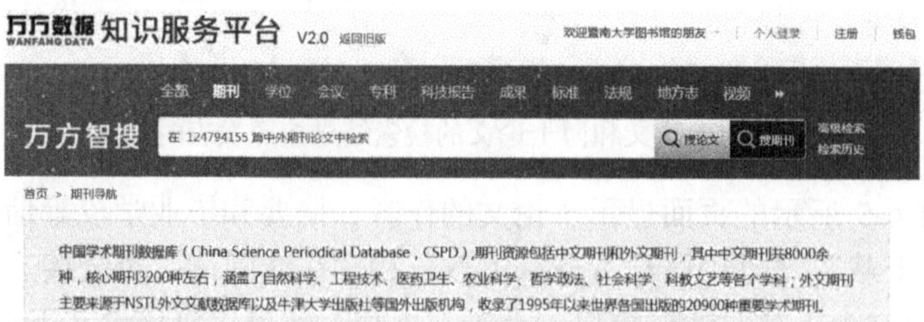

图 6-7　万方数据首页

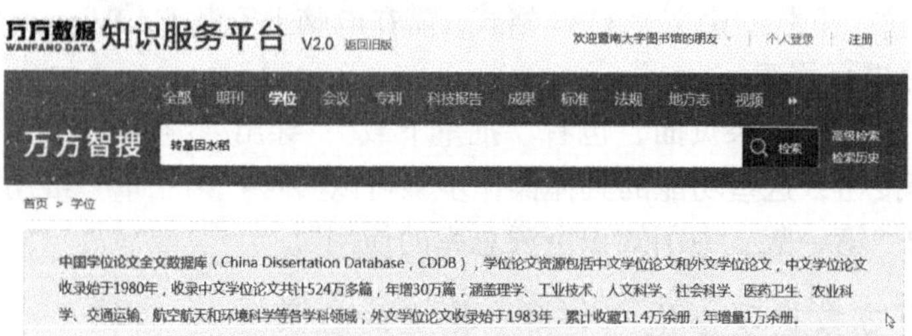

图 6-8　输入关键词

检索结果如图 6-9 所示。在“排序：”右侧选择“学位授予时间”，继续选择“显示 50 条”，可以看到如图 6-10 所示的页面。点击每一篇论文的标题，就可以进入论文的详细页面（图 6-11）。在这个页面点击“下载”，自动弹出一个下载对话框，点击“下载”，就可以将这篇论文下载保存在电脑上。

图 6-9　万方数据的检索结果

图 6-10　检索结果按照学位授予时间排序

图 6-11　一篇论文的详细信息的页面

此外，在论文的详细页面，也可以选择“导出”，按照步骤，将论文的题录信息导入到 EndNote 文件中，具体的操作步骤可以参考“第三章　常用中文数据库的检索”的“第二节 万方数据的使用”。

第二节　国外硕士论文和博士论文的检索

国外的硕士论文和博士论文可以通过 ProQuest Dissertations & Theses、Networked Digital Library of Theses and Dissertations、Australian Digital Theses Program、Theses Canada 等数据库进行检索和查找。此外，国外著名大学的网页也会免费提供一些硕士论文和博士论文。

目前，国内许多高校购买了 ProQuest Dissertations &Theses 数据库，本节主要介绍 ProQuest Dissertations &Theses 数据库的检索方法。

ProQuest Dissertations &Theses 是美国 ProQuest 公司储备的硕士论文和博士论文数据库，收录了美国、加拿大和欧洲等国家和地区的 1000 多所大学和科研机构自 1637 年以来的硕士论文和博士论文。1997 年以来的论文可以免费看到论文的前 24 页。90%以上的论文可以通过图书馆的订阅获得全文。

在暨南大学图书馆的首页，点击常用数据库右侧的“更多”，在弹出的页面中，找到 ProQuest Dissertations & Theses 的链接（图 6-12），点击进入如图 6-13 所示的页面。点击“点击进入”，进入如图 6-14 所示的页面，在这个页面显示有论文的数量。这个检索平台需用英文输入检索词。

排序：点击次数

名称	点击次数	详细信息
国务院发展研究中心信息网(国研网总站)	60248	点击查看
中国资讯行-中国统计数据库	59038	点击查看
JSTOR	58192	点击查看
环球英语多媒体资源库	57470	点击查看
Nature Online	56722	点击查看
馆藏图书全文数据库	56326	点击查看
中国基本古籍库	52212	点击查看
Science Online	49679	点击查看
全国报刊索引数据库	41933	点击查看
EBSCO-Medline	36166	点击查看
CADAL百万册数字图书馆	34743	点击查看
ProQuest-PQDT(ProQuest Dissertations & Theses) full text	33917	点击查看
国研网-统计数据库	33318	点击查看
ISI-SSCI(Social Sciences Citation Index)	30383	点击查看
Google Scholar	28909	点击查看
ACM(Association for Computing Machinery Digital Library)	27939	点击查看
John Wiley-InterScience Online Journal	26048	点击查看
EBSCO-Business Source Complete	25109	点击查看
IEL(IEEE/IET Electronic Library)	24330	点击查看
中文社会科学引文索引(CSSCI)	23970	点击查看

图 6-12　暨南大学常用数据库链接页面

<< 返回电子资源导航

英文名称	**ProQuest-PQDT(ProQuest Dissertations & Theses) full text** [添加到我的资源]
版权公告	请遵守版权，合理使用电子资源，点击查看 **《版权公告》**
链接入口	新平台：连接测试时间0.2秒 **[点击进入]** 推荐 CALIS镜像：连接测试时间0.2秒 **[点击进入]** 您当前IP地址：120.197.83.182　IP类型：校外
学科范围	综合
资源语言/类型	英文 / 学位论文
收录时间	1997年至今，有部分全文是1997年以前
收录数量	250000 篇
	ProQuest公司是世界上最早及最大的博硕士论文收藏和供应商，该公司的学位论文数据库（ProQuest Dissertations & Theses，简称PQDT）收集有160万篇国外高校的优秀博硕士论文的文摘和索引，在学术研究中具有十分重要的参考价值。

图 6-13　ProQuest Dissertations & Theses 链接入口

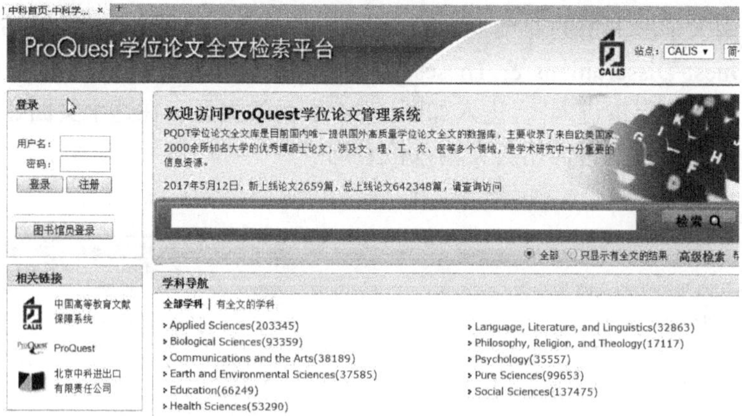

图 6-14　ProQuest 学位论文全文检索平台首页

例如，输入“transgenic rice”，点击“检索”（图 6-15），进入如图 6-16 所示的检索结果页面。检索结果自动按照相关度进行排序。点击“出版时间”，就可以看到按照时间排序的检索结果（图 6-17）。

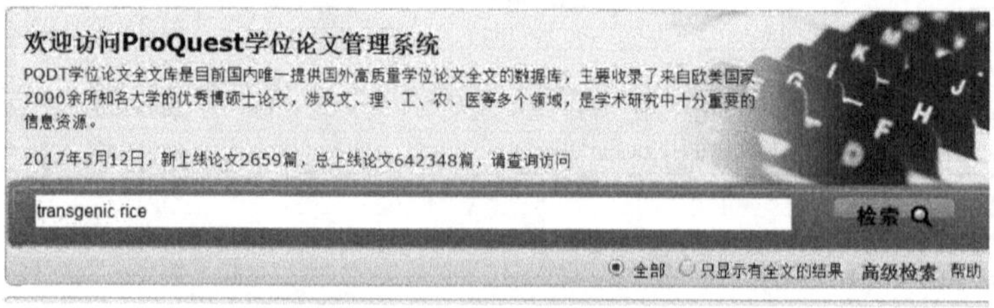

图 6-15　在检索框内输入检索词

图 6-16　ProQuest 学位论文全文检索平台检索结果

图 6-17　检索结果按照时间排序

继续点击每一篇论文的标题，如点击图 6-17 页面上第一篇论文的标题，进入详细页面（图 6-18）。在这个页面显示作者、学校、学位等信息。在论文详细信息页面的最下方，可以看到“查看 PDF 全文”“下载 PDF 全文”“查看 MARC 全文”和“收藏”4 个链接（图 6-19）。点击“下载 PDF 全文”，弹出一个保存文件对话框（图 6-20），保存的论文是 PDF 格式。

图 6-18　论文详细信息页面

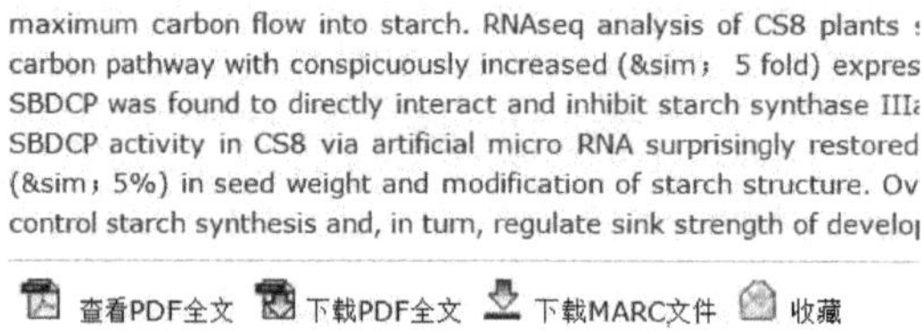

图 6-19　论文详细信息页面下面链接部分

图 6-20　论文下载窗口

第三节　专利的检索

一、国内专利的检索

国内的专利可以在 CNKI 数据库中查找。通过暨南大学图书馆进入 CNKI 的首页。在 CNKI 的首页的检索文本框内输入“转基因水稻”，点击放大镜，可以进入如图 6-21 所示的页面。

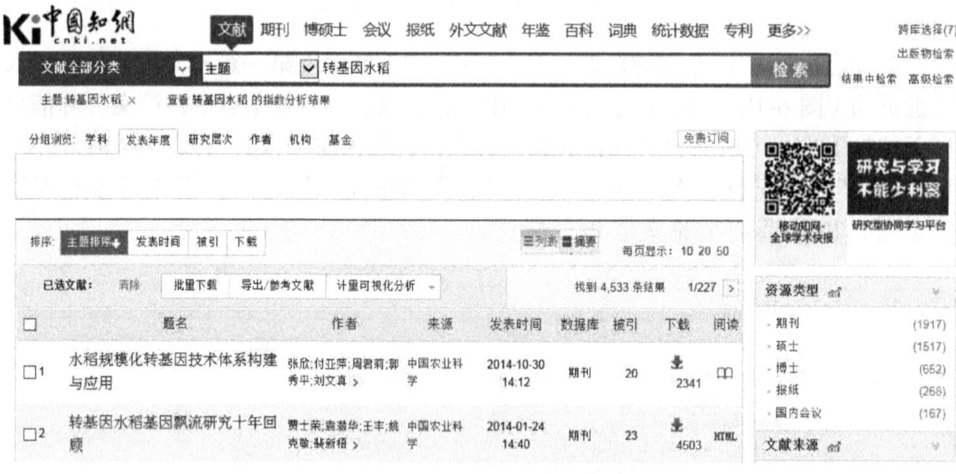

图 6-21　CNKI 首页

在图 6-21 所示的页面上，点击右上方的“专利”链接。点击“检索”，然后就出现了如图 6-22 所示的页面，在这个页面上，显示专利的名称。点击“公开日”，就可以按照公开日期排序的结果。

点击每一个专利的名称，如点击第一个专利的名称，进入专利的详细信息页面（图 6-23），在这个页面上，显示了专利的申请号、申请日期、单位和发明人等信息。

图 6-22 专利检索结果

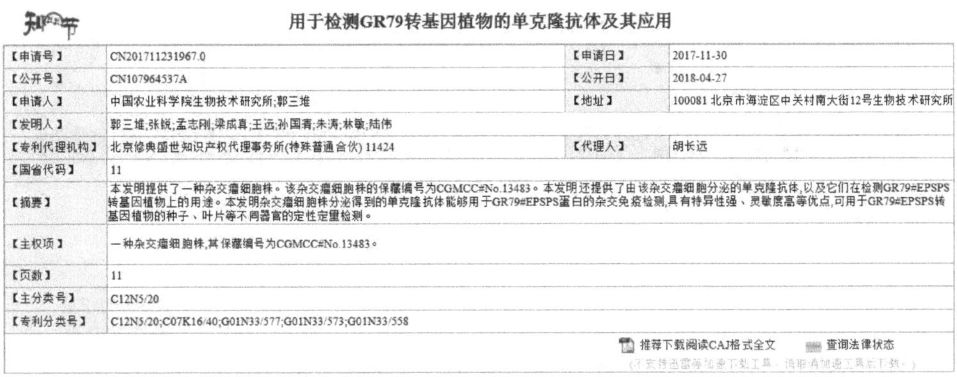

用于检测GR79转基因植物的单克隆抗体及其应用

【申请号】	CN201711231967.0	【申请日】	2017-11-30
【公开号】	CN107964537A	【公开日】	2018-04-27
【申请人】	中国农业科学院生物技术研究所;郭三堆	【地址】	100081 北京市海淀区中关村南大街12号生物技术研究所
【发明人】	郭三堆;张锐;孟志刚;梁成真;王远;孙国清;朱涛;林敏;陆伟		
【专利代理机构】	北京修典盛世知识产权代理事务所(特殊普通合伙) 11424	【代理人】	胡长远
【国省代码】	11		
【摘要】	本发明提供了一种杂交瘤细胞株。该杂交瘤细胞株的保藏编号为CGMCC#No.13483。本发明还提供了由该杂交瘤细胞分泌的单克隆抗体,以及它们在检测GR79#EPSPS转基因植物上的用途。本发明杂交瘤细胞株分泌得到的单克隆抗体能够用于GR79#EPSPS蛋白的杂交免疫检测,具有特异性强、灵敏度高等优点,可用于GR79#EPSPS转基因植物的种子、叶片等不同器官的定性定量检测。		
【主权项】	一种杂交瘤细胞株,其保藏编号为CGMCC#No.13483。		
【页数】	11		
【主分类号】	C12N5/20		
【专利分类号】	C12N5/20;C07K16/40;G01N33/577;G01N33/573;G01N33/558		

推荐下载阅读CAJ格式全文 查询法律状态

图 6-23 专利的详细信息

二、国外专利的检索

国外的专利可以利用专利检索及分析网站（http://www.pss-system.gov.cn/）进行检索，这个网站收录了 103 个国家、地区和组织的专利数据，包括中国、美国、日本、韩国、英国、法国、德国、瑞士、俄罗斯，以及欧洲专利局和世界知识产权组织等授权的专利。

专利检索及分析网站的首页如图 6-24 所示，点击上方的“English”，进入如图 6-25 所示的页面。

图 6-24　专利检索及分析首页

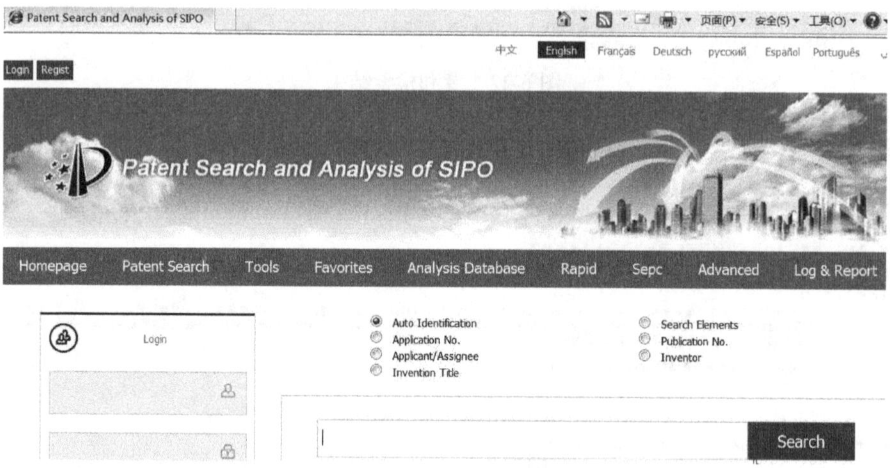

图 6-25　专利检索及分析的检索页面

在检索页面上，选择“Auto Identification”，在搜索框内输入“transgenic rice”（图 6-26），点击“Search”。出现如图 6-27 所示的页面，显示出检索到的结果。

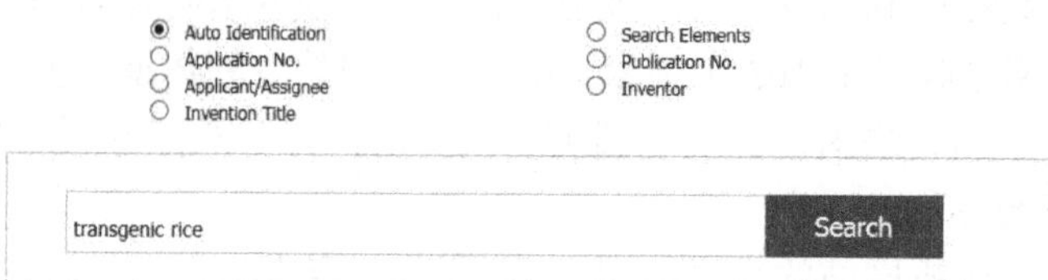

图 6-26　检索词输入页面

图 6-27 专利搜索结果页面

每一个专利的下方有一个“View”按钮，点击后，可以进入这个专利的详细信息页面（图 6-28），在这个页面上显示专利的名称等信息，最下方是专利内容的摘要（图 6-29）。现在专利检索及分析网站需要注册成功后才能够检索专利。

US6281016B1 [English]

Invention Title -- Broad-spectrum insect resistant transgenic plants

Application No.	US:25333199:A
Application Date	1999.02.19
Publication No.	US6281016B1
Publication Date	2001.08.28
IPC Classification No.	C12N5/00; C12N5/10; C07K14/325; A01N63/00; N15/09; C12N1/21; C12R1/07; A01H5/00; C12P 0; C07K16/12; C12N5/04
Applicant/Assignee	MONSANTO CO;
Inventor	MALVAR THOMAS;GILMER AMY JELEN;
Priority No.	US25333199; US92250597; US75449096
Priority Date	1999.02.19; 1997.09.03; 1996.11.20

图 6-28 专利详细信息页面

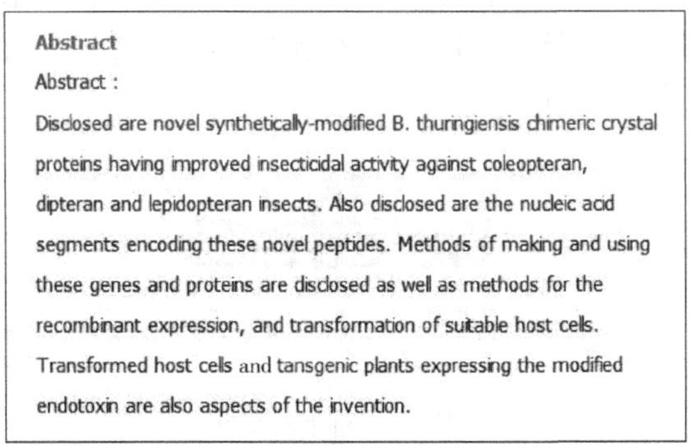
Abstract

Abstract :

Disclosed are novel synthetically-modified B. thuringiensis chimeric crystal proteins having improved insecticidal activity against coleopteran, dipteran and lepidopteran insects. Also disclosed are the nucleic acid segments encoding these novel peptides. Methods of making and using these genes and proteins are disclosed as well as methods for the recombinant expression, and transformation of suitable host cells. Transformed host cells and tansgenic plants expressing the modified endotoxin are also aspects of the invention.

图 6-29 专利的摘要

第七章　图 像 检 索

传统的图像检索主要是通过图片的名称等文字信息来实现查找和检索图片。随着技术的发展，目前的图像检索可以输入一张图片，然后查找具有相同或相似内容的其他图片及其相关内容，图像检索的结果越来越准确和到位。

本章主要介绍目前的图像检索工具，如百度、百度识图及花伴侣等。

本章思维导图：

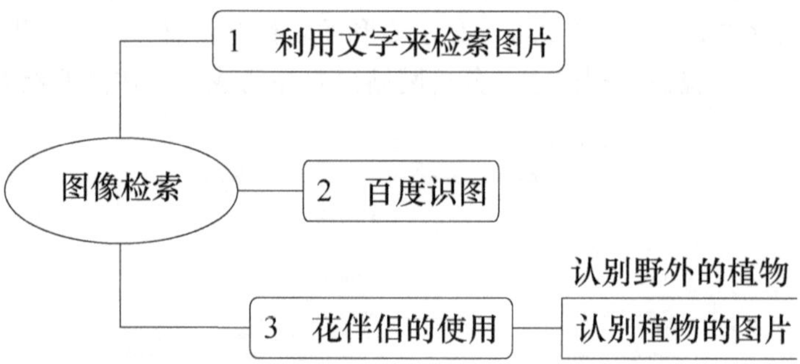

第一节　利用文字来检索图片

利用文字进行检索图片非常简单，大多数人都会使用。例如，在百度首页的检索框内输入“牡丹”，点击“百度一下”（图 7-1），进入检索结果页面（图 7-2）。在这个页面点击“图片”，就进入图片检索结果页面（如 7-3）。在众多的检索结果中，可以找到自己喜欢的图片。

图 7-1　百度首页

图 7-2　百度的检索结果

图 7-3　百度图片的检索结果

第二节　百 度 识 图

利用图片检索就是允许用户输入一张图片，检索出图片的简单介绍和具有相同或相似内容的其他图片及其相关内容。如果是植物图片，可以检索出图片的名称和类似的图片及其相关内容。目前常用的图片检索工具主要有百度识图等。百度识图的网址：http://image.baidu.com/?fr=shitu，它的首页如图 7-4 所示。点击“识图一下”，弹出如图 7-5 所示的页面。

在如图 7-5 所示的页面，点击“本地上传”，找到图片的位置，上传图片。例如，我们上传一张“牡丹”的照片，稍后就会弹出一个如图 7-6 所示的检索结果页面。

图 7-4　百度识图首页

图 7-5　百度识图的图片输入框

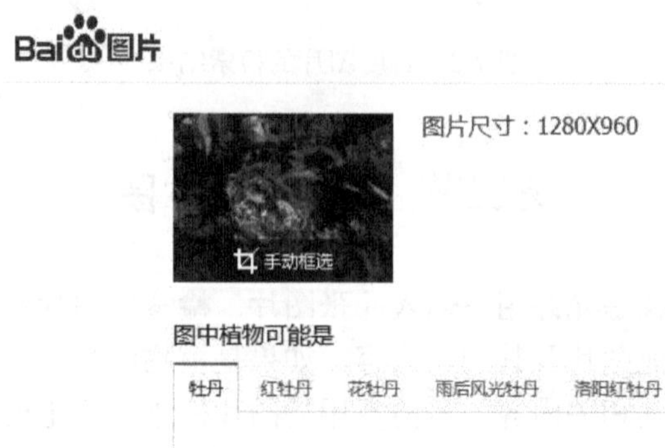

图 7-6　百度识图的图片检索结果

在如图 7-6 所示的检索结果页面上，显示了“图片尺寸”为“1280×960”；“图中植物可能是”给出了 5 种可能，分别是牡丹、红牡丹、花牡丹、雨后风光牡丹、洛阳红牡丹，检索结果正确。

第三节　花伴侣的使用

花伴侣是中国科学院植物研究所开发的一个能够辨别植物的 APP。通过手机应用商店搜索“花伴侣”，下载并安装到手机上，然后会出现一个如图 7-7 所示的图标。点击这个图标就可以打开花伴侣，并用其认别植物。

图 7-7　花伴侣的图标

一、认别野外的植物

打开花伴侣后，会出现如图 7-8 所示的界面，将植物放到取景框内（图 7-9），点击下方白色的拍摄按钮，下方会弹出植物所属的科、中文俗名和拉丁名，并给出可信度的大小（图 7-10）。例如，在图 7-10 中，显示的可信度是 99%，对玉米的认别是准确的。

图 7-8　花伴侣的识别界面

图 7-9　花伴侣的拍摄界面

图 7-10　花伴侣的认别结果

二、认别植物的图片

有时候可以对野外的植物进行拍摄，将图片保存在手机中。由于花伴侣的使用需要联网，因此可以在有 WIFI 的地方打开花伴侣，对保存的野外植物进行识别。点击左下侧的相册，从手机相册中选择图片（图 7-11），进行认别，显示这种植物是山牵牛（图 7-12），可信度是 100%。

花伴侣主要针对的是北方植物，对于南方的一些植物并不能准确认别出来。使用花伴侣查找植物的名称，可信度在 90%以上的一般是准确的。如果可

图 7-11　选择图片

图 7-12　认别结果

信度很低，说明识别不准确，还需要进一步查找资料来确认。但有了花伴侣的帮助，人们在外出游玩时，可以认识很多种类的野外植物，所以它是一款识别植物较好的 APP。如果对花伴侣和识别植物感兴趣，读者可以下载该 APP 并体验一下。

第八章　如何利用文献

科学研究是在前人的基础上进行的，进行研究离不开参考和引用前人的文献。检索文献和阅读文献是一切科研工作的出发点。既然通过 EndNote X6 等软件可以批量、快速地检索到大量的文献。那么找到参考文献之后，能不能提取出自己所需要的信息则是另外一个更为难解的问题。

如果仅仅将文献下载下来，保存在电脑上，然后就“束之高阁”，那么就没有达到充分利用文献的目的。所以，下载文献仅仅是文献利用的第一步。接下来若要高效地利用这些文献，就需要花费更长的时间、更多的精力。而且这种从已有的文献中获取信息的能力，或者说从获取的信息中提炼出主题的能力，更是现代人应该具备的能力。

此外，论文结尾的参考文献能方便读者把论文作者的成果与前人的成果区别开来。参考文献还可以起到索引的作用，使读者可以继续查找感兴趣的研究。在论文的结尾著录参考文献还可以节省论文的篇幅。在学术论文中引用参考文献，可以反映出论文作者的科学态度，表明论文的写作具有真实、广泛的科学依据。

本章主要介绍利用文献的原则和技巧及参考文献引用的规范等内容，从而达到正确和高效地利用文献的目的。

本章思维导图：

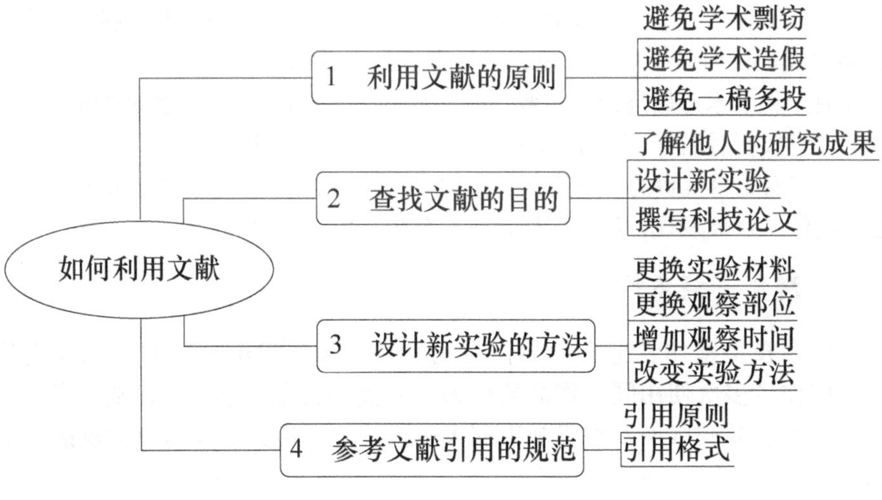

第一节　利用文献的原则

引用文献要遵守学术道德规范和法律规范，避免学术不端行为。要避免学术不端行为，就必须明白什么是学术不端行为。学术不端行为包括学术剽窃、学术造假、一稿多投等行为。

一、避免学术剽窃

学术剽窃是指使用他人的思想见解或语言表述，而没有注明来源。剽窃可以分为恶性剽窃与偶发性剽窃。恶性剽窃是几乎整篇抄袭；偶发性剽窃则是指文章由自己构思写作，只是掺杂程度不一的抄袭。

常见的剽窃行为有：论文的构思、框架抄袭他人；直接从他人论著中寻章摘句，整段、整页的抄袭。有的剽窃者为了隐蔽自己的剽窃，在剽窃的同时，还照搬原著中的引文和注释；或者在通篇抄录他人文字的情况下，只将极少数的文字作引用标注等。

在进行学术论文创作时，为避免剽窃，应在记笔记时清晰地记下作者和资料来源；熟悉学术论文写作的引用方法；仅引用对论点至关重要的段落；选择性地引用，不要过多引用。

二、避免学术造假

学术造假是指作者为了证明自己的观点，篡改实验数据，然后写成文章发表的做法。因为科学研究的成果一旦发表，就会被同行知道。有的同行会进行重复实验，如果是新方法的话，同行还会来学习这些技术。如果实验造假，同行势必不能重复出来。同时自己实验室的新技术也不敢让同行来学习，这就会使造假暴露出来。所以学术是认真的事情，最需要实事求是，来不得半点虚假。学术造假不容易被发现，但是一旦被发现，后果肯定是身败名裂。

还有一种学术造假是论文的署名不真实，或者将没有贡献的作者加上，或者有贡献的作者没有署名等。随着科研人员保护知识产权意识的提高，署名造假很容易招致官司缠身，将宝贵的时间浪费到长时间的诉讼中，并且影响自己的声誉。论文署名的造假一旦被发现，后果同样是身败名裂，所以在写作中一定要避免。

三、避免一稿多投

一稿多投是指作者把自己的作品同时或者先后发给不同的杂志社或其他媒体，即作者多次使用同一作品的行为。一稿多投是科学界严厉谴责的行为，因为它浪费了期刊版面及编辑和审稿人的时间，对相关期刊的声誉也造成不良影响。

一稿多投的行为会对作者造成不利的影响，因为一旦发现某作者一稿多投，相关的期刊会在一定期限内拒绝该作者向该刊继续投稿；刊物上还会刊登关于该作者一稿多投的声明，并列入目次页，以便被检索系统收录，被同行知晓；在某特定专业群体的刊物中对一稿多投的行为进行通报；通知作者所在单位。一稿多投的行为应尽量避免，因为这会影响以后研究工作论文的发表。

了解了上述三种学术不端行为及其危害后，在论文写作中，要避免剽窃和造假，不要一稿多投。只有在做到这三点的基础上，才能够学会正确引用参考文献。

第二节　查找文献的目的

查找文献有三个目的：第一是了解他人的研究成果；第二是在了解同行的研究基础上设计新实验；第三是撰写科研论文。

一、了解他人的研究成果

我们知道，创新必须是在深入了解现有研究成果的基础上，有困惑、有问题地探索。了解他人的研究成果是创新的基础。而检索文献的目的首先是为了了解他人的研究成果，而不是将文献放在电脑上“束之高阁”。想了解某一领域的研究进展，必须首先查找相关文献，然后对查找到的文献进行认真阅读、消化、吸收，尽可能准确地理解作者的意思。

如果是中文文献，对大多数学生来说，阅读应该没有大的障碍。如果是英文文献，由于语言障碍，能否正确地理解是最先可能遇到的问题。由于种种原因，英文科技文献的信息量一般相对较多。因此阅读英文文献已成为专业人士必须培养的一种能力，如果能够将所读的英文文献翻译成通顺的中文就可以加深理解。目前已经有一些在线翻译软件可以进行辅助翻译，如 Google 翻译、百度翻译等网站。Google 翻译的使用十分方便，可以将英文翻译成中文，也可以将中文翻译成英文。

Google 翻译的使用

进入 Google 翻译的首页后，可在左侧的输入框内输入英文，点击“翻译”，就可以在右侧的输出框内出现初步的翻译结果。在 Google 翻译的帮助下，阅读英文文献避免了查字典的烦琐过程，可以使阅读的速度大大加快。

Google 翻译的详细使用方法如下。

首先在浏览器的网址栏中输入 https://translate.google.cn/，进入 Google 翻译的首页（图 8-1）。

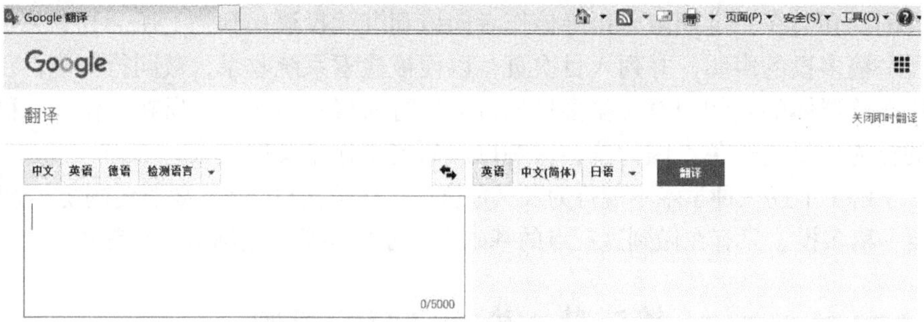

图 8-1　Google 翻译首页

在如图 8-1 所示页面的左侧是输入框，右侧是输出框。Google 翻译可实现中英双向互译，当在左侧输入一段英文文献的摘要后，点击“翻译”按钮，右侧即刻显示该段英文文献的中文翻译。例如，在左侧输入一段英文后（图 8-2），点击上方的“翻译”按钮，右侧即刻显示该段英文文献的中文翻译，如图 8-3 所示。

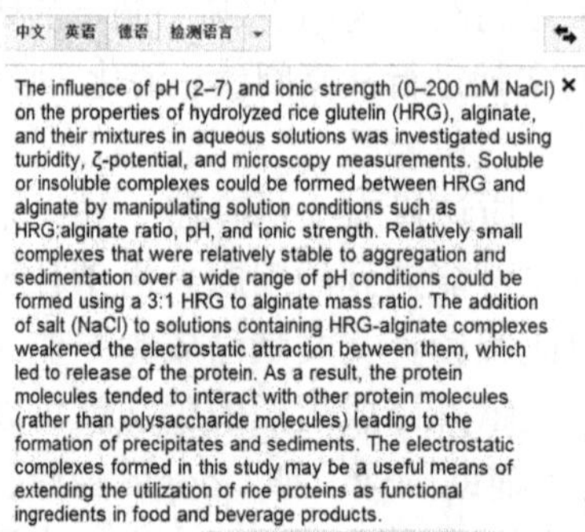

图 8-2　Google 翻译页面左侧的英文输入框

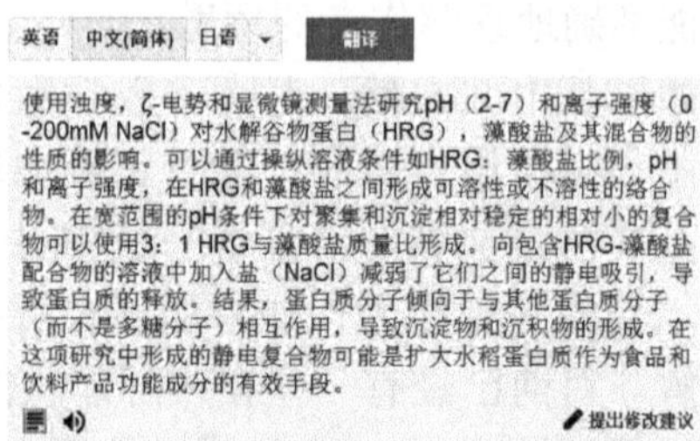

图 8-3　Google 翻译页面右侧的中文输出框

在写作论文时，还需要把中文翻译成英文，下面再看一下汉译英的过程。因为 Google 翻译默认的是英文翻译为中文，因此，首先在 Google 翻译的页面上方选择调转两种语言按钮“ ”，把翻译模式调转为中文翻译为英文，然后在输入框中输入一段中文（图 8-4），点击“翻译”按钮，输出框即刻显示该段中文所对应的英文翻译结果（图 8-5）。

由于 Google 翻译提供的翻译是直译的结果，一般不是十分准确，并且不容易理解。为了使翻译准确，就需要将翻译的内容拷贝出来，与原文对照逐句阅读，继续修改，直至成为通俗易懂的文字，最终使中文翻译能够符合中国人的思维习惯。

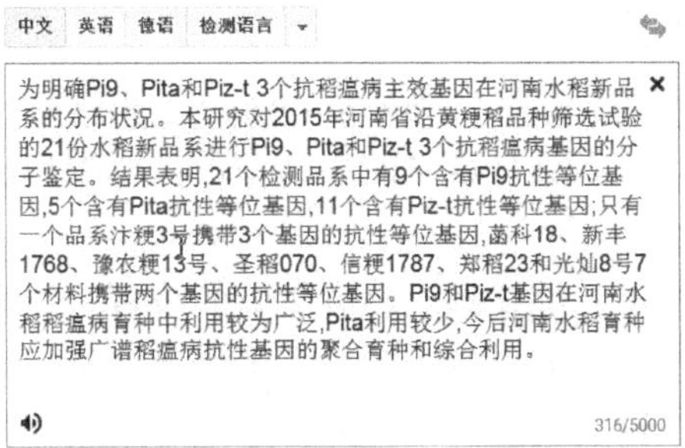

图 8-4 Google 翻译页面左侧的中文输入框

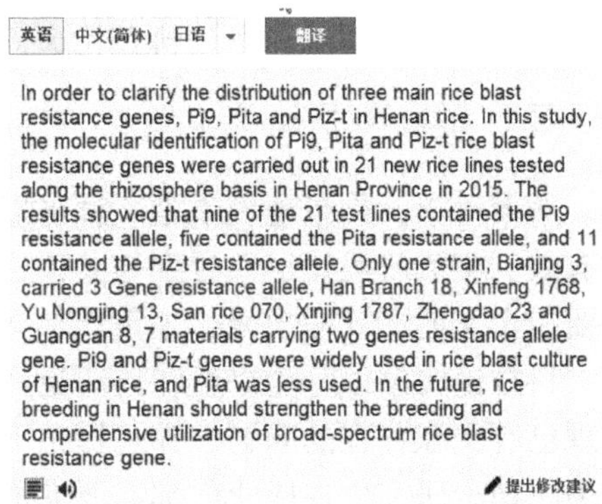

图 8-5 Google 翻译页面右侧的英文输出框

阅读的过程就是消化和吸收的过程，这个过程同一般的阅读英文文章或者书籍没有区别，需要集中注意力，耗费很大的精力才能取得效果。

阅读研究论文的一个重要理念是，研究内容和结论是什么？阅读的重点在于了解作者做了哪些工作，进行了哪些实验，得到了哪些结论。尤其重要的是：要了解哪些对自己的研究工作有参考价值；哪些内容是作者是尚未完善的。

在阅读科技文献时，实验数据是一篇文章最核心、最本质的内容。由于数据一般以图表的形式呈现，文献中的图表当然也就应该成为阅读的重点。

科技文献的阅读是个人的事情，对文献的理解仅仅靠阅读者本人。专业文献的阅读需要钻研、专心与细心，这一点与娱乐性的阅读完全不同。总之，为了正确地理解英文文献，有可能的话尽量在消化吸收的同时，将其翻译成通顺的中文，并且写出来。这个过程会增加读者对原文的理解。

学会了阅读文献，也就学会了“会读”。了解了其他人的研究成果之后，接下来就进入设计新实验、提出自己的研究方案的阶段。

二、设计新实验

科学研究贵在创新，了解其他人的研究是为了不重复他们的研究。因为重复他人的研究，往往是做无用功，实验用了很长时间，花费了大量的金钱，结果却没有任何新意。没有新意的文章是很难被杂志接受发表的。为了使研究成果有新意，必须依据前人的研究提出自己的研究方案，这个方案不能与其他人的实验重复。如何才能设计出不与其他人重复的实验呢？这就涉及设计新实验的方法。

设计新实验的方法主要采用求异的思维方式，对于任何一个问题来说，都没有统一的标准答案。这一点与常见的考试（主要是求同思维）有着本质的不同，所以在下一节中专门介绍。当按照设计者的实验方案完成实验之后，就进入科学研究的第三个步骤——撰写科技论文。

三、撰写科技论文

所谓科学，简单地说就是一种可以共享的知识。一项研究成果，如果没有经过有效的交流阶段让他人看到与共享，对于社会来说就等同于不存在。科学的成果要以论文的形式写出来，才更容易与人共享。

科技论文可以分为综述和科研论文两大类。综述是对已有文献的分析，并且发现已有文献存在的问题，并且提出下一步的研究方案。此外，本科生、硕士研究生、博士研究生在毕业前都需要完成毕业论文，这些论文的一个重要组成部分就是综述的书写，这基本占据论文的一半左右，学会了综述的写作也为写学位论文打好了基础。

科研论文主要介绍自己的研究材料、方法和研究结果，并对自己的研究结果进行解释，与其他人的研究进行对比，提出新的研究方向。

由于部分学生还没有自己设计过实验，没有独立做过实验，因此不能撰写科研论文，但却可以练习综述的写作。综述和科研论文的写作技巧基本一样。两者的不同之处为研究论文有固定的组成部分，将相应的内容向对应的板块添加就可以了。关于论文写作将专门在第九章详细论述。

查找文献的三个目的都与认真阅读文献、正确理解文献有密不可分的关系。如果不能正确理解文献，那么查找文献的任何一个目的都不可能达到。

第三节　设计新实验的方法

设计新实验是文献检索的第二大目的，这一过程主要是构想——构想出一个与众不同的实验来。学会了设计新实验的方法也就学会了如何构想。设计新实验的主要方法有：更换实验材料、更换观察部位、增加观察时间、增加观察数目、改变实验方法。

一、更换实验材料

更换实验材料是最常用的一种设计新实验的方法，与此相关的例子在科学的发展史中俯拾皆是。例如，在试管婴儿的研究过程中，1930 年，Pincus 和 Enzmann、Saunders 等将兔子未成熟的卵母细胞从卵巢里分离出来，然后放在培养基中进行培养，发现离体培养的兔子卵母细胞成熟需要 12h。1963 年，Edwards 等分离出人的卵母细胞，进行离体培养，发现人的卵母细胞不可以在 12h 内成熟。

这两个实验的不同之处在于一个是兔子卵母细胞的离体培养，另一个是人的卵母细胞的离体培养。这些探索为试管婴儿的研究奠定了很好的基础。由此可见，更换实验材料可以用来设计新的实验。

二、更换观察部位

假如想研究同一实验材料，该如何设计新实验呢？这个时候可以改变一下研究部位。例如，玄晓丽等在阅读有关植物气孔的文献时，发现关于叶子花（*Bougainvillea spectabilis*）的变态叶和正常叶的气孔分布无人报道，因此就对叶子花的变态叶和正常叶的气孔发育过程进行了研究，研究结果发表在 *African Journal of Biotechnology* 上。

黄博等在阅读植物气孔的文献时，发现人们对叶片上的气孔进行的研究较多，因此他就将研究部位置换成龙牙花（*Erythrina corallodendron*）的花，结果发现龙牙花的花上不同部位的气孔形态并不相同，相关研究结果发表在 *Biologia Plantarum* 和《植物学报》上。

姜兆玉等在阅读有关植物气孔的文献时，发现人们对植物叶片上气孔的开闭机制进行了很多研究，而植物繁殖器官上气孔的开闭机制基本很少有人研究，因此他就对鸡蛋花（*Plumeria rubra* var. *acutifolia*）花冠裂片上的气孔开关进行了研究，相关研究结果发表在《植物生理通讯》上。

姜兆玉等发现有人在一种豆科植物的初生根上发现了气孔，因此他就想观察一下百合科的洋葱（*Allium cepa*）地下鳞茎是否具有气孔，结果发现洋葱的地下鳞茎也有气孔，他对洋葱鳞茎上的气孔开关进行研究，结果发表在《西北植物学报》上。

这些实验与前人的不同之处就是将观察气孔的部位从叶片的表皮转移到花等部位。由此可见更换观察的部位也可以用来设计新实验。

三、增加观察时间

增加观察时间可以用来设计新实验。例如，在试管婴儿的研究中，由于人的卵母细胞的获取十分困难，Edwards 等开始是用人类女性的卵巢来获得卵母细胞进行研究，实验进展十分缓慢。1963 年，Edwards 等对一些动物卵母细胞的成熟时间进行研究，发现老鼠、仓鼠等的卵母细胞在 12h 内成熟；而绵羊、奶牛、猴子、狒狒和人的卵母细胞在添加了激素、增加培养基的营养成分之后，在 12h 内仍旧没有成熟。

经过 2 年的摸索，Edwards 等不断增加观察时间，终于在 1965 年发现，人的卵母细胞需要大约 37h 才能进入减数第二次分裂中期，并且释放出极体，此时卵细胞才具有受精能力。这意味着人卵母细胞培养 35～40h 后，才具有受精能力。同年，Edwards 等发现猪的卵母细胞和人的卵母细胞同样需要培养 37h 才能成熟。由于生物生长速度不同，细胞分裂速度不同，因此对不同物种进行同样的研究，增加观察时间就成为设计新实验的一个重要方法。

四、改变实验方法

通过改变实验方法来设计新实验的例子更是不胜枚举，在绿色荧光蛋白（green fluorescent protein，GFP）的研究过程中就体现得更加明显。GFP 是维多利亚多管水母（*Aequorea victoria*）细胞内一种能够发出荧光的蛋白质。1992 年 Prasher 等克隆出绿色荧光蛋白基因，发现绿色荧光蛋白含有 238 个氨基酸，分子质量为 26 888Da。绿色荧光蛋白基因是否能够在其他生物细胞中表达呢？

1994 年 Chalfie 将绿色荧光蛋白基因导入大肠杆菌（*Escherichia coli*）和秀丽隐杆线虫（*Caenorhabditis elegans*），发现绿色荧光蛋白基因可以在大肠杆菌和秀丽隐杆线虫细胞内表达，并发出绿色荧光，证明了绿色荧光蛋白基因可以在其他生物中表达。一个月后 Inouye 和 Tsuji 也将绿色荧光蛋白基因导入大肠杆菌，发现可以发出绿色荧光。

从此，绿色荧光蛋白基因作为能够发光的报道基因，可用来观察和它融合在一起的蛋白质的表达情况。这些实验的不同在于一个是研究基因序列和克隆基因，另一个是转基因，实验方法完全不同。有关绿色荧光蛋白发现过程的具体实验方法是如何创新的，可以查阅附录Ⅷ中的《从绿色荧光蛋白的发现谈如何提出新颖的科研问题》一文。

总之，科研的基本思维方法是：首先，“做前人未做的实验”，这在本质上是求异、与众不同，而要求异，则需要有联想的能力；其次，“设计出前人没有做过的实验”，这可以通过更换实验材料和改变实验方法的途径而实现，设计新实验需要置换、组合的思维方法。求异法、联想法、组合法和置换法等思维方法在科学研究中是十分重要的，其中求异和联想是最基本的思维方式，而组合和置换则是求异和联想的表现形式。学会了设计新实验，也就学会了“会想”。

依据上面的原则设计好实验之后，就可以进行实验操作了。由于不同的实验对应的方法不同，本章不再详细介绍。在完成实验之后，需要进行的工作就是科技论文的写作。如何进行科技论文的写作呢？详见第九章。

第四节　参考文献引用的规范

参考文献是科技论文中一个非常重要的组成部分。因为当今的大部分科研成果是在前人研究成果或工作的基础上发展起来的。论文中的参考文献可以反映出论文真实可靠的科学依据；反映出作者对前人劳动的肯定和尊重；便于同行了解该研究领域的动态及采用追溯法查找与此研究方向相关的文献。

一、参考文献引用的原则

正确引用文后参考文献的原则是引用合理和格式规范。要引用最新的、作者亲自阅读过的文献，并精选参考文献。未经公开发表的文献、资料一般不能引用，但如想引用尚未正式出版的文献资料（编辑部拟刊用并已交付印刷），应经所投稿的编辑部的允许，在文中列入参考文献，并在该文献的最后加上“印刷中”或“in press”字样。此外，还要采用规范化的参考文献引用格式。

二、参考文献引用的格式

正文部分引用参考文献一般有两种标注方法，一种是顺序编码制，另一种是著者-出版年制。

1. 顺序编码制

顺序编码制是按引用文献先后顺序编号的标注体系。在论文正文中引用文献的著者姓名或成果叙述文字的右上角，用方括号注阿拉伯数字，按正文中出现的先后顺序编号。在参考文献表中著录时，按此序号顺序列出。例如，附录Ⅲ～附录Ⅵ及附录Ⅷ中的《从绿色荧光蛋白的发现谈如何提出新颖的科研问题》的正式发表稿的参考文献即采用了顺序编码制。

引用同一著者的多篇文章或引用多位著者的文章时，只需将各篇的顺序号用逗号分开，全部序号均置于方括号内。如遇连续号，可用“-”符号连接，略去中间序号。例如，下面一段话：

思维导图，是树状图，它像放射状的一棵大树。主题处于最显眼的中心位置，二级标题按照逻辑层次围绕主题展开，三级标题按照逻辑层次在二级标题的左侧或者右侧展开，四级标题按照逻辑层次在三级标题的一侧展开，信息越多，枝干越多，树叶也越茂密[1，2]。

这段话同时引用了下列参考文献中的文献 1 和文献 2，用方括号标注，并上标。

[1] 杨炳儒，张桃红．理工科课堂 KM 教学法研究．现代大学教育，2006，4: 83-85

[2] 张桃红，彭珍，杨炳儒，谢永红．“C 程序设计”课程的 KM 教学法研究．计算机教育，2010，2: 113-116

图书在文后参考文献中的著录格式为：序号 主要责任者．书名［文献类型标识］（供选择）．版本（第一版不做著录）．出版地：出版者，出版年，页码。

举例如下。

[1] 克里斯蒂安·格吕宁著．郝湉译．快速阅读．北京：中信出版社，2010，148-158

[2] 克里斯蒂安·格吕宁著．郝湉译．超级快速阅读．北京：中信出版社，2011，95-120

2. 著者-出版年制

正文引用的参考文献采用著者-出版年制时，各篇文献的标注内容由著者姓氏与出版年构成，并置于小括号内。倘若标注著者姓氏无法识别作者时，可以标注著者姓名，如中国人著者。集体著者著述的文献可标出机关团体名称。倘若正文中已提及著者姓名，则在其后的括号内只需著录出版年。例如，附录Ⅶ中的《谈谈如何结合分子标记技术的发展培养学生的创造性思维能力》的正式发表稿的参考文献就采用了著者-出版年制。

在正文中引用多著者文献时，对欧美著者只需标注的一个著者的姓，其后附“等”或者“et al.”；对中国人著者应标注第一著者的姓名，其后附“等”。举例如下。

Botstein 等（1980）首先提出 DNA 限制性片段长度多态性（restriction fragment length polymorphism，RFLP）可以作为遗传标记，开创了直接应用 DNA 多态性作为遗传标记的新阶段。Mullis 等（1986）发明了聚合酶链反应（polymerase chain reaction，PCR），于是直接扩增 DNA 的多态性成为可能。

另外，还有以 DNA 序列分析为核心的分子标记如表达序列标记（expressed sequence tag，EST）和单核苷酸多态性（single-nucleotide polymorphism，SNP）等（方宣钧等，2001）。

以上这段话引用了 3 篇文献，著者-出版年制文献排序如下。

方宣钧，吴为人，唐纪良. 2001. 作物 DNA 标记辅助育种. 北京：科学出版社，13～15

Botstein D, White RL, Skolnik M, et al. 1980. Construction of a genetic linkage map in man using length polymorphism. Am J Human Genet, 32: 314～331

Mullis KB, Faloona F, Scharf SJ, et al. 1986. Specific enzymatic amplification of DNA invitro: the polymerase chain reaction. Cold Spring Harbor Symp Quant Biol, 51: 263～273

在参考文献表中著录同一著者在同一年出版的多篇文献时，出版年后应用小写字母 a、b、c……区别。

参考文献采用著者-出版年制组织时，各篇文献首先按文献的语言集中，可分为中文、日文、西文、俄文、其他文种 5 部分。然后按著者字顺和出版年排列。中文文献可以按汉语拼音排序，也可以按笔画笔顺排序。

著录参考文献的主要责任者时，著作方式相同的责任者不超过三人时，全部照录，超过三人时，只著录前三个责任者，其后加“等”或“et al.”。两个主要责任者之间用“,”隔开。但有的杂志要求全部责任者都列出。

用著者-出版年标注参考文献的方法非常方便，不会出现张冠李戴的现象。建议在写论文的时候采用这种方式。在定稿的时候再修改成符合刊物或者学位论文要求的格式。

总之，参考文献的格式十分复杂，不同的刊物有不同的要求。读者应该根据拟投稿期刊所要求的参考文献格式进行排版，最好使用 EndNote 等参考文献排版软件插入参考文献，避免反复修改的麻烦。

第九章　科技论文的写作

所谓科学，简单地说就是一种可以共享的知识。一项研究成果的发表，可以让他人看到，达到共享的目的。所以科技论文的书写就成为发表论文的一个基础。

本章主要介绍科技论文的种类及格式，如何撰写科研论文、综述和学位论文等科技论文，如何投稿和修改，以及论文计算器的使用等内容。

本章思维导图：

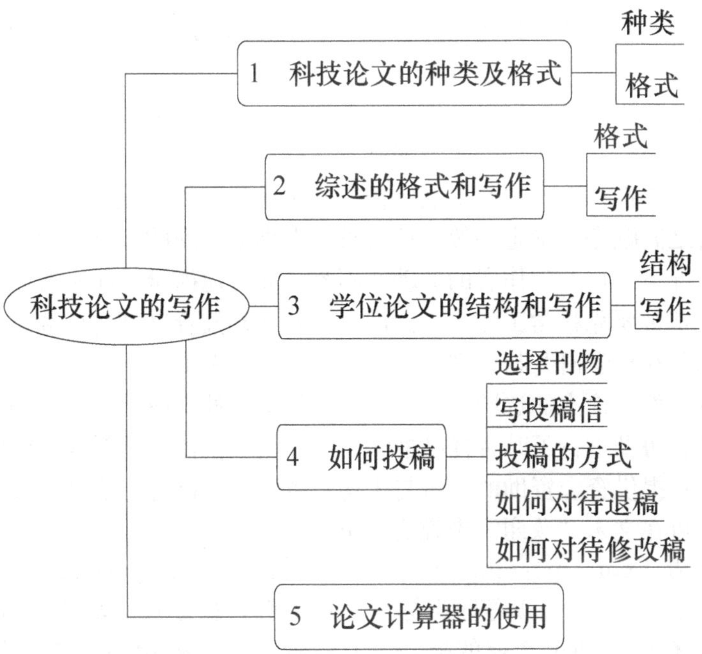

第一节　科技论文的种类及格式

一、科技论文的种类

根据完成论文需要的素材，科技论文可以分为综述和科研论文。综述是对已有文献的分析，发现已有文献存在的问题，并且提出下一步的研究方案，属于三次文献。科技论文主要以自己的研究结果为素材，属于一次文献。

根据论文的用途，科技论文可以分为科研论文和学位论文。科研论文主要是报道最新的知识，获得优先发表权。学位论文是为了申请学位而撰写的提供评审和答辩的学术论文。学位按照申请学位的种类分为学士论文、硕士论文和博士论文。

科研论文主要介绍自己的研究材料、研究方法和研究结果，并对自己的研究结果进行解释，再与他人的研究进行对比，并提出新的研究方向。根据论文产生的方式，科研论文可以分为教学研究论文和实验研究论文。虽然科技论文的分类不同，但写作的要求基本相同。下面先介绍科研论文的格式。

二、科研论文的格式

科研论文一般有固定的格式，具体包括下列内容。

1. 标题

标题一般不宜过长，20 字左右。要求简明而确切地揭示论文主要内容。

2. 著者

著者就是科研论文的署名。署名的条件为：参与了酝酿课题、研究设计、具体操作以获得数据、对所获得的数据进行分析和理论解释；撰写论文或对论文重要内容做出关键性修改；参与最后定稿，并决定最终稿的发表。

多作者之间顺序的确定一般是按其贡献大小来排列的，贡献大的排在前面。但在某些情况下，科学工作者的劳动并不容易准确地衡量，此时署名及其顺序在很大程度上常常要靠科学工作者之间的互谅互让和配合默契的协商。

对于那些在科学研究与论文写作的某些工作上做出了贡献，但又不符合上述署名条件者，如对论文的选题、构思，数据的统计处理或某些结果的解释提供了帮助的人员；协助进行了某种样品检测，或在实验仪器、试剂等方面给予了方便条件的人员；提供资金资助的人员与机构；帮助打印稿件、绘制图表、拍摄照片的人员等，可在文末“致谢”中说明其贡献。

通讯作者（corresponding author）或责任作者（responsible author）需要以星号（*）、信封（✉）等标识标注，并注明联系方式（如 E-mail）等信息。该作者是享有该文知识产权的标志，并负责与该文稿相关的联系事宜，包括与编辑部的联系、读者咨询、索取或订阅抽印本或单行本，以及提供文稿复印件等。

3. 摘要

摘要以 150～300 字概括文章的主要内容，使读者可以通过阅读摘要就可了解该文的基本内容，决定是否要通读全文。摘要是一篇文献的浓缩替代品，一定要精练、完整、易懂。

4. 关键词

关键词一般是从论文的摘要、标题中抽取出来的，是最能表达文章主要内容的实词。关键词之间一般用分号相隔，有的用空格或逗号分隔。

5. 中图分类号

在关键词的下一行，有的还增加了中图分类号。中图分类号是按照《中国图书馆分类法》对科技文献进行主题分析，并依照文献内容的学科属性和特征，分门别类地组织文献，所获取的分类代号。

当论文的标题确定以后，就可以通过《中国图书馆分类法》的网址查找对应的中图分类号。此外，《中国图书馆分类法》（第五版）简表见附录Ⅱ。

《中国图书馆分类法》的使用

《中国图书馆分类法》的网址为 http://www.ztflh.com/，首页如图 9-1 所示。

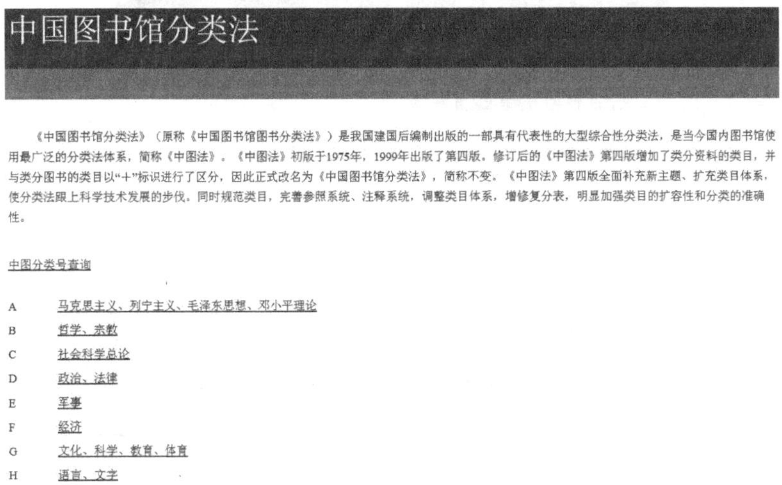

图 9-1　中国图书馆分类法首页

例如，《思维导图在“植物生化与分子生物学”教学中的应用》（见附录Ⅴ）一文的中图分类号是什么呢？该如何查找呢？

因为《思维导图在“植物生化与分子生物学”教学中的应用》这篇文章与教育有关，因此应该在首页上点击“G 文化、科学、教育、体育”这一行，依次点击（图 9-2，图 9-3），最后进入如图 9-4 所示的页面。在这个页面上，显示没有下级分类。说明该论文的中图分类号应是“G642.0”，即该论文的主题属于“教学研究与改革”。至此，中图分类号查阅完毕。一般的论文都可以通过这个网站来查阅对应的中图分类号。

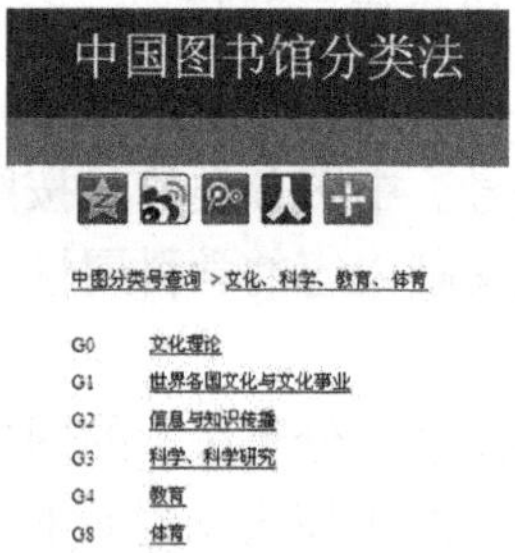

图 9-2　中国图书馆分类法 G 类首页

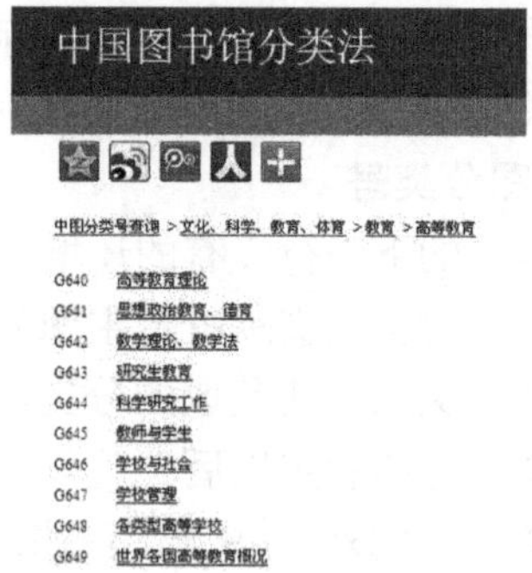

图 9-3　中国图书馆分类法 G64 类首页

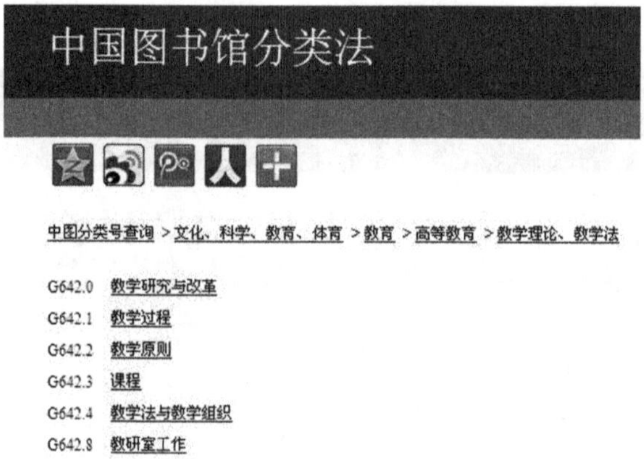

图 9-4　中国图书馆分类法 G642 类首页

6. 导言

导言是一篇论文正文的开头部分。导言主要介绍研究的背景知识，联系有关文献，说明为什么要做这个研究，通过什么方法去解决所提出的问题。

7. 材料与方法

材料与方法是介绍所使用的实验材料和完成实验所使用的试剂、仪器、方法等内容，它是一篇论文可重复性的重要体现。

8. 结果

结果一般用文字、表格、图片来表达，是论文的核心部分，它是将观察到的现象、经过统计分析后的结果以文字、数据、统计图、表格等形式报告出来。结果的写作应只写自己的实验和调查结果，不夹杂前人的工作，不引用参考文献，不加主观分析、推理。要用确切的文字，不能含糊不清。与预期结果一致的要写，矛盾的也要写。

能用文字清晰表达的内容，就应少用或不用图表来表示；图表中已一目了然的内容，就不要用文字复述，最多只需对那些重要的内容作必要的强调。

9. 讨论

讨论是对实验结果的综合分析和理论说明、实验现象的解释及说明尚未解决的问题。

10. 结论

结论是作者基于研究结果，并结合以往相关结果，对研究问题所做出的论断。结论必须证据确凿，不能有推断性。

11. 参考文献

参考文献是科技论文必不可少的组成部分，一般在文章的结尾。参考文献的著录主要依据 GB/T 7714—2015《信息与文献　参考文献著录规则》的格式进行著录。一般采用顺序编码制和著者-出版年制两种形式。不同刊物又有不同的要求。有关参考文献引用的规范请参考“第八章　如何利用文献”“第四节　参考文献引用的规范”的内容。

英文科技论文的格式

随着时代和科技的发展，发表英文科技论文已成为大势所趋。甚至有些大学生都可以发表 SCI 收录的英文科技论文，因此，我们把英文科研论文的一般格式介绍如下。

英文科研论文的与中文科研论文一样，一般有固定的格式。就如英文谚语说描述的一样：“You’ll notice that just as sonnets conventionally have 14 lines, so too do scientific papers have a standard format.” That format，which reflects the scientific method，is as follows:

- Title
- List of authors
- Abstract
- Introduction
- Materials and methods
- Results
- Discussion
- References

Understanding this format eases the burden of writing a scientific paper，since writing is an exercise in organization.

1. Title

The title of a paper announces the topic of the paper. It is a short label that helps readers quickly determine their interest in the paper. The title should reflect the paper’s content and contain the fewest number of words that adequately express the paper’s content.

2. Authors

Only those people who actively contributed to the design, execution, or analysis of the experiment should be listed as authors. Anyone listed as an author should be willing to publicly claim and defend the paper.

3. Abstract

The Abstract is a short paragraph that bridges the title and text of the article. An abstract presents the essence of the paper by summarizing (1) the objectives and scope of the problem, (2) methodology, (3) data, and (4) conclusions. An abstract contains no references.

4. Introduction

The Introduction orients readers, states why you did the work, and gives readers enough information to understand and appreciate the rest of your report. When writing the Introduction, avoid exhaustive reviews of what has already been published; rather, limit the Introduction to just enough pertinent information to orient the reader to your study.

The Introduction of a scientific paper has two primary parts:

1) A description of the nature and background of the problem. For example, what do we already know (or not know) about this problem? This is developed by citing other scientists'work (i.e., a historical description of the problem) and by pointing out gaps in our knowledge.

2) The objectives of the work. These are best stated with a topic sentence such as "The objectives of this work were..."

5. Materials and Methods

The Materials and Methods section describes how, when, where, and what you did. It should contain enough detail to allow others to repeat your experiment, but should not be overwhelming.

6. Results

The Results section is the heart of a scientific paper, and should clearly summarize your findings. There are many ways (such as words, illustration, tables, figures, photographs, drawings, etc) to present results. The particular method that you choose should depend on what you want to show.

7. Discussion

It's not enough to only report your findings; you must also discuss what they mean, how they relate to existing knowledge, and why they're important. This is the purpose of the Discussion section of a scientific paper. The Discussion section should interpret your results relative to the objectives that you described in the Introduction and answer the questions "So what?" and "What does it mean?" Thus, a good Discussion section should do each of the following:

1) Discuss your findings—that is, present relationships, principles, and generalizations. Point out exceptions and lack of correlations. Don't conceal anomalous results; rather, define unsettled points. State how your results relate to existing knowledge.

2) State the significance and implications of your data. What do your results mean? Don't be shy; if your data are convincing, don't hesitate to use statements such as "We conclude that..."

8. References

Scientists rely heavily on information presented in papers written by their colleagues. Indeed, the Introduction, Materials and Methods, and Discussion sections of a scientific paper often contain citations of other publications. The format for literature citations varies in different journals.

第二节　综述的格式和写作

综述是科技论文的一种，它常围绕某一问题，在大量引证他人论著的基础上，系统回顾某一领域、某一专题的进展，或展示现状、发掘问题及预测趋势。撰写综述也是积累知识、锻炼能力、提升科学素养的一种基本治学方法与途径。此外，写综述的另外一个目的也是为了发表，让别人看到。论文不发表，他人无从知晓，对于科学发展的贡献就是零，确确实实没有意义。

一、综述的格式

综述从形式上具体包括下列内容。

1. 标题

要求简明而确切的揭示综述的主要内容。

2. 著者

参与综述写作的全部人员。排名顺序的确定一般是按其贡献大小来排列，贡献多的人排在前面，贡献少的人排在后面。

3. 摘要

要求以150～300字概括文章的主要内容，使读者可以通过阅读摘要就了解该文的基本内容，决定是否要通读全文。

4. 关键词

关键词是从综述的摘要、标题中抽取出来，最能表达综述主要内容的实词，关键词之间一般用分号相隔，有的用空格或逗号分隔。

5. 导言

导言主要介绍综述的背景材料，联系有关文献，说明为什么要写这篇文献综述。

6. 正文部分

按照逻辑关系，叙述他人的材料。层与层、段与段之间连贯显得特别重要，否则文章就有剪贴的痕迹。

7. 参考文献

参考文献是科技论文必不可少的组成部分。一般在文章的结尾。参考文献的著录主要依据 GB/T 7714—2015《信息与文献　参考文献著录规则》的格式进行著录。一般采用顺序编码制和著者-出版年制两种形式。不同刊物又有不同的要求。有关参考文献的引用详见“第八章　如何利用文献”“第四节　参考文献引用的规范”的内容。

综述的形式虽然按前后顺序分为 7 部分，写作的顺序一般并不按照这 7 部分进行。文献综述的写作按照选题、收集资料、理解资料、构建框架、语句修改、段落连贯和格式修改等步骤进行，而标题、著者、摘要、关键词往往最后才写和确定。下面按步骤介绍文献综述的写作。写东西是要给别人看的，牢记这一点，在综述写作的时候，或多或少总会用心一些，至少要考虑他人是否能够读懂。

二、综述的写作

1. 选题

选题的过程对综述来说就是生命线。选题不好，写出来的综述几乎没有发表的可能性。如何选择一个题目呢？选题有三原则：有新意、宜小不宜大、近 5 年来密切相关的英文文献在 20 篇左右。

（1）*有新意*　　有新意的意思就是你的选题近几年来别人没有写过。只有这样的选题，写出来的综述才有吸引力。有时候，有的选题，几年前别人已经写过，但近几年来有大的进展，也可以作为选题的方向。

新意从哪儿来？根据笔者的经验，新意来自善于思考的大脑和大量知识的储备。在进行一篇文章写作前，往往并不知道这篇文章的内容。只有在产生想法并完成写作后，才知道它的思路是从哪儿来。

例如，发表于《生物学教学》2006 年第 4 期上的《从 RNA 干涉的发现过程谈谈创新能力的培养》一文（见附录Ⅵ）的写作思路就来自于听报告和看文献的总结与思考。2006 年，Fire 和 Mello 由于在 RNA 干涉（RNA interference，RNAi）机制研究中的贡献获得诺贝尔生理学或医学奖。RNAi 成了 2006 年的报告热点。笔者听了许多有关 RNAi 技术的报告，并阅读了一些相关的文献，但这些报告和文献重点关注于技术方面的介绍，而很少谈 RNAi 发现过程中的创新思维和创新精神。因此，笔者在讲授 RNAi 技术时，从反义 RNA 技术讲起，详细介绍了 RNA 干涉的发现过程，让学生明白 RNAi 技术是在反义 RNA 技术的基础上发现的，并掌握 RNAi 技术的原理和方法。之后再启发学生进行思考和讨论，通过思考和讨论使学生认识到，RNAi 技术的发现是“求异化”实验设计的结果。也就是说不去重复其他研究者已经从事过的研究，而是从方法上进行改变，结果导致重大的发现，使学生了解和明白了 RNAi 技术发现过程中所体现的科研思维和创新精神，从而使学生的科研思维能力和创新能力得到一定的训练。把我们的教学过程进行总结和归纳就完成了《从 RNA 干涉的发现过程谈谈创新能力的培养》教学论文的写作过程，向《生物学教学》期刊投稿后获得了编辑和审稿专家的认同和表扬，称赞该文写出了新意，很快就将该文刊出。该文刊出后也得到了很多读者的好评。

此外，在附录Ⅲ和附录Ⅳ列出了《论文的新意从何来》和《发表在〈生命的化学〉上几篇文章的写作思路及建议》2 篇文章，展示了一些论文的新意来源和写作思路及过程，希望能够对读者有启发作用，并能够激发学生的创意，培养学生的创新思维和创新能力，愿各位能够写出有新意的文章。

（2）*宜小不宜大*　这个原则是不要选择一个有上千篇文章的课题，这样的课题资料太多，没有时间将它们看完。题目大，资料往往很多，有的甚至上万篇。检索到太多资料，后续的阅读同样令人头脑发麻。只有小的题目才可以保证恰好有合适数量的英文文献。

（3）*近 5 年来密切相关的英文文献在 20 篇左右*　这样数目的英文文献可以有时间进行阅读。再加上中文文献，数量恰好符合一篇综述的要求。例如，有的学生选择“DNA 条形码技术在水生动物研究的应用”为题，仅仅选择自己喜欢的文献进行介绍，这样的综述资料杂而不全。对本领域的研究者来说，这样的论文参考价值不大。假如能够换成“DNA 条形码技术在某种动物研究的应用”的话，写出来的综述对本领域的研究者来说，就有参考价值。这样的题目可以做到小而全。本领域的研究者阅读后，可以根据这些内容提出下一步的研究方向。选定好题目后，就可以确定关键词，找到关键词对应的英文，到英文数据库中收集资料。

2. 收集资料

由于种种原因，英文文献的信息量一般相对较多。我们必须在收集中文文献的同时收集英文文献。收集资料的过程在 EndNote X6 软件的帮助下，中文文献一般利用 CNKI 数据库进行收集，英文一般利用 Web of Science 数据库进行收集。按照第二章介绍的步骤，采用 EndNote X6 软件收集资料，保存在电脑上，然后进行阅读。这里不再详细介绍。

3. 理解资料

理解资料就是阅读、消化、吸收资料的过程，这个过程需要集中注意力，耗费很大的精力才能取得效果。特别是阅读英文文献，对本科生来说更是困难重重，但没有理由惧怕，因为目前已经有一些在线的翻译软件进行辅助翻译，如 Google 翻译。Google 翻译可以将英文文献自动翻译成中文。Google 翻译的使用方法详见第五章第二节及第八章第二节。

由于 Google 翻译提供的翻译结果是直译，句子并不通顺，翻译出来的中文句子不好理解。为了使翻译准确，还需要将翻译的内容拷贝出来，与原文对照逐句阅读，使中文翻译能够符合中国人的思维习惯。对收集的资料全部阅读完毕，而且翻译出来后，就进入构建综述框架的阶段。

4. 构建综述框架

文章写出来是为了发表。研究论文发表的根本目的在于进行同行间的交流，让同行能读懂是根本目的。让同行能够读懂的文章，逻辑思路一定要清晰。为了使逻辑思路清晰，就不能将所有的资料随意堆放在一起，要进行分类和排序。

综述的写作与一般中学作文的不同之处在于：在写作之前是没有框架的模型，不知道这篇综述的第一部分写什么，第二部分写什么，只有在理解所有的文献资料之后，才可以形成论文的框架。构建形成论文框架的过程也就是分类的过程，那么如何来分类?

分类的原则是同类的研究放到一起，然后给这些同类的研究命名。通过这样的分类，将所有的资料全部放在一个合适的标题下。

按照逻辑关系进行排序，应该先说哪一个标题的内容，后说哪一个标题。当将全部文献分类完成之后，就基本完成整个综述正文框架的构建。此时如同建造一个有几个房间的房子，每一个房间放入不同的东西，在卧室放置与睡觉有关的家具，在书房放置与学习有关的家具。

在综述的框架构建好之后，就进入了综述语句修改的阶段。

5. 语句的修改

语句修改的重要性，无法用言语来形容。“论文是改出来的”应该是写作的座右铭。根据笔者的经验，一气呵成就能够发表的文章太少，每一篇文章都是在不断地修改中，不断地完善，才能达到发表的水平。综述的框架构建后，修改的关键在语句，让每一段话能够被读者理解，没有歧义就是写作最基本的要求。

现在的写作一般是在电脑上进行的，写完后可以在电脑上修改。也可以打印出来，逐字逐句阅读，进行修改。从节省资源的角度来说，写作和修改都可以在电脑上进行。但在投稿前的最后一稿，尽量打印出来读一遍，可以找出很多在电脑上发现不了的问题。

6. 段落连贯和格式修改

当正文部分全部写完以后，就可以开始统筹段与段之间的连贯性，使段落之间的转换不突然，符合逻辑关系。然后添加中英文摘要、关键词等细节。全部完成之后，排版参考文献，随后，就可以投稿。投稿详见本章第四节的内容。

想写一篇好的综述，需要专业知识和经验的积累，也需要在语言修养和写作技巧等方面下功夫。在著名学术期刊上发表一篇综述性文献的难度不亚于发表一篇科研论文，一篇优秀综述的影响也绝不比原始文献逊色，其被引用次数往往高于原始文献。所以学习综述的写作是十分有必要的。

第三节　学位论文的结构和写作

学位论文是标明作者从事科学研究、取得创新性研究成果、以此为内容撰写而成的论文，并用它申请相应学位。按申请学位级别的不同，学位论文分为学士论文、硕士论文和博士论文。

一、学位论文的结构

学位论文由 4 部分组成：前置部分、主体部分、附录部分和结尾部分。

1. 前置部分

前置部分含封面、序、目次页、摘要、关键词、插图和附表清单等内容。

（1）封面　封面是论文的外表面，提供应有的信息，并起保护作用。学位论文封面有统一的格式。一般封面的左上角注明分类号，右上角为本单位编号。如果论文保密，就需要按国家保密条款在右上角标明密级。

论文的题名一般不宜超过 20 字。题名和副题名或分册题名用大号字标注于明显位置。作者姓名、学位论文的导师、评阅人、答辩委员会主席，以及学位授予单位等应出现在封面上，申请学位级别应按规定的名称进行标注。专业名称是指学位论文作者主修专业的名称，完成日期包括报告、论文提交日期，学位论文的答辩日期，学位的授予日期。

（2）序或前言　研究生的论文可以有序。序一般由作者或他人对本篇的基本特征作一简介。例如，说明研究工作缘由、背景、宗旨、目的、意义及资助、支持、协作经过等，也可以评述或对相关问题进行阐述，这些内容也可以在正文引言中说明。序的内容也可包括作者简介，以使论文评审人、答辩委员、学位评审委员等对学位申请者的简历、个人情况、科研成果等有所了解。

（3）目次页　目次页由论文的篇、章、附录、题录等的序号、名称和页码组成，另页排在序之后。

（4）摘要　摘要是对报告、论文的内容不加注释和评论的简短陈述。还应附有英文摘要。

摘要应具有独立性和自含性，即不阅读论文的全文，就能获得必要的信息，摘要的内容应包含与论文同等量的主要信息，供读者确定有无必要阅读全文，也供文摘等二次文献采用。摘要一般应说明研究工作目的、实验方法、结果和最终结论等，而重点是结果和结论。学位论文为了评审或参加学术会议，可按要求写出变异式的摘要，不受字数规定的限制，一般为 2500～3000 字。

（5）关键词　关键词是为了文献标引工作从论文中选取出来用来表示全文

主题内容信息的单词或术语。一般学位论文选取 3～8 个关键词。为了国际交流，应标注与中文对应的英文关键词。

（6）插图和附表清单等内容　论文中如图表过多，可以分别列出清单置于目次页之后，图的清单应有序号、图题和页码。表的清单应有序号、表题和页码。

2. 主体部分

学位论文的引言与一般科技论文有所不同，它需要对课题选择的原因作较为详细的说明，对论文主题有关的文献进行综述，这是一项重要的、必不可少的内容，因为它能反映研究工作的范围和质量，反映作者对文献的分析、综合和判断能力。学位论文的这段内容要比学术论文篇幅长。

学位论文的正文、致谢及参考文献的写作要求和一般科技论文相应的写作要求是一致的，对于硕士论文和博士论文来说，如果论文中某些部分内容已经在学术期刊上发表，那么可将已经发表的论文单行本嵌入到学位论文中。

3. 附录部分

附录部分是正文的补充。学位论文有严格的篇幅限制，因此下列材料可以作为附录：比正文更为详尽的信息；研究方法和技术更深入的叙述；建议可阅读的参考文献题录；对了解正文内容有用的补充信息等；不便于编入正文的罕见珍贵资料；对一般读者并非必要阅读，但对本专业同行有参考价值的资料；某些重要的原始数据等。

4. 结尾部分

可以编排分录索引、著者索引、关键词索引等。

二、学位论文的写作

绝大部分科技文献是以一种程式化的面目出现在读者面前。学位论文也是如此，只需按照步骤将每一部分的内容填入相应的框架即可，综述放到综述的位置，实验材料和实验方法放到相应的位置，参考文献放到文献部分。

在写作学位论文的研究结果部分时，应收集在实验过程中获得的资料、图片和数据作为写作的素材，写出来放到对应的章节，然后进行分析。

学位论文的讨论部分一般是自己的研究结果与前人的结果的对比和解释，只有在完成实验后，才可以进行写作。中英文摘要和标题一般在正文写作完成后才撰写。

学位论文也是修改出来的，在写作的过程要不断地修改，使之错误减少、语句通顺，然后才可以定稿。

第四节　如 何 投 稿

一、选择刊物

不同刊物发表的文章的领域和类型也不同。在论文完成后往往需要选择适合的刊物进行投稿。如果有经验、经常投稿的话，可以知道不同刊物的喜好。假如是第一次投稿的话，往往不知道该如何选择刊物。这时可以借助于CNKI 数据库，查阅关键词，看相关的文章都发表在哪些刊物上，然后选择对应的刊物。一般先浏览近几期刊物发表文章的类型，查找征稿启事或者作者指南，按照要求来修改论文，修改好以后就可以投稿。投稿之前必须写投稿信。

二、写投稿信

投稿信的写作类似一般信件的写作，向编辑说明所投文章的标题、论文主要的内容及创新点和新颖之处、作者的联系方式等信息。举例如下。

投 稿 信

尊敬的编辑先生:

您好!

冒昧打扰了。我是××大学×××系的×××。

今向贵刊投“××××××××××”一文。

本文主要报道或论述了……。

本文的创新性和新颖性主要体现在……。

该文如能在贵刊发表，我将感到非常高兴!

文中的不妥和错误之处还请您多多指正和修改。

祝:

工作顺利!

生活幸福!

此致

敬礼

作者姓名

20××-××-××

作者的通信地址为:

××省××市××区××路××号

单位名称:

邮编: ××××××

电话: ×××××××××××

E-mail: ××××××@163.com

写好投稿信之后，就可以进行投稿了。

三、投稿的方式

不同的刊物有不同的投稿要求，大致有三种：需要邮寄纸质版的投稿方式；E-mail 信箱投稿的方式；通过投稿网站进行投稿的方式。需要根据刊物的要求方式进行投稿。

当采用纸质版的投稿方式时，需要将投稿信、稿件等装到信封里，通过邮局或快递公司邮寄出去。有的刊物还要求必须同时邮寄写好地址和姓名的回邮信封，方便通知审稿结果。

E-mail 信箱接收稿件的投稿方式相对比较简单，十分节省时间。一般是将投稿信的内容贴到邮件正文中，稿件以附件的方式发送。点击发送按钮就完成了投稿。

通过投稿网站进行投稿的方式，相对比较复杂。一般需要先申请一个投稿账号，然后按照投稿的步骤，将标题、摘要、正文、图片等内容粘贴到对应的位置，完成预览，然后提交完成投稿的过程。

完成投稿以后，一般会收到一个收稿通知。通知说明稿件的编号、审稿费的多少和审稿期限。审稿期限长短不一，一般需要 1～3 个月。如果过了这段时间，稿件还没有消息可以自行处理。如果需要审稿费的话，可以通过邮局或者账户汇款到编辑部。

四、如何对待退稿

当稿件投出去后，稿件的审理一般有三个结果：退稿、修改后重投、修改后发表。当收到退稿信的时候，投稿者要正确对待。

退稿的原因很多种，如选择的期刊不对，所投期刊不发表这类文章。此时可以考虑投到其他更适合的刊物。还有一个原因就是论文写作的表述方式导致了歧义，使读者难以理解。此时，需要对论文进行认真修改。被退稿的文章，存在许多可以修改完善的空间，还可以通过修改使之变成一篇高质量的论文。如果接到退稿信后只是伤心郁闷，抱怨审稿专家的水平，论文是不会被发表的。唯有投身于修改，才会提高文章发表的可能性。此时，也是考验一个人在挫折面前是否具有百折不挠精神的时刻。

五、如何对待修改稿

收到修改后重新投稿或修改后发表的回信，一般是好消息，起码说明论文的选题还是得到编辑部的肯定的。此时要认真阅读评审意见。

评审意见绝大部分是指出现有文章中的不足。以宽容的心态面对那些比较尖刻的评审意见、以感恩的心接受全部的评审意见应该成为应对论文评审的习惯。然后对每一条评审意见给出答复，是处理评审意见的常用方式。

对于正确的意见，要有针对性进行修改、补充，并在修改说明中详细说明修改的位置及内容。对于不全正确的意见，要给予适当的、并能让评审者接受的解释。

逐条答复修改意见，认真修改论文，可以保证论文具有更好的可读性，也更容易为评审者接受。一篇论文一般要经过2～3位审稿专家的1～2次审稿，加上编辑的修改，最后才能定稿发表，所以文章是经过很多人的努力才呈现在读者眼前的。

第五节　论文计算器的使用

文献检索也好，文献阅读也好，最终还是为自己的科研工作服务的。所以在介绍科技论文的写作之后，可以亲自尝试写一篇综述。

写作类似游泳，仅仅阅读游泳的技巧，不进入游泳池就永远不会游泳。文献检索与利用也是如此，仅仅靠阅读是不能掌握这些技巧的。只有在检索和写作的过程中才能掌握技巧。论文写作也是如此，不是通过方法指南就能够掌握的，必须亲自来写，在写作的过程中掌握写作的方法。一篇论文的写作也不是一天两天就能够完成的，论文需要不断地修改才能够达到发表水平。

在此，笔者推荐一个论文计算器（http://library.rit.edu/researchguides/disscalc/index.phtml）帮助大家写论文，这个论文计算器是美国罗彻斯特理工学院（Rochester Institute of Technology）制作的一个免费网站，首页如图9-5所示。它主要介绍如何进行论文写作，进度应该如何控制，提醒使用者按时完成写作任务。

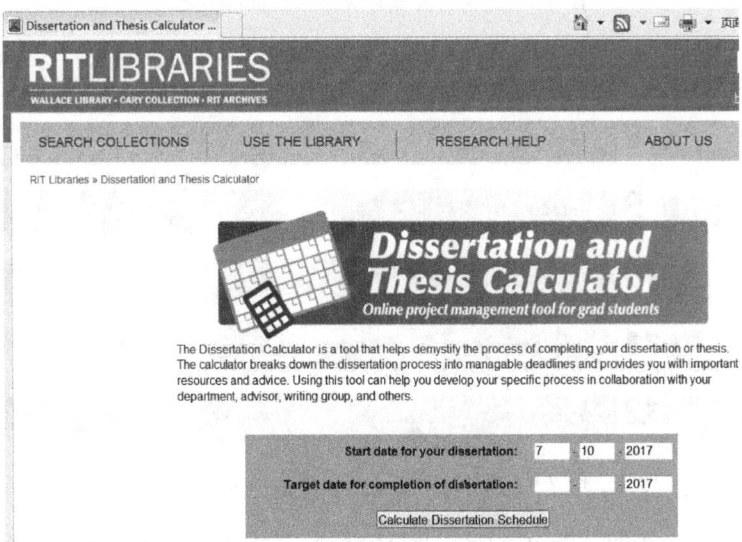

图9-5　论文计算器首页

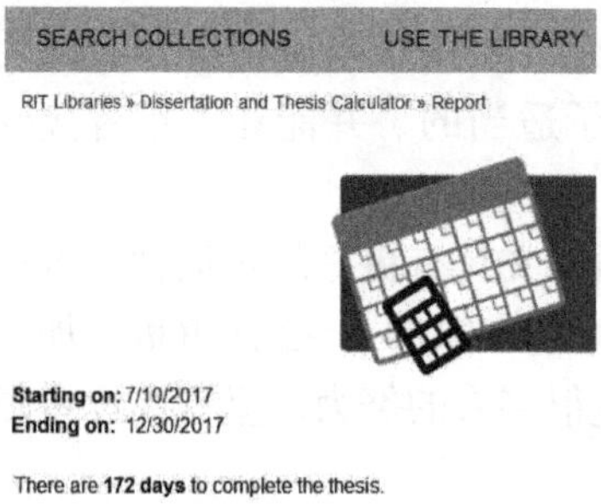

图 9-6　论文计算器计算结果页面部分之一

该论文计算器的使用步骤如下：进入网站，在如图 9-5 所示的页面上输入论文完成日期后，会出现如图 9-6 所示的页面，这个页面显示距离完成论文还有 172 天。

在这个页面的下半部分，有完成论文的步骤，显示有第 1～18 步应该完成的任务，每一步应该在什么时间完成，如图 9-7～图 9-9 所示。点击该页面的详细内容可以进入详细方法的指导。

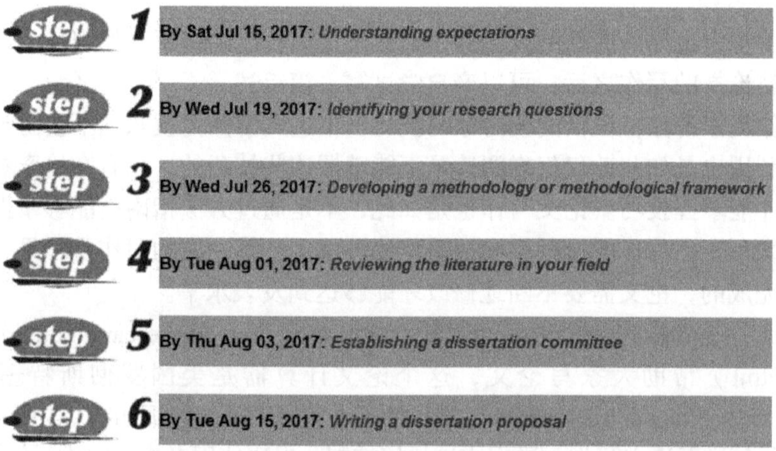

图 9-7　论文计算器计算结果页面部分之二

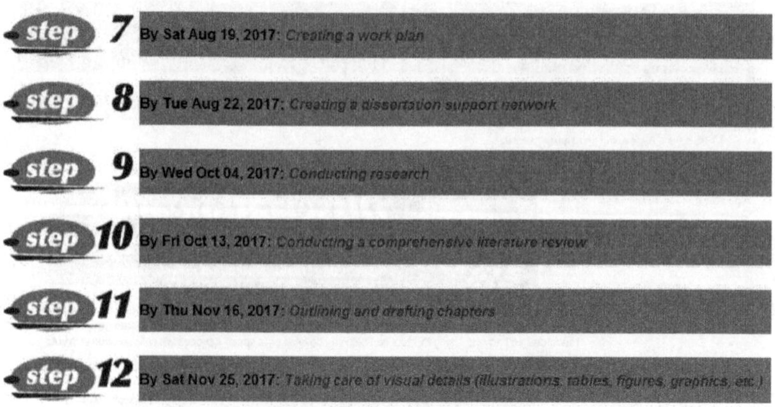

图 9-8　论文计算器计算结果页面部分之三

也可以点击按钮“Printer-Friendly Version”，将所有步骤打印出来查看进度。读者可以依靠这个网站的帮助和督促，按时完成写作任务。

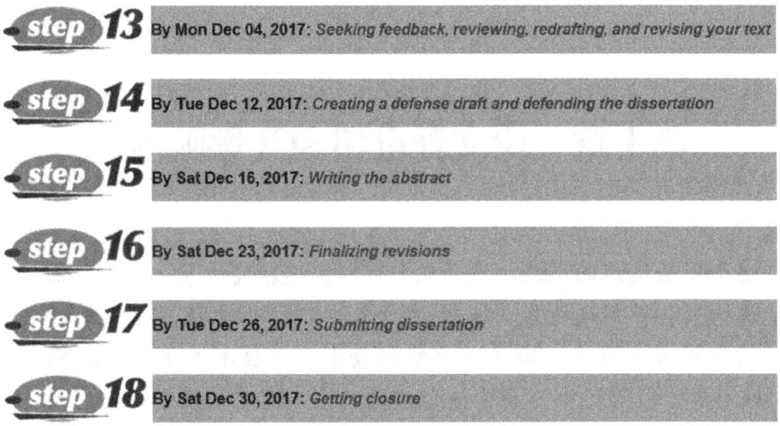

图 9-9　论文计算器计算结果页面部分之四

第十章　论文查重和SCI影响因子

在这个发展迅速的网络时代，我们可以快速获得大量的信息。因此有的人就想依靠拷贝和粘贴来完成论文的“写作”。为了避免这种情况的发生，硕士论文和博士论文一般在送审之前要经过查重。重合率低于一定比例（一般为10%）的论文才能够送审。高于这个比例的论文需要继续修改，然后才可以送审。科研单位和高等院校鼓励科研人员在SCI影响因子高的期刊上发表论文。

本章主要介绍如何查重和SCI影响因子及其查找方法等内容。

本章思维导图：

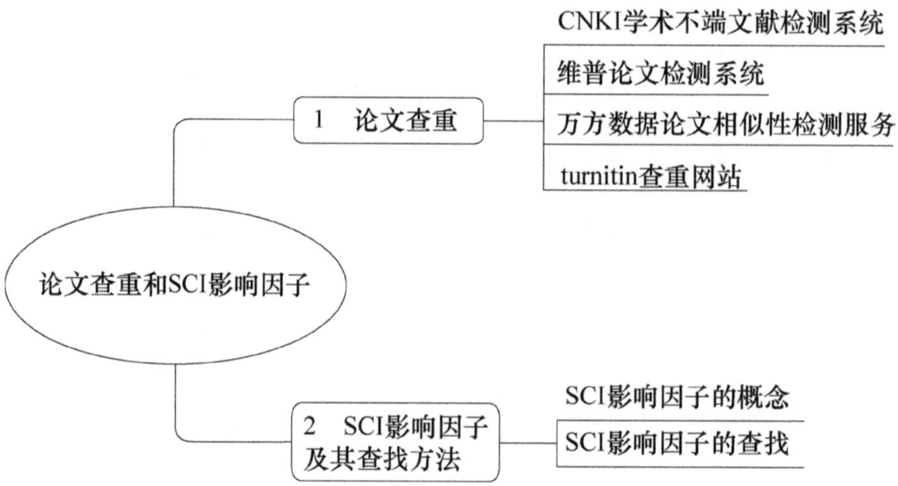

第一节　论文查重

论文查重就是指对论文的相似性进行对比，避免有的作者通过拷贝和粘贴等来完成论文的“写作”。通过查重可以把一些重合度高的论文筛选出来。

以前，论文的查重都是人工认别，通过阅读两篇论文，发现重合度高，就可以判断是学术不端行为。现在论文的查重可以通过电脑进行。电脑查重是根据语句的相似性来判断。如果重合高，就说明拷贝和粘贴太多。目前的查重系统主要有CNKI学术不端文献检测系统、维普论文检测系统、万方数据论文相似性检测服务和turnitin查重网站等，可以对中文和英文论文进行查重。

一、CNKI 学术不端文献检测系统

CNKI 学术不端文献检测系统是由中国学术期刊（光盘版）电子杂志社与清华同方知网共同研制，已经在国内高校进行试用和推广，用于辅助高校管理学生论文，监控论文中是否存在抄袭和剽窃等学术不端行为，建立学生诚信档案，帮助提高学生论文质量。《中国学术文献网络出版总库》收录了期刊、学位论文、会议论文、报纸、年鉴、工具书、专利、外文文献、学术文献引文等相关的主要资源。CNKI 学术不端文献检测系统以《中国学术文献网络出版总库》为比对资源。检测的方法是比对提交的论文和已经发表的文章，如果有一个句子相同，哪怕有一些改写，都能检测出来。该系统的使用需要收费，一般由机构购买使用。

通过学校的图书馆进入 CNKI 的首页（图 10-1）。点击“学术不端文献检索系统”，进入 CNKI 科研诚信管理系统研究中心（图 10-2）。

图 10-1　CNKI 首页的下方

图 10-2　CNKI 科研诚信管理系统研究中心页面

在如图 10-2 所示的页面，点击大学生论文检测系统，进入如图 10-3 所示的页面，然后根据身份点击进入。点击“教师/学生入口”窗口，要进入检测系统页面需要有账户名和密码（图 10-4）。点击管理部门入口，进入管理部门的登录窗口（图 10-5）。管理人员的账户名和密码一般由学校申请，对本科生的毕业论文进行检测。

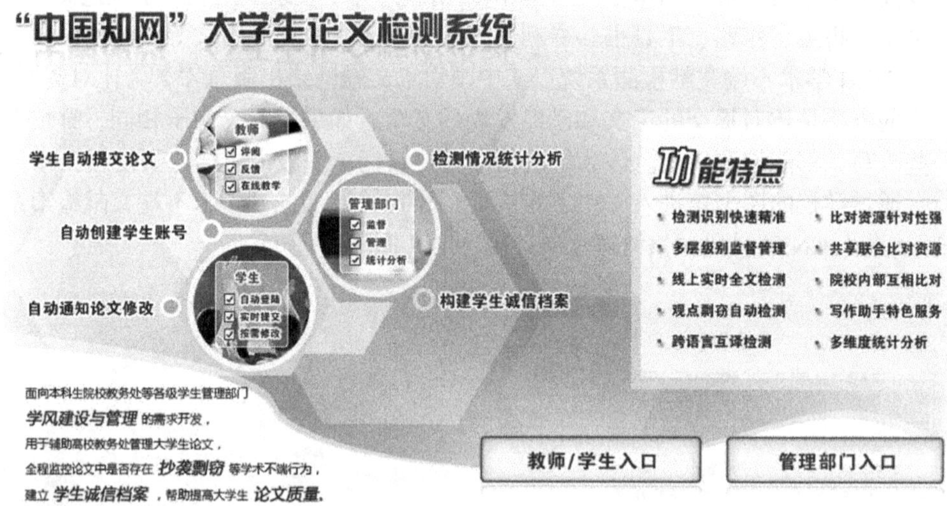

图 10-3　CNKI 大学生论文检测系统页面

图 10-4　CNKI 大学生论文检测系统的教师/学生入口

图 10-5　CNKI 大学生论文检测系统的管理部门入口

从这个网页可以看到，这个检测系统主要是学生管理部门给每个大学生分配账户和密码，然后让学生对自己论文进行检测。这个系统需要机构购买后才可以提供给学生使用。管理部门入口是学校对论文进行检测的一个系统，需要申请付费账户和密码，这个账户和密码是不公开的，专门对学生提交的论文进行检测和管理。管理部门也可以在 CNKI 科研诚信管理系统研究中心的首页点击"学位论文学术不端行为文献检测系统"，进入学位论文学术不端行为文献检测系统（图 10-6），在这个页面输入用户名和密码进入后，才可以对硕士生和博士生提交的学位论文进行检测。

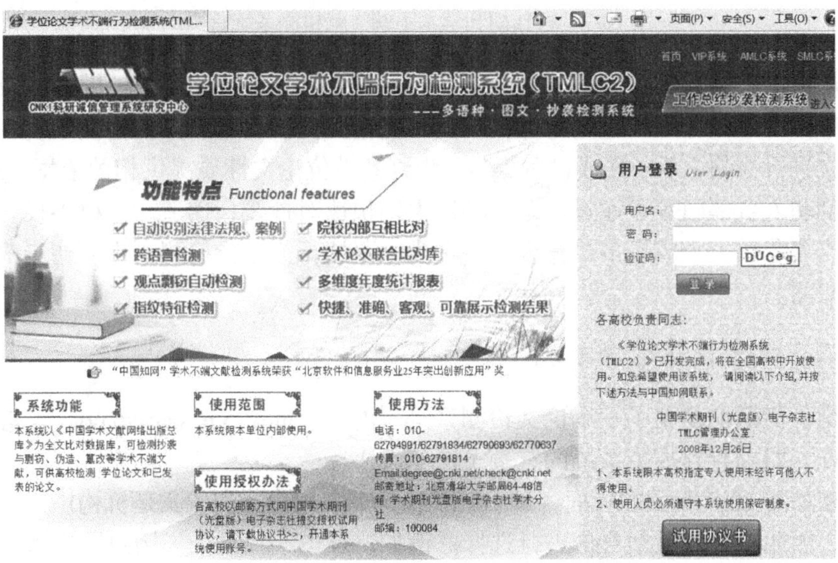

图 10-6　CNKI 学位论文学术不端行为检测系统首页

此外，在 CNKI 科研诚信管理系统研究中心的首页，点击“科技期刊学术不端文献检测系统”，进入如图 10-7 所示的页面，在这个页面需要输入用户名和密码进入后，才可以进行论文检测。科技期刊学术不端文献检测系统主要是国内杂志的编辑部使用，在收到作者的投稿之后，对收到的稿件进行检测，如果作者所投稿件重复率太高，超过 10%，就可以直接拒稿。

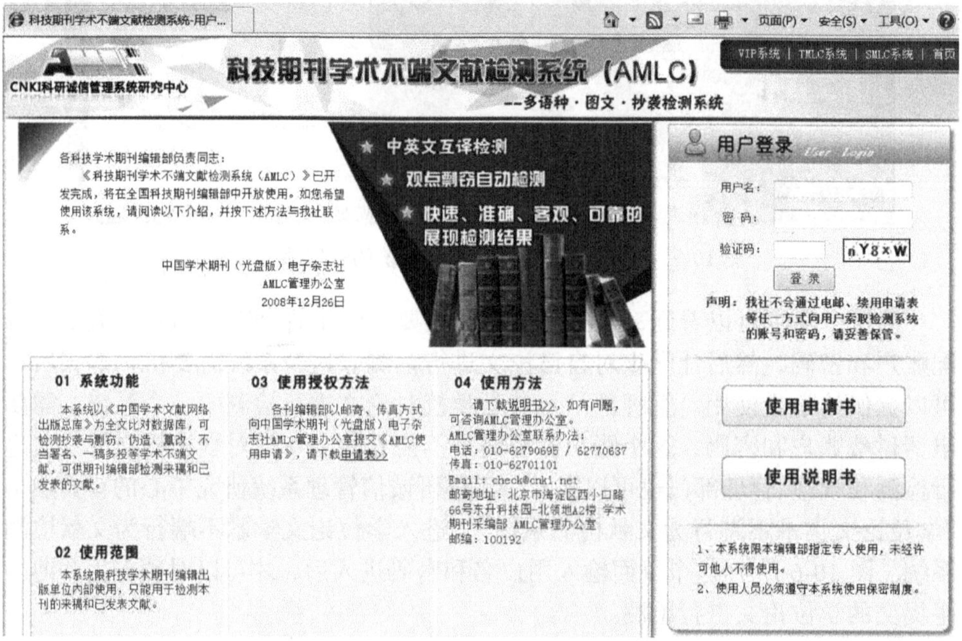

图 10-7　科技期刊学术不端文献检测系统首页

从上面的介绍可以看出，CNKI 学术不端文献检测系统可以辅助高校及其他培养单位对学位论文质量进行评估，为审查论文提供技术服务。检测系统在对学位论文进行检测之后，生成检测报告，为判断学位论文性质提供相关依据。此外，编辑部和人事部门等可通过该系统利用电脑快速对抄袭、伪造、一稿多投、篡改不正当署名、一个成果多篇发表等多种学术不端行为进行检测，进行初步筛选，节省时间。

二、维普论文检测系统

维普资讯也建立了一个论文检测系统，网址：http://vpcs.cqvip.com/，打开这个网址，即可看到这个系统的首页（图 10-8）。

在如图 10-8 所示的页面，显示有“我是个人用户”和“我是机构用户”两个链接，因此，可以根据身份进行选择。例如，点击“我是个人用户”进入下一个页面（图 10-9）。

图 10-8　维普论文检测系统首页

图 10-9　维普论文检测系统的个人用户页面

在如图 10-9 所示的页面，有“大学生版”“研究生版”“编辑部版”和“职称版”4 个版面可以选择。可以根据身份进行选择。例如，点击“研究生版”，“研究生版”变成进入红色，在下方的题目和作者文本信息输入框中输入笔者过去发表的一篇论文（图 10-10）。

图 10-10　维普论文检测系统的研究生版

点击上传文件，选择文件的位置，点击下一步（图 10-11）。之后根据网页提示就可以完成对论文的查重和获得查重报告。具体的操作步骤读者可以在网站上进行尝试，在这里不再进行详细介绍。

图 10-11　维普论文检测系统的上传文件页面

在维普论文检测系统的首页（图 10-8）上点击“我是机构用户”，进入如图 10-12 所示的页面,在页面的下面部分有维普论文检测系统合作伙伴和论文检测管理系统等信息（图 10-13）。

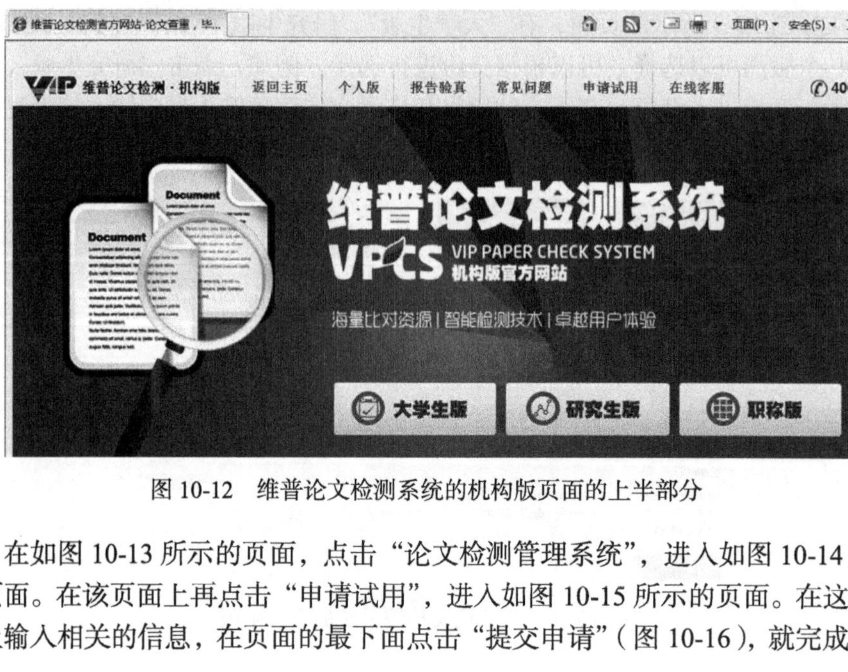

图 10-12　维普论文检测系统的机构版页面的上半部分

在如图 10-13 所示的页面，点击“论文检测管理系统”，进入如图 10-14 所示的页面。在该页面上再点击“申请试用”，进入如图 10-15 所示的页面。在这个页面上输入相关的信息，在页面的最下面点击“提交申请”（图 10-16），就完成了申

图 10-13　维普论文检测系统的机构版页面的下半部分

图 10-14　维普论文检测系统的申请试用页面

请。对于机构，一般可以免费检测 100 次。

在维普论文检测系统的机构版页面（图 10-13）上，点击“编辑部服务系统”，进入如图 10-17 所示的页面。编辑部服务系统具有论文检测、在线收稿、稿件处理、自动排版等功能。该系统也需要机构申请，通过申请后可以使用。

图 10-15　维普论文检测系统的免费申请试用的信息输入页面

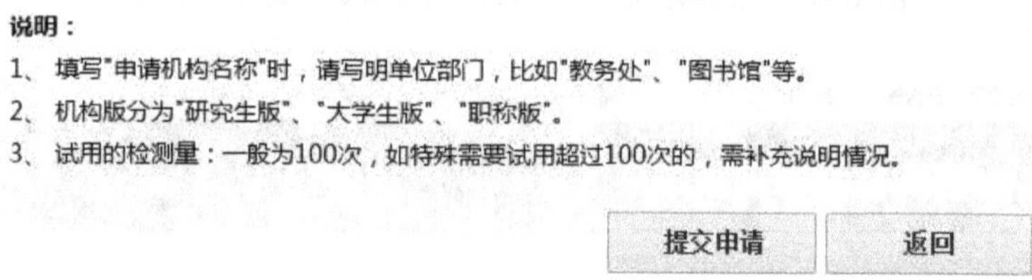

图 10-16　维普论文检测系统免费申请试用的提交申请页面

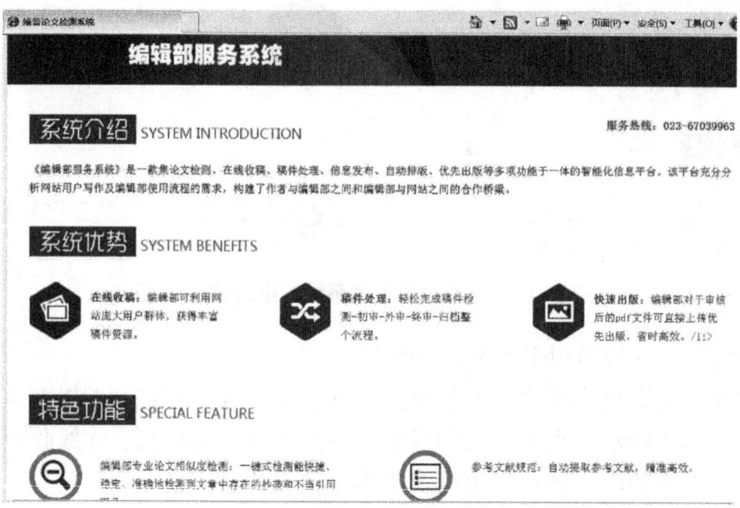

图 10-17　维普论文检测系统的编辑部服务系统页面

三、万方数据论文相似性检测服务

从学校的首页上进入图书馆，再进入万方数据的首页（图 10-18）。在万方数据的首页最上方可以看到“相似性检测”的链接。点击这个链接，就可以进入如图 10-19 所示的页面。

图 10-18　万方数据首页

图 10-19　万方数据论文相似性检测服务页面

在这个页面有“新论文检测”“已发表论文检测”和“大学生论文检测”。在“新论文检测”下面有“批量检测入口”和“单篇检测入口”。“批量检测入口”主要是机构使用；“单篇检测入口”供个人使用。点击“单篇检测入口”，进入登录窗口（图 10-20），可以按照步骤申请账号；点击“批量检测入口”，进入机构登录窗口（图 10-21），可以按照步骤申请账号。

图 10-20　万方数据论文检测系统的单篇检测登录窗口

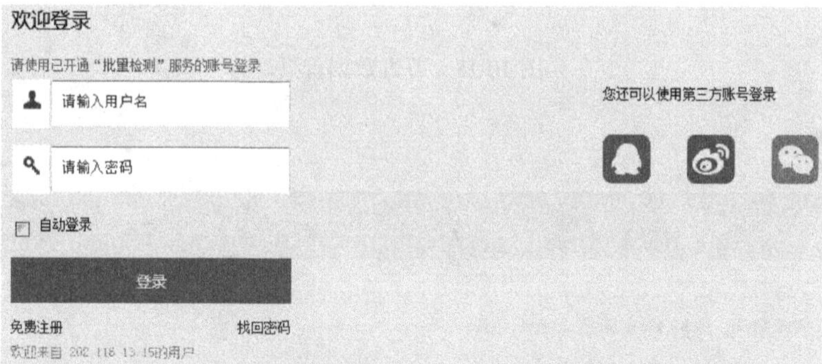

图 10-21　万方数据论文相似性检测服务的批量检测登录窗口

在 CNKI 学术不端文献检测系统、维普论文检测系统、万方数据论文相似性检测服务 3 个系统中，对于中文文献，选择使用一个系统检测就可以了，没有必要全部同时使用。什么样的论文才需要进行检测？应该是作者没有信心的论文，如果作者完全一个人从头到尾用自己的语言进行写作，是没有必要进行论文检测的。对于检测的结果，作者应该是最清楚的。对于机构来说，通过电脑大规模检测，可以将不合格的论文筛选出来。但是，这也需要时间，更是非常浪费人力、财力和物力的事情。因此，作为作者，一定要认真查阅文献和用心写作，避免学术剽窃（有关如何避免学术剽窃的内容可参阅本书第八章第一节）。

四、turnitin 查重网站

国外早已有广泛应用于高校及科研机构的反剽窃网站，其中最为出色、应用最广泛的是 turnitin，其网址是：http://www.turnitin.com/。它是全球第一个检测剽窃行为的网站。在使用高峰期，每天可收到 2 万篇论文。这个网站的使用需要申请账号，也需要收费。turnitin 的首页如图 10-22 所示。

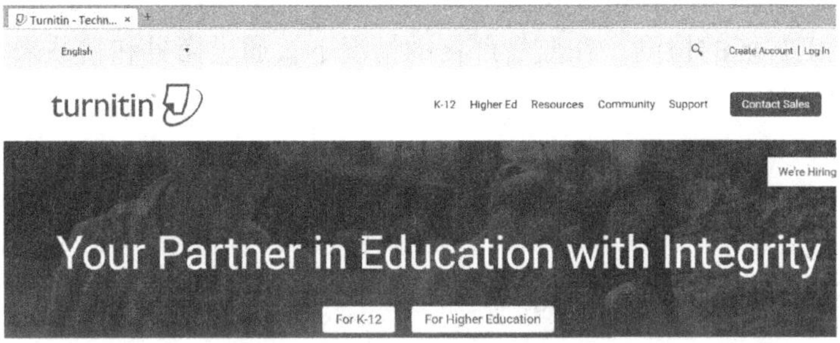

图 10-22　turnitin 论文检测系统首页

第一次使用的时候，按照步骤在如图 10-23 所示的页面创建一个账号，以后就可以登录账号使用。

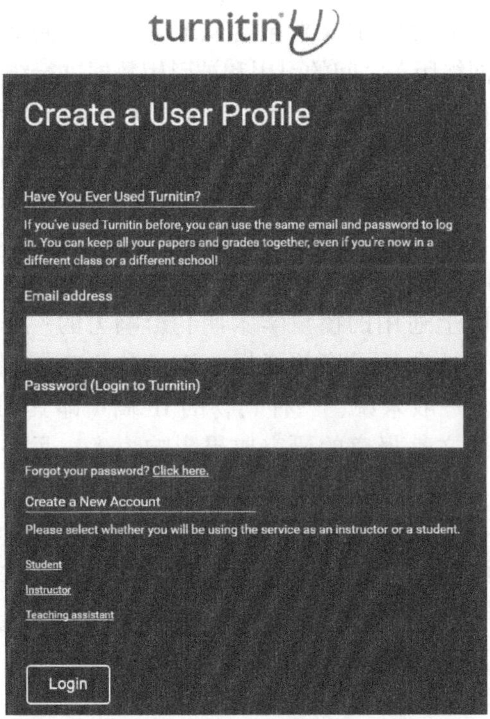

图 10-23　turnitin 论文检测系统的注册页面

通过本节介绍的这 4 个常用的论文相似性检测系统可以完成对中英文论文的查重。但是这种查重检测都是收费的。作者尽量自己来写作，可以减少对这些系统的依赖。作为监管部门，面对每年上万篇论文的检索，需要动用不少行政人员在短期内进行大量的检测。这些系统可以说是人工智能在论文相似性比较方面的运用。在这些系统的协助下，可以将不合格的中文和英文论文筛选出来。这对作者的要求就更高了，只有使用原创性的语句、采用自己语言风格的论文，才不害怕论文检测。这些系统在提高论文的质量方面有促进作用，因为所有的拷贝粘贴都逃不过人工智能的检测。在监管严格的情况下，通过拷贝和粘贴来完成的论文数量会大幅减少。

第二节　SCI 影响因子及其查找方法

一、SCI 影响因子的概念

科研单位和高等院校一般鼓励科研人员在 SCI 影响因子高的期刊上发表论文。那么，什么是 SCI 期刊的影响因子（impact factor，IF）呢？

IF 是 Thomson Reuters 出品的期刊引证报告（journal citation reports，JCR）中的一项数据，是指该期刊近两年来的平均被引率，即该期刊前两年发表的论文在评价当年被引用的平均次数。JCR 对包括 SCI 收录的 3800 种核心期刊（光盘版）的 8000 多种期刊（网络版）之间的引用和被引用数据进行统计、运算，并针对每种期刊定义了 IF 等指标加以报道，自 1975 年以来每年定期发布 JCR。

例如，某一个刊物在 2014 年和 2015 年分别发表了 303 篇和 343 篇论文，2 年合计共发表 646 篇论文。这两年的论文 2016 年在 Web of Science 数据库中被引用的次数分别为 17 813 次和 14 498 次，合计共引用 32 311 次。那么，这个杂志的 IF 就是 32 311 ÷ 646=50.017。

IF 现已成为国际上通用的衡量学术期刊影响力的一个重要指标，它不但是一种测度期刊有用性和显示度的指标，而且是测度期刊的学术水平乃至论文质量的重要指标。一般来说，一种刊物的 IF 高（即其刊载的文献被引用率高）一方面说明这些文献报道的研究成果影响力大，另一方面也反映该刊物的学术水平高。

因此，JCR 以其大量的期刊统计数据及计算的 IF 等指标而成为一种期刊评价工具。图书馆可根据 JCR 提供的数据制定期刊引进政策；论文作者可根据期刊的 IF 排名决定投稿方向。

二、SCI 影响因子的查找

目前 JCR 的网络版集合于 Web of Science 平台上，进入和查找路径及方法如下。

进入暨南大学图书馆的首页(图 10-24)。在常用数据库中找到 Web of Science 平台(图 10-25),点击进入下一个页面(图 10-26)。在这个页面,点击进入 Web of Knowledge。若是从校外的网络进入学校图书馆的话,就会弹出一个对话框(图 10-27)。在这个对话框中输入用户名和密码,点击登录,就可以进入 Web of Science 的首页(图 10-28)。在 Web of Science 的首页最上方有一个"Journal Citation Reports"的链接(图 10-29),点击进入 JCR 的首页(图 10-30)。

图 10-24　暨南大学图书馆首页

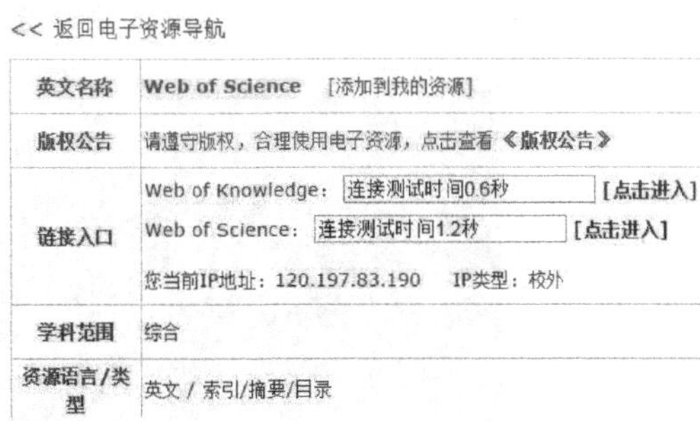

图 10-25　暨南大学图书馆的常用数据库　　图 10-26　进入 Web of Knowledge

图 10-27　暨南大学图书馆远程访问系统

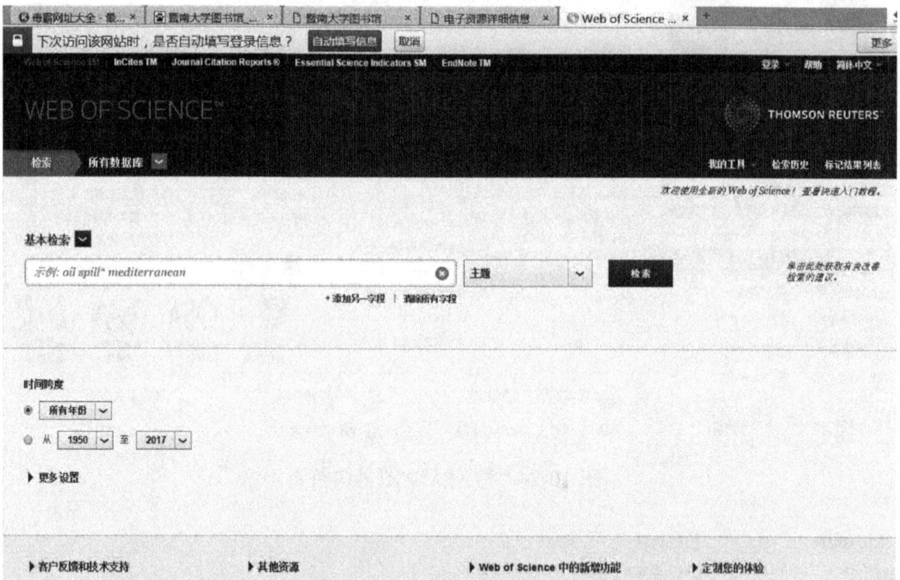

图 10-28　Web of Science 首页

图 10-29　Web of Science 首页上方的 JCR 链接

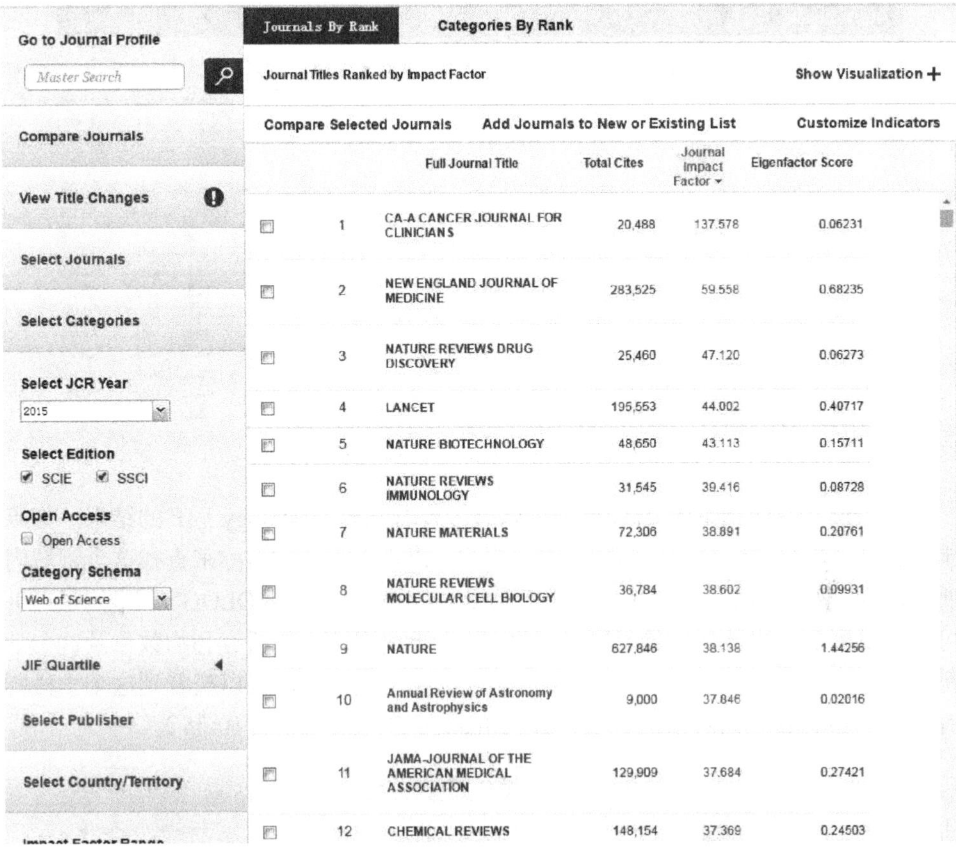

图 10-30　JCR 首页

在 JCR 的首页上，直接出现 2015 年按照期刊 IF 从大到小的顺序排列的期刊名称（图 10-30）。例如，排在第九名的是杂志 *Nature*，IF 是 38.138。

在这个页面上点击“NATURE”，进入杂志的详细页面（图 10-31），显示杂志的语言、出版地址、出版频率等信息。例如，*Nature* 杂志每年出版 51 期。页面下方是 *Nature* 每年的 IF（图 10-32）。

图 10-31　*Nature* 的基本信息

Key Indicators

Year	Total Cites Graph	Journal Impact Factor Graph	Impact Factor Without Journal Self Cites Graph	5 Year Impact Factor Graph	Immediacy Index Graph	Citable Items Graph	Cited Half-Life Graph	Citing Half-Life Graph	Eigenfacto Score Graph	Article Influence Score Graph	% Articles in Citable Items Graph	Normalizec Eigenfacto Graph	Average JIF Percentile Graph
2011	526,505	36.280	35.707	36.235	9.690	841	9.4	5.1	1.65524	20.373	95.60	Not A...	99.107
2010	511,248	36.104	35.527	35.248	8.792	862	9.1	5.2	1.73520	19.306	95.71	Not A...	99.153
2009	483,039	34.480	33.855	32.906	8.209	866	8.9	5.1	1.74605	18.062	92.38	Not A...	99.000
2008	443,967	31.434	30.864	31.210	8.194	899	8.5	4.9	1.76345	17.279	94.66	Not A...	98.810
2007	417,228	28.751	28.263	30.616	7.385	841	8.0	4.8	1.83870	16.996	93.70	Not A...	99.000
2006	390,690	26.681	26.060	Not A...	6.789	962	7.8	4.6	Not A...	Not A...	94.07	Not A...	97.000
2005	372,784	29.273	28.645	Not A...	5.825	1,065	7.5	4.7	Not A...	Not A...	94.74	Not A...	96.875
2004	363,374	32.182	31.535	Not A...	6.089	878	7.2	4.6	Not A...	Not A...	97.61	Not A...	98.889
2003	343,528	30.979	30.345	Not A...	6.679	859	7.0	4.5	Not A...	Not A...	94.76	Not A...	98.913
2002	326,546	30.432	29.790	Not A...	7.504	889	6.9	4.3	Not A...	Not A...	92.58	Not A...	98.958
2001	315,640	27.955	27.299	Not A...	7.734	939	6.9	4.5	Not A...	Not A...	93.18	Not A...	98.889
2000	306,184	25.814	25.154	Not A...	4.389	1,315	6.8	4.2	Not A...	Not A...	96.12	Not A...	98.980

图 10-32　*Nature* 的历年影响因子

点击返回，回到 JCR 的首页，可以点击查看学科（catelogy）IF 的结果。如果想查找某一学科的综合 IF 及 IF 的中位数，可以点击学科的名称来查找这个领域内所有期刊。例如，点击“BIOCHEMISTRY & MOLECULAR BIOLOGY”（图 10-33），可以查找到 Biochemistry & Molecular Biology 学科多年来的所有刊物数目及这个学科的 IF（图 10-34）。在 2015 年右侧的 289 数字上面点击，可以查看到这个学科所有 SCI 刊物的 IF，而且按照 IF 从大到小的顺序进行排列（图 10-35）。

Go to Journal Profile　Master Search　Select Journals　Select Categories　Select JCR Year 2015　Select Edition SCIE SSCI　Clear　Submit

Journals By Rank　Categories By Rank

All Journal Categories ranked by Number of Journals　Show Visualization +

1 - 25 of 234　Customize Indicators

	Category	Edition	#Journals	Total Cites	Median Impact Factor	Aggregate Impact Factor
1	ECONOMICS	SSCI	345	608,521	0.829	1.336
2	MATHEMATICS	SCIE	312	405,433	0.614	0.735
3	BIOCHEMISTRY & MOLECULAR BIOLOGY	SCIE	289	3,273,965	2.670	4.093
4	MATERIALS SCIENCE, MULTIDISCIPLINARY	SCIE	271	2,561,259	1.642	3.984
5	ENGINEERING, ELECTRICAL & ELECTRONIC	SCIE	257	1,039,294	1.277	1.847
6	NEUROSCIENCES	SCIE	256	2,053,415	2.706	3.900
7	PHARMACOLOGY & PHARMACY	SCIE	255	1,342,294	2.330	3.039
8	MATHEMATICS, APPLIED	SCIE	254	424,549	0.801	1.064
9	EDUCATION & EDUCATIONAL RESEARCH	SSCI	231	202,093	0.896	1.059
10	ENVIRONMENTAL SCIENCES	SCIE	225	1,412,031	1.737	3.107
11	ONCOLOGY	SCIE	213	1,634,966	2.915	4.315
12	PLANT SCIENCES	SCIE	209	927,887	1.351	2.664
13	SURGERY	SCIE	200	1,000,968	1.566	2.23
14	CLINICAL NEUROLOGY	SCIE	193	1,064,433	2.291	3.18
15	MANAGEMENT	SSCI	192	470,513	1.278	1.896
16	CELL BIOLOGY	SCIE	187	1,901,313	3.181	5.602
17	GEOSCIENCES, MULTIDISCIPLINARY	SCIE	184	894,708	1.659	2.631
18	LINGUISTICS	SSCI	181	105,399	0.568	1.007
19	PUBLIC, ENVIRONMENTAL & OCCUPATIONAL HEALTH	SCIE	173	718,123	1.628	2.463
20	GENETICS & HEREDITY	SCIE	166	1,072,078	2.484	4.104

图 10-33　不同学科的影响因子

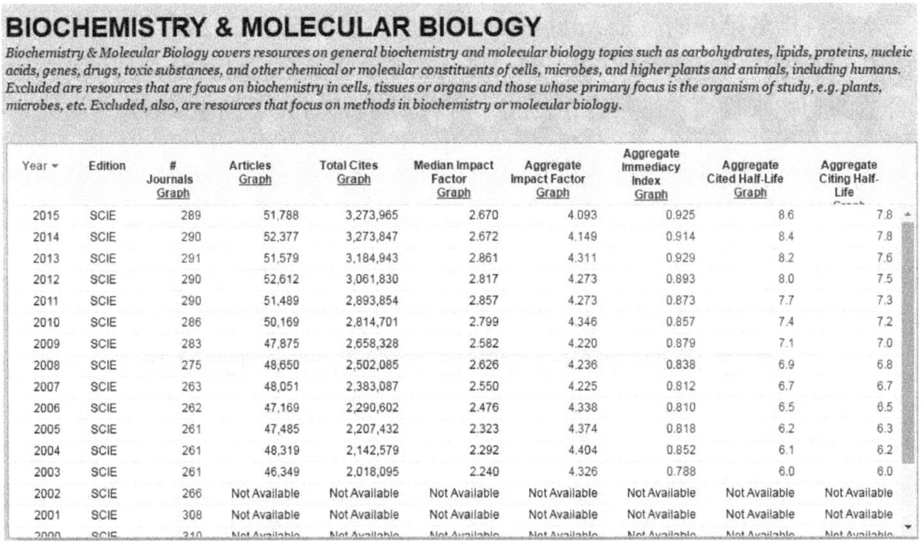

BIOCHEMISTRY & MOLECULAR BIOLOGY

Biochemistry & Molecular Biology covers resources on general biochemistry and molecular biology topics such as carbohydrates, lipids, proteins, nucleic acids, genes, drugs, toxic substances, and other chemical or molecular constituents of cells, microbes, and higher plants and animals, including humans. Excluded are resources that are focus on biochemistry in cells, tissues or organs and those whose primary focus is the organism of study, e.g. plants, microbes, etc. Excluded, also, are resources that focus on methods in biochemistry or molecular biology.

Year	Edition	# Journals Graph	Articles Graph	Total Cites Graph	Median Impact Factor Graph	Aggregate Impact Factor Graph	Aggregate Immediacy Index Graph	Aggregate Cited Half-Life Graph	Aggregate Citing Half-Life
2015	SCIE	289	51,788	3,273,965	2.670	4.093	0.925	8.6	7.8
2014	SCIE	290	52,377	3,273,847	2.672	4.149	0.914	8.4	7.8
2013	SCIE	291	51,579	3,184,943	2.861	4.311	0.929	8.2	7.6
2012	SCIE	290	52,612	3,061,830	2.817	4.273	0.893	8.0	7.5
2011	SCIE	290	51,489	2,893,854	2.857	4.273	0.873	7.7	7.3
2010	SCIE	286	50,169	2,814,701	2.799	4.346	0.857	7.4	7.2
2009	SCIE	283	47,875	2,658,328	2.582	4.220	0.879	7.1	7.0
2008	SCIE	275	48,650	2,502,085	2.626	4.236	0.838	6.9	6.8
2007	SCIE	263	48,051	2,383,087	2.550	4.225	0.812	6.7	6.7
2006	SCIE	262	47,169	2,290,602	2.476	4.338	0.810	6.5	6.5
2005	SCIE	261	47,485	2,207,432	2.323	4.374	0.818	6.2	6.3
2004	SCIE	261	48,319	2,142,579	2.292	4.404	0.852	6.1	6.2
2003	SCIE	261	46,349	2,018,095	2.240	4.326	0.788	6.0	6.0
2002	SCIE	266	Not Available	Not Available	Not Available	Not Available	Not Available	Not Available	Not Available
2001	SCIE	308	Not Available	Not Available	Not Available	Not Available	Not Available	Not Available	Not Available
2000	SCIE	310	Not Available	Not Available	Not Available	Not Available	Not Available	Not Available	Not Available

图 10-34 BIOCHEMISTRY & MOLECULAR BIOLOGY 学科多年的影响因子

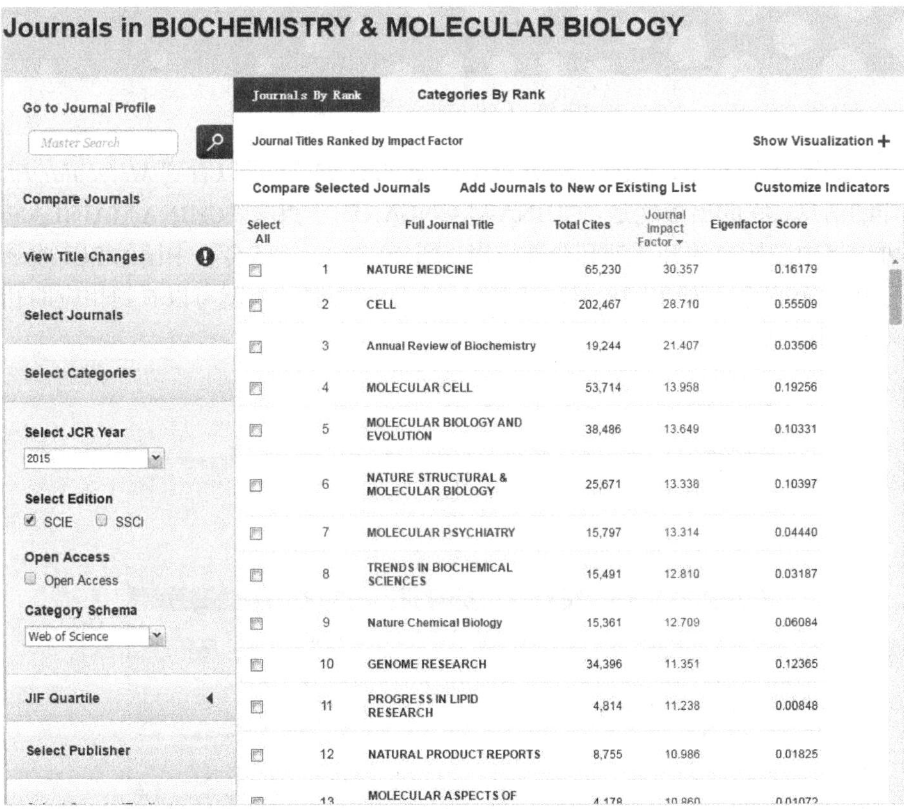

Select All		Full Journal Title	Total Cites	Journal Impact Factor	Eigenfactor Score
	1	NATURE MEDICINE	65,230	30.357	0.16179
	2	CELL	202,467	28.710	0.55509
	3	Annual Review of Biochemistry	19,244	21.407	0.03506
	4	MOLECULAR CELL	53,714	13.958	0.19256
	5	MOLECULAR BIOLOGY AND EVOLUTION	38,486	13.649	0.10331
	6	NATURE STRUCTURAL & MOLECULAR BIOLOGY	25,671	13.338	0.10397
	7	MOLECULAR PSYCHIATRY	15,797	13.314	0.04440
	8	TRENDS IN BIOCHEMICAL SCIENCES	15,491	12.810	0.03187
	9	Nature Chemical Biology	15,361	12.709	0.06084
	10	GENOME RESEARCH	34,396	11.351	0.12365
	11	PROGRESS IN LIPID RESEARCH	4,814	11.238	0.00848
	12	NATURAL PRODUCT REPORTS	8,755	10.986	0.01825
	13	MOLECULAR ASPECTS OF	4,178	10.860	0.01072

图 10-35 BIOCHEMISTRY & MOLECULAR BIOLOGY 2015 年各刊物的影响因子

本学科排名第一的就是 *Nature Medicine*（自然医学），2015 年的 IF 是 30.357（图 10-35）。投稿的时候可以按照学科进行检索，将所有的刊物全部列出，然后选择合适的刊物来投稿。继续点击 *Cell*，可看到 *Cell* 的 IF（图 10-36）。

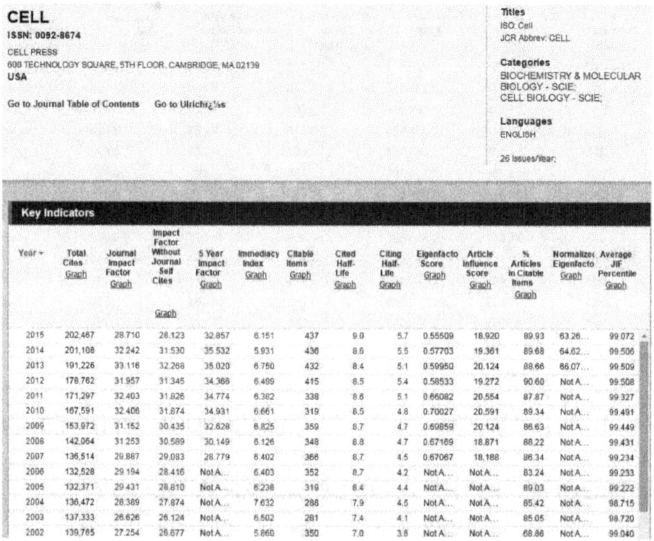

CELL
ISSN: 0092-8674
CELL PRESS
600 TECHNOLOGY SQUARE, 5TH FLOOR, CAMBRIDGE, MA 02139
USA
Go to Journal Table of Contents Go to Ulrichï¿½s
Titles
ISO: Cell
JCR Abbrev: CELL
Categories
BIOCHEMISTRY & MOLECULAR BIOLOGY - SCIE;
CELL BIOLOGY - SCIE;
Languages
ENGLISH
26 Issues/Year;

Key Indicators

Year	Total Cites Graph	Journal Impact Factor Graph	Impact Factor Without Journal Self Cites Graph	5 Year Impact Factor Graph	Immediacy Index Graph	Citable Items Graph	Cited Half-Life Graph	Citing Half-Life Graph	Eigenfacto Score Graph	Article Influence Score Graph	% Articles in Citable Items Graph	Normalizec Eigenfacto Graph	Average JIF Percentile Graph
2015	202,467	28.710	28.123	32.857	6.151	437	9.0	5.7	0.55509	18.920	89.93	63.26…	99.072
2014	201,108	32.242	31.530	35.532	5.931	436	8.6	5.5	0.57703	19.361	89.68	64.62…	99.506
2013	191,226	33.116	32.268	35.020	6.750	432	8.4	5.1	0.59950	20.124	88.66	66.07…	99.509
2012	178,762	31.957	31.345	34.366	6.499	415	8.5	5.4	0.58533	19.272	90.60	Not A…	99.508
2011	171,297	32.403	31.826	34.774	6.382	338	8.6	5.1	0.66082	20.554	87.87	Not A…	99.327
2010	167,591	32.406	31.874	34.931	6.661	319	8.5	4.8	0.70027	20.591	89.34	Not A…	99.491
2009	153,972	31.152	30.435	32.628	6.825	359	8.7	4.7	0.69859	20.124	86.63	Not A…	99.449
2008	142,064	31.253	30.589	30.149	6.126	348	8.8	4.7	0.67169	18.871	88.22	Not A…	99.431
2007	136,514	29.887	29.083	28.779	6.402	366	8.7	4.5	0.67067	18.188	86.34	Not A…	99.234
2006	132,528	29.194	28.416	Not A…	6.403	352	8.7	4.2	Not A…	Not A…	83.24	Not A…	99.233
2005	132,371	29.431	28.810	Not A…	6.238	319	8.4	4.4	Not A…	Not A…	89.03	Not A…	99.222
2004	136,472	28.389	27.874	Not A…	7.632	288	7.9	4.5	Not A…	Not A…	85.42	Not A…	98.715
2003	137,333	26.626	26.124	Not A…	6.502	281	7.4	4.1	Not A…	Not A…	85.05	Not A…	98.720
2002	139,765	27.254	26.677	Not A…	5.860	350	7.0	3.8	Not A…	Not A…	68.86	Not A…	99.040

图 10-36 *Cell* 历年来的影响因子

按照同样的方法，点击“MOLECULAR PLANT”，可以看到 *Molecular Plant* 的详细信息，它的出版地是“CHINA MAINLAND”。点击“CHINA MAINLAND”就可以将中国所有的 SCI 期刊全部导出（图 10-37）。2015 年，中国的 SCI 收录刊物一共有 195 个（图 10-38，图 10-39）。点击杂志名称，就可以看到相应期刊的 IF 等详细信息。

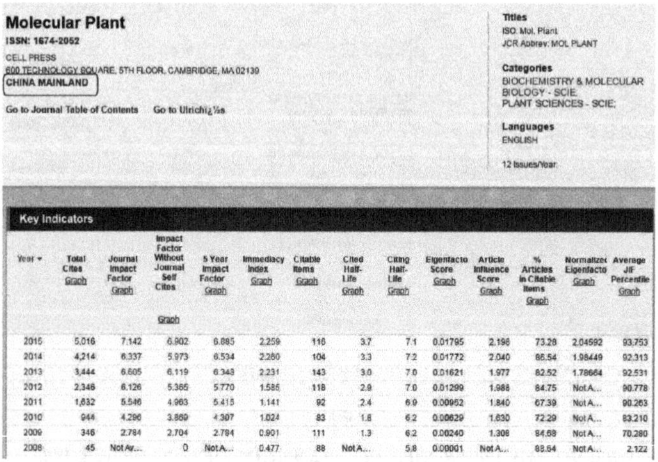

Molecular Plant
ISSN: 1674-2052
CELL PRESS
600 TECHNOLOGY SQUARE, 5TH FLOOR, CAMBRIDGE, MA 02139
CHINA MAINLAND
Go to Journal Table of Contents Go to Ulrichï¿½s
Titles
ISO: Mol. Plant
JCR Abbrev: MOL PLANT
Categories
BIOCHEMISTRY & MOLECULAR BIOLOGY - SCIE
PLANT SCIENCES - SCIE;
Languages
ENGLISH
12 Issues/Year

Key Indicators

Year	Total Cites Graph	Journal Impact Factor Graph	Impact Factor Without Journal Self Cites Graph	5 Year Impact Factor Graph	Immediacy Index Graph	Citable Items Graph	Cited Half-Life Graph	Citing Half-Life Graph	Eigenfacto Score Graph	Article Influence Score Graph	% Articles in Citable Items Graph	Normalizec Eigenfacto Graph	Average JIF Percentile Graph
2015	5,016	7.142	6.902	6.885	2.259	116	3.7	7.1	0.01795	2.198	73.28	2.04592	93.753
2014	4,214	6.337	5.973	6.534	2.260	104	3.3	7.2	0.01772	2.040	86.54	1.98449	92.313
2013	3,444	6.605	6.119	6.343	2.231	143	3.0	7.0	0.01621	1.977	82.52	1.78664	92.531
2012	2,346	6.126	5.365	5.770	1.585	118	2.9	7.0	0.01299	1.988	84.75	Not A…	90.778
2011	1,632	5.546	4.963	5.415	1.141	92	2.4	6.9	0.00952	1.840	67.39	Not A…	90.263
2010	944	4.296	3.869	4.307	1.024	83	1.8	6.2	0.00629	1.630	72.29	Not A…	83.210
2009	346	2.784	2.704	2.784	0.901	111	1.3	6.2	0.00240	1.308	84.68	Not A…	70.280
2008	45	Not Av…	0	Not A…	0.477	88	Not A…	5.8	0.00001	Not A…	88.64	Not A…	2.122

图 10-37 *Molecular Plant* 的影响因子

Journals By Rank　Categories By Rank

Journal Titles Ranked by Impact Factor　Show Visualization +

Compare Selected Journals　Add Journals to New or Existing List　Customize Indicators

Select All		Full Journal Title	Total Cites	Journal Impact Factor	Eigenfactor Score
	1	CELL RESEARCH	10,393	14.812	0.03585
	2	Light-Science & Applications	1,724	13.600	0.00766
	3	Nano Research	7,188	8.893	0.01987
	4	National Science Review	239	8.000	0.00142
	5	Molecular Plant	5,016	7.142	0.01795
	6	FUNGAL DIVERSITY	2,972	6.991	0.00687
	7	Journal of Molecular Cell Biology	1,353	6.459	0.00606
	8	Cellular & Molecular Immunology	2,228	5.193	0.00649
	9	Organic Chemistry Frontiers	1,115	4.693	0.00360
	10	CNS Neuroscience & Therapeutics	2,194	4.019	0.00766
	11	Journal of Genetics and Genomics	1,469	3.981	0.00452
	12	Protein & Cell	1,540	3.817	0.00692
	13	Chinese Physics C	2,580	3.761	0.01644

Go to Journal Profile　Master Search

Compare Journals

View Title Changes

Select Journals

Select Categories

Select JCR Year　2015

Select Edition　SCIE　SSCI

Open Access　Open Access

Category Schema　Web of Science

JIF Quartile

Select Publisher

Select Country/Territory

图 10-38　被 SCI 收录的中国刊物页面（一）

	189	Hong Kong Law Journal	80	0.215	0.00012
	190	Hong Kong Journal of Paediatrics	69	0.194	0.00016
	191	Hong Kong Journal of Emergency Medicine	122	0.153	0.00026
	192	Asia Pacific Law Review	19	0.111	0.00005
	193	Asia-Pacific Journal of Accounting & Economics	44	0.067	0
	194	Hong Kong Journal of Dermatology & Venereology	12	0.061	0.00002
	195	Frontiers of Information Technology & Electronic Engineering	1	Not Avai...	0
	195	Science Bulletin	163	Not Avai...	0

图 10-39　被 SCI 收录的中国刊物页面（二）

通过查找 IF，就可以发现不同学科的刊物 IF 差别非常大。例如，医学的研究，研究的人员多，IF 就比较高，一些比较冷门的学科，本身研究这个领域的专家就比较少，发表的论文相应也比较少，IF 就比较低。不同学科之间进行 IF 高低的比较，没有意义。只有在同一个学科内，IF 才可以进行比较。

主要参考文献

陈平，张铁群. 2015. 实用生物医学信息检索. 北京：科学出版社.

陈氢，陈梅花. 2012. 信息检索与利用. 北京：清华大学出版社.

道格拉斯·梅里尔，詹姆斯·马丁. 2011. Google 时代的工作方法. 刘纯毅译. 北京：中信出版社.

董永贵. 2012. 科研中的读与写. 北京：清华大学出版社.

黄博，姜兆玉，屈红霞，等. 2010. 龙牙花不同花器官的表皮形态. 植物学报，45（5）：594-603.

姜兆玉，王永飞. 2010. 外源 NO、H_2O_2 和 ABA 对鸡蛋花花冠裂片上气孔关闭的影响. 植物生理学通讯，46（3）：249-252.

姜兆玉，余君彤，王永飞，等. 2011. 外源 NO 和 H_2O_2 对洋葱鳞片外表皮气孔开度的调控. 西北植物学报，31（2）：315-318.

蒋悟生. 2012. 生物科学文献信息获取与论文写作. 2 版. 北京：高等教育出版社.

马三梅. 2008. 在教学中培养学生的阅读能力. 生物学教学，33（2）：67-68.

马三梅，王永飞. 2007. 培养研究生科技论文写作能力的一些做法. 中国教师与教学，3（4）：1-2.

马三梅，王永飞，周天鸿，等. 2012. 采用师徒制方式培养研究生的经验和体会——以生命科学专业为例. 研究生教育研究，（1）：33-36.

王立诚. 2014. 科技文献检索与利用. 5 版. 南京：东南大学出版社.

王永飞，马三梅. 2008. 在专业课程教学中培养研究生科研能力的尝试. 学位与研究生教育，（3）：5-8.

亚里·拉登伯格，夏罗默·迈特尔. 2014. 创新的天梯. 司哲，张哲译. 北京：机械工业出版社.

杨杰，梁晓睿. 2012. 数字学习力. 北京：电子工业出版社.

于双成，李玉玲，陈继红，等. 2012. 科技信息检索与利用. 北京：清华大学出版社.

Chalfie M，Tu Y，Euskirchen G，et al. 1994. Green fluorescent protein as a marker for gene expression. Science，263：802-805.

Edwards R G. 1965a. Maturation *in vitro* of mouse，sheep，cow，pig，rhesus monkey and human ovarian oocytes. Nature，208（3）：349-351.

Edwards R G. 1965b. Maturation *in vitro* of human ovarian oocytes. Lancet，286（7419）：926-929.

Edwards R G. 2001. The bumpy road to human *in vitro* fertilization. Nature Medicine，7（10）：1091-1094.

Huang B，Wang Y F，Huang S G，et al. 2011. Guard cells on adaxial and abaxial epidermis of *Erythrina corallodendron* sepals. Biologia Plantarum，55（4）：716-720.

Inouye S，Tsuji F I. 1994. Aequorea green fluorescent protein，expression of the gene and fluorescence characteristics of the recombinant protein. FEBS Letters，341（2-3）：277-280.

Jiang Z Y，Yu J T ，Ma S M，et al. 2011. Dynamic changes of stomatal characteristics during the flower，fruit and leaf developments of *Zephyranthes candida*（Lindl.）Herb. African of Journal of Biotechnology，10(62)：13470-13475.

Prasher D，Eckenrode V，Ward W，et al. 1992. Primary structure of the *Aequorea Victoria* green-fluorescent protein. Gene，111：229-233.

Prasher D，McCann R O，Cormier M J. 1985. Cloning and expression of the cDNA coding for aequorin，a bioluminescent calcium-activated protein. Biochemical and Biophysical Research Communications，126：1259-1268.

Xuan X L，Wang Y F，Ma S M，et al. 2011. Comparisons of stomatal parameters between normal and abnormal leaf of *Bougainvillea spectabilis* Willd. African Journal of Biotechnology，10（36）：6973-6978.

附录Ⅰ　文献检索常用网址

中外文核心期刊查询系统：http://coreej.cceu.org.cn，可以查某一期刊是否为核心期刊

中国知网：http://www.cnki.net

万方数据：http://www.wanfangdata.com.cn

维普资讯中文期刊服务平台：http://qikan.cqvip.com

Wiley-Blackwell：http://onlinelibrary.wiley.com/

Elsevier 在线搜索平台 Science Direct 的网址：http://www.sciencedirect.com

Springer Link：http://link.springer.com/

PubMed：http://www.ncbi.nih.gov/pubmed

turnitin 英文科技论文查重：http://www.turnitin.com/

在线期刊搜索引擎 OJOSE：http://ojose.com/ojose_home.html，有 60 多种数据库

作业计算器：http://library.rit.edu/researchguides/calculator/，点击“printer-friendly version”可以将所有步骤打印出来查看进度

论文计算器：http://library.rit.edu/researchguides/disscalc/index.phtml，点击“printer-friendly version”可以将所有步骤打印出来查看进度

世界大学总汇：http://www.4icu.org

GooReader：http://www.gooreader.com，可以进入网页进行阅读

Micro 提供的视频资源：http://www.getmicro.com

维普论文检测系统：http://vpcs.cqvip.com/

e-journals.org 提供的全球电子期刊链接：http://www.e-journals.org/

附录Ⅱ 《中国图书馆分类法》(第五版)简表

A 马克思主义、列宁主义、毛泽东思想、邓小平理论

A1 马克思、恩格斯著作

A2 列宁著作

A3 斯大林著作

A4 毛泽东著作

A49 邓小平著作

A5 马克思、恩格斯、列宁、斯大林、毛泽东、邓小平著作汇编

A7 马克思、恩格斯、列宁、斯大林、毛泽东、邓小平生平和传记

A8 马克思主义、列宁主义、毛泽东思想、邓小平理论的学习和研究

B 哲学、宗教

B0 哲学理论

B1 世界哲学

B2 中国哲学

B3 亚洲哲学

B4 非洲哲学

B5 欧洲哲学

B6 大洋洲哲学

B7 美洲哲学

B80 逻辑科学(总论)

B81 逻辑学

B82 伦理学

B83 美学

B84 心理学

B9 无神论、宗教

C 社会科学总论

C0 社会科学理论与方法论

C1 社会科学概况、现状、进展

C2 社会科学机构、团体、会议

C3 社会科学研究方法

C4 社会科学教育与普及

C5 社会科学丛书、文集、连续性出版物

C6 社会科学参考工具书

[C7] 社会科学文献检索工具书

C79 非书资料、视听资料

C8 统计学

C91 社会学

C92 人口学

C93 管理学

[C94] 系统论(系统学、系统工程)

C95 民族学、文化人类学

C96 人才学

C97 劳动科学

D 政治、法律

D0 政治学、政治理论

D1 国际共产主义运动

D2 中国共产党

D33/37 各国共产党

D4 工人、农民、青年、妇女运动与组织

D5 世界政治

D6 中国政治

D73/77 各国政治

D8 外交、国际关系

D9 法律

E 军事

E0 军事理论

E1 世界军事

E2 中国军事

E3 亚洲军事

E4 非洲军事
E5 欧洲军事
E6 大洋洲军事
E7 美洲军事
E8 战略、战役、战术
E9 军事技术

F 经济

F0 经济学
F1 世界各国经济概况、经济史、经济地理
F2 经济管理
F3 农业经济
F4 工业经济
F49 信息产业经济
F5 交通运输经济
F59 旅游经济
F6 邮电通信经济
F7 贸易经济
F8 财政、金融

G 文化、科学、教育、体育

G0 文化理论
G1 世界各国文化与文化事业
G2 信息与知识传播
G3 科学、科学研究
G4 教育
G5 世界各国教育事业
G61 学前教育、幼儿教育
G62 初等教育（小学教育）
G63 中等教育
G64 高等教育
G65 师范教育
G71 职业技术教育
G72 成人教育、业余教育
G74 华侨教育、侨民教育
G75 少数民族教育
G76 特殊教育
G77 社会教育
G78 家庭教育
G79 自学
G8 体育

H 语言、文字

H0 语言学
H1 汉语
H2 中国少数民族语言
H3 常用外国语
H4 汉藏语系
H5 阿尔泰语系（突厥-蒙古-通古斯语系）
H61 南亚语系（澳斯特罗-亚细亚语系）
H62 南印语系（达罗毗荼语系、德拉维达语系）
H63 南岛语系（马来亚-玻里尼西亚语系）
H64 东北亚诸语言
H65 高加索语系（伊比利亚-高加索语系）
H66 乌拉尔语系（芬兰-乌戈尔语系）
H67 闪-含语系（阿非罗-亚细亚语系）
H7 印欧语系
H81 非洲诸语言
H83 美洲诸语言
H84 大洋洲诸语言
H9 国际辅助语

I 文学

I0 文学理论
I1 世界文学
I2 中国文学
I3/7 各国文学

J 艺术

J0 艺术理论
J1 世界各国艺术概况
J19 专题艺术与现代边缘艺术
J2 绘画
J29 书法、篆刻
J3 雕塑
J4 摄影艺术
J5 工艺美术
[J59] 建筑艺术

J6 音乐
J7 舞蹈
J8 戏剧、曲艺、杂技艺术
J9 电影、电视艺术

K 历史、地理

K0 史学理论
K1 世界史
K2 中国史
K3 亚洲史
K4 非洲史
K5 欧洲史
K6 大洋洲史
K7 美洲史
K81 传记
K85 文物考古
K89 风俗习惯
K9 地理

N 自然科学总论

N0 自然科学理论与方法论
N1 自然科学概况、现状、进展
N2 自然科学机关、团体、会议
N3 自然科学研究方法
N4 自然科学教育与普及
N5 自然科学丛书、文集、连续性出版物
N6 自然科学参考工具书
[N7] 自然科学文献检索工具
N79 非书资料、视听资料
N8 自然科学调查、考察
N91 自然研究、自然历史
N93 非线性科学
N94 系统科学
[N99] 情报学、情报工作

O 数理科学和化学

O1 数学
O3 力学
O4 物理学
O6 化学
O7 晶体学

P 天文学、地球科学

P1 天文学
P2 测绘学
P3 地球物理学
P4 大气科学（气象学）
P5 地质学
P7 海洋学
P9 自然地理学

Q 生物科学

Q1 普通生物学
Q2 细胞生物学
Q3 遗传学
Q4 生理学
Q5 生物化学
Q6 生物物理学
Q7 分子生物学
Q81 生物工程学（生物技术）
[Q89] 环境生物学
Q91 古生物学
Q93 微生物学
Q94 植物学
Q95 动物学
Q96 昆虫学
Q98 人类学

R 医药、卫生

R1 预防医学、卫生学
R2 中国医学
R3 基础医学
R4 临床医学
R5 内科学
R6 外科学
R71 妇产科学
R72 儿科学
R73 肿瘤学
R74 神经病学与精神病学

R75 皮肤病学与性病学
R76 耳鼻咽喉科学
R77 眼科学
R78 口腔科学
R79 外国民族医学
R8 特种医学
R9 药学

S 农业科学

S1 农业基础科学
S2 农业工程
S3 农学（农艺学）
S4 植物保护
S5 农作物
S6 园艺
S7 林业
S8 畜牧、动物医学、狩猎、蚕、蜂
S9 水产、渔业

T 工业技术

TB 一般工业技术
TD 矿业工程
TE 石油、天然气工业
TF 冶金工业
TG 金属学与金属工艺
TH 机械、仪表工业
TJ 武器工业
TK 能源与动力工程
TL 原子能技术
TM 电工技术
TN 电子技术、通信技术
TP 自动化技术、计算机技术
TQ 化学工业
TS 轻工业、手工业、生活服务业
TU 建筑科学
TV 水利工程

U 交通运输

U1 综合运输
U2 铁路运输
U4 公路运输
U6 水路运输
[U8] 航空运输

V 航空、航天

V1 航空、航天技术的研究与探索
V2 航空
V4 航天（宇宙航行）
[V7] 航空、航天医学

X 环境科学、安全科学

X1 环境科学基础理论
X2 社会与环境
X3 环境保护管理
X4 灾害及其防治
X5 环境污染及其防治
X7 行业污染、废物处理与综合利用
X8 环境质量评价与环境监测
X9 安全科学

Z 综合性图书

Z1 丛书
Z2 百科全书、类书
Z3 辞典
Z4 论文集、全集、选集、杂著
Z5 年鉴、年刊
Z6 期刊、连续性出版物
Z8 图书报刊目录、文摘、索引

附录Ⅲ　论文的新意从何来

PO 是世界创新之父爱德华·德·博诺（Edward de Bono）创造出来的新名词，是 provocative operation 第一个字母的缩写，同时也是 hypothesis、suppose、possible、poetry 4 个单词中的共同字母。中文大概是“激发新思想”的意思[1]。激发可以帮助我们脱离常规的思考道路，转换到新的思考道路。一旦转换出来，我们就会想出创意。我们发现论文的选题主要来自于课外阅读和会议。下面结合我们的写作经历，谈谈如何激发出灵感和创意。

1. 课外阅读的激发

著名学者饶毅曾经写过一本书——《饶议科学》[2]。在书中详细介绍了绿色荧光蛋白的发现过程和美籍华裔科学家钱永健在这一领域所做出的卓越贡献。因为曾经对绿色荧光蛋白这一奇妙的物质非常感兴趣，但并不知道它是如何被发现和研究应用的。当看到这本书后，一下子感觉对绿色荧光蛋白的研究历史了解得清楚了。我们在教学过程中发现一些研究生即使阅读了很多已经发表的论文，也不知道下一步该如何来设计实验和提出问题。为了使研究生在获得专业知识的同时，还可以依据文献提出新的科研问题并设计实验方案来解决提出的问题。于是我们就将绿色荧光蛋白的发现过程及在研究过程中提出问题和解决问题所用的思维方法全部列出来，期望学生可以从中获得一些启发，使他们能够运用求异和置换的思维方式来提出新颖的科研问题、设计实验，从而为研究生完成学术论文奠定良好的基础。根据这一想法，我们将此教学过程写成了《从绿色荧光蛋白的发现谈如何提出新颖的科研问题》一文，该文被《生命的化学》接受并刊出[3]。课外阅读是产生论文选题的主要方式。

2. 会议的激发

2012 年 1 月，我们参加了在武汉召开的一次高等教育教学会议。听取了北京科技大学杨炳儒教授做的报告：在计算机专业的课程教学中如何使用思维导图。这是我们第一次听说思维导图，而对于如何制作和如何使用都一无所知。开会回来，通过查阅相关资料，才发现在一些课程的教学中使用思维导图的以中小学教师居多，而大学教师在授课过程中则较少使用。于是我们立即在《植物生化与分子生物学》的教学中应用思维导图这一创新性教学方式，并让学生结合课程内容制作相应的思维导图。在教学应用过程中，我们也不断地进行总结和优化，发现 Freehand 软件与 Word 软件相比，制作出来的思维导图又快又漂亮，特别方便，于是我们将该教学经验进行小结并投稿到《生命的化学》，投稿之后很快就正式刊出[4]（见附录V），并得到读者的好评。所以思路的一个来源是多参加学术会议，多与别人交流。

从以上两篇文章的选题过程可以看出，第一篇文章离开了教学的主干道，在课外阅读的小道上，受到了思维刺激，又回到自己的教学上。第二篇文章是听到了计算机专业的教师讲授自己授课方式而受到的启发，他讲的课程我完全不懂，我又离开了教学的主干道，在听报告的小道上，又一次受到了思维刺激，又将他的教学模式转移到我们的教学中。

好的文章思路必须不断地去寻找，才可能被发现。好文章，要有好的新意。新意是文章的灵魂。如何才能更多地受到激发，找到更多的新意呢?

爱德华·德·博诺创造出一个有意识地创造性思考工具——水平思考。这个工具会让人更加具有创造性。在水平思考中，有一个被称为“随机词法”的训练方法，简单来说就是随机输入词汇而进行发散思考。例如，从一本书的某一页找到第五个词汇后的第一个名词，我们将这个词汇作为激发词，进行反复的联想，不断尝试、比较，最后产生洞见。通过这样主动地寻找激发，肯定会产生更多的想法。新意是在多读、多看、多想、多听的过程中找到的。有了新意再动手来写文章，文章也容易让别人产生兴趣。写作的过程也就是要做到“勤于积累，敏于发现，勇于思考，善于总结”。

参考文献

[1] 爱德华·德·博诺. 冯杨译. 我对你错. 太原：山西出版社，2008：54-55

[2] 饶毅. 饶议科学. 上海：上海科技教育出版社，2009：121-156

[3] 马三梅，王永飞，周天鸿，郑文杰，黄世光. 从绿色荧光蛋白的发现谈如何提出新颖的科研问题. 生命的化学，2012，32（1）：88-91

[4] 马三梅，王永飞，李宏业. 思维导图在《植物生化与分子生物学》教学中的应用. 生命的化学，2012，32（6）：599-602

附录Ⅳ　发表在《生命的化学》上几篇文章的写作思路

自 2004 年以来，我们已在《生命的化学》上发表 10 多篇文章[1-12]。《生命的化学》是我们非常喜欢的期刊。作为贵刊的读者和作者，谈谈我们向《生命的化学》投稿的过程及我们发表在该刊上几篇文章的写作思路。我们希望通过这样的方式来展示我们一些论文的新意来源及写作思路和过程，并希望能够对读者有启发作用和激发读者的创意，培养读者的创新思维和创新能力，更愿各位能够写出有新意的文章。也愿《生命的化学》能够越办越好，并表示我们对《生命的化学》的感激之情！谢谢各位编辑和专家给予我们的帮助和指点。

1. 第一次向《生命的化学》投稿

我们在研究生阶段主要从事植物形态学和作物遗传育种的研究。虽然当时知道《生命的化学》这个期刊，但由于研究方向的差异，很少关注该刊，可以说是几乎没有认真地阅读过该刊上的文章。

2003 年后，我们开始在暨南大学生物工程学系从事植物生化与分子生物学的教学和科研工作。为了教学、科研需要，我们开始主动地关注和留心《生命的化学》上的文章。结果发现：发表在《生命的化学》上的文章短小精悍、内容新颖，对我们的科研和教学均有一定的启发作用。因此，我们就经常浏览和关注《生命的化学》上发表的文章，并萌发在该刊上发表论文的心思。

2003 年，我们申报了利用转基因植物生产可食疫苗方面的课题。根据所查阅的资料，我们对转基因植物可食疫苗的转化和表达技术进行了总结，写成了《利用转基因植物生产可食疫苗》一文，投向了《生命的化学》。该文很快就被接受，并以“小综述”的形式发表于 2004 年 24 卷第 1 期 22-24 页的《生命的化学》上[1]。这是我们在《生命的化学》发表的第一篇论文。通过初次投稿，我们发现，《生命的化学》审稿周期短、编辑校对认真仔细、发表周期也较快。从此以后，我们有了合适的论文就想往《生命的化学》投稿。

2. 发表在《生命的化学》上几篇文章的写作思路

我们另外几篇文章的写作思路和投稿过程大致如下。

（1）我们在教学中发现，许多同学对“细胞质（cytoplasm）”和“胞质溶胶（cytosol）”的概念理解不清，经常混淆。我们经过思考和总结发现，这两个概念其实是随着人们对细胞结构的不断认识过程而逐渐提出的。在没有发现电子显微镜之前，人们把利用光学显微镜看到的质膜与细胞核之间的原生质称为细胞质。20 世纪中叶，人们开始利用电子显微镜来观察细胞，发现在光学显微镜下认为是细胞质的区域含有很多细胞器，如线粒体、叶绿体、高尔基体等，因此又提出了“胞质溶胶”的概念。胞质溶胶是指细胞质内除细胞器外的原生质。通过对这两个概念产生的历史过程进行介绍，学生就很容易掌握细胞质和胞质溶胶的区别。我们将这两个概念的形成过程写成了《细胞质和胞质溶胶》一文，并被《生命的化学》以“生化教学”的形式刊出[2]。

（2）三酰甘油（triacylglycerol，TAG）也称为甘油三酯、三脂酰甘油，是植物油的主要成分。过去一般认为，植物体内从二酰甘油到三酰甘油的合成是由二酰甘油（diacylglycerol，DAG）和脂酰 CoA 在二酰甘油酰基转移酶（diacylglycerol transacylase，DGAT）的作用下合成的。在国内目前的生物化学教材中，也只介绍了三酰甘油的这一合成途径。但据我们所知，除以上的合成途径外，人们还发现了三酰甘油合成的其他两条新途径。我们对三酰甘油合成的两条新途径进行了介绍，写成了《植物中从二酰甘油到三酰甘油的两条合成新途径》一文在 2005 年 11 月投于《生命的化学》。投稿不到 3 个月，《生命的化学》于 2006 年 2 月第一期就以“生化教学”的形式刊出了该文[3]。

（3）生育酚是一种对植物、动物和人类都具有重要作用的脂溶性维生素。而植物则是人类生育酚的主要来源。2005 年时，我们正在申报“利用基因工程提高番茄生育酚营养品质”的课题。我们在对生育酚的结构和合成途径进行简单介绍的基础上，重点总结了目前已克隆的植物生育酚合成相关酶基因及其功能。写成了《植物生育酚合成相关酶基因的克隆及其功能》一文发表在《生命的化学》2006 年第 26 卷第 2 期 141-143 页[4]。

（4）启动子（promoter）是 RNA 聚合酶能够识别并与之结合，从而起始基因转录的 DNA 序列。它通常位于基因的上游。果实特异性启动子（fruit-special promoter）是组织特异性启动子（tissue special promoter）的一种，它可以控制外源基因在植物果实中高效表达，避免外源基因在植物的其他部位表达，减少对植物的不利影响。此外，主要蔬菜如番茄、辣椒等的主要食用部位均为果实。因此如要利用植物基因工程来提高果实中的营养物质的含量，最好采用果实特异性启动子。我们对已发现的果实特异性启动子及其存在的问题进行了总结，写成了《植物果实的特异性启动子》一文并发表在《生命的化学》2006 年第 26 卷第 4 期上[5]。

（5）如果两条基因的序列相似性达 80%以上，人们就这些基因称为“同源基因”（homologous gene）。学生对同源基因的概念及其分类较难掌握，因此我们对同源基因的概念及其分类进行了介绍。写成了《三种同源基因的辨析》一文以“知识介绍”栏目发表在《生命的化学》上[6]。

（6）在研究生的“植物生化与分子生物学”“转基因植物”“细胞工程”等课程的教学中，有一部分内容是让研究生讲解自己感兴趣的文献。陈义烘同学讲解了《植物血红蛋白的发现及其功能》的内容；钟海峰同学讲解了《糖酵解酶体的发现和其功能》的内容。我们发现这两位同学讲解的内容比较新颖，查阅的文献比较认真和仔细。我们就鼓励他们进一步对讲解的内容进行补充和修改，分别写成了《植物血红蛋白的发现及其功能》和《糖酵解酶体的发现和其功能》，文章同样发表在《生命的化学》上。《植物血红蛋白的发现及其功能》一文主要介绍植物血红蛋白的发现历史、分类、功能和进化等[7]。糖酵解酶体是原生动质体目寄生虫中的一类特殊的细胞器，它含有糖酵解反应的大多数酶。《糖酵解酶体的发现和其功能》一文主要介绍糖酵解酶体的发现及其功能[8]。

（7）《植物脱落酸 PYR/PYL/RCAR 受体》[9]、《姜黄素衍生物及复合物抗肿瘤的研究》[10]和《感光色素蛋白与视网膜退行性疾病》[11] 3 篇小综述是我们从 2015 年和 2016 年本科生的“科技文献检索与利用”和“科技论文写作”课程作业中挑选的优秀作品，经进一步补充和修改推荐到《生命的化学》发表。通过这些文章发表，培养了本科生的写作能力和自信心，学生获知自己的论文被接受的那一刻，灿烂的笑容像春天的花儿般绽放，他们的自信如同雨后春笋般悄然出现。

（8）《作品导向型学习在植物生化与分子生物学教学中的应用》[12]一文是我们多年来教学实践和经验的总结。我们采用作品导向型学习教学方法，让学生通过自行查找文献、分析文献、论文写作和修改，创造出真实有用的、面向社会的一篇论文或者一个报告。这种教学方法使课堂理论教学和学生课外实践相结合，将“从书中学”转变成“从做中学”。通过做的过程，明显地提高了学生的创造能力和综合能力。论文发表后，我们和学生都感到非常高兴，学生也非常感激我们对他们的培养和帮助。

从以上几篇文章的写作过程可以看出，文章都是我们结合自己的课题申报，或者教学过程中遇到的问题有感而发写成的。这正符合“问渠那得清如许？为有源头活水来”这句话的写意。要写出好的文章，首先要确保文章有新意，新意是文章的灵魂。新意是在多读、多看、多想、多总结的过程中找到的。有了新意再动手写文章，文章也容易发表。写作的过程就是要做到“勤于积累，敏于发现，勇于思考，善于总结”。

参考文献

[1] 马三梅，王永飞，王亚琴. 利用转基因植物生产可食疫苗. 生命的化学，2004，24（1）：22-24

[2] 马三梅，王永飞. 细胞质和胞质溶胶. 生命的化学，2005，25（1）：70

[3] 马三梅. 植物中从二酰甘油到三酰甘油的两条合成新途径. 生命的化学，2006，26（1）：65-66

[4] 王力先，王永飞. 植物生育酚合成相关酶基因的克隆及其功能. 生命的化学，2006，26（2）：141-143

[5] 姚嵘，马三梅. 植物果实的特异性启动子. 生命的化学，2006，26（4）：336-338

[6] 王力先，王永飞. 三种同源基因的辨析. 生命的化学，2006，26（4）：369-371

[7] 陈义烘，马三梅. 植物血红蛋白的发现及其功能. 生命的化学，2006，26（5）：408-410

[8] 钟海峰，马三梅. 糖酵解酶体的发现和其功能. 生命的化学，2007，27（4）：320-322

[9] 冯婵莹，王永飞. 植物脱落酸 PYR/PYL/RCAR 受体. 生命的化学，2015，35（6）：721-726

[10] 魏妍婷，马三梅. 姜黄素抗肿瘤的机制. 生命的化学，2016，36（5）：607-612

[11] 郭嘉颖，马三梅，邓宁. 感光色素蛋白与视网膜退行性疾病. 生命的化学，2017，37（4）：566-570

[12] 王永飞，马三梅. 作品导向型学习在植物生化与分子生物学教学中的应用. 生命的化学，2017，37（4）：642-644

附录V　思维导图在《植物生化与分子生物学》教学中的应用

● 生化教学　《生命的化学》2012 年 32 卷 6 期 CHEMISTRY OF LIFE 2012, 32(6)　· 599 ·

文章编号：1000-1336(2012)06-0599-04

思维导图在《植物生化与分子生物学》教学中的应用

马三梅　王永飞　李宏业

暨南大学生命工程学系，广州 510632

摘要：本文介绍了思维导图的概念、为什么要制作和如何制作思维导图等问题，并展示了如何利用思维导图来使学生了解章节内容的整体框架，明白各知识点之间的逻辑关系，还让学生利用制图软件制作思维导图在预习和复习中使用。思维导图使学生系统地掌握专业知识，并提高阅读和自学能力，又学会制图软件的使用方法，一举多得。

关键词：思维导图；植物生化与分子生物学；教学法；Freehand制图软件

中图分类号：G643.0

目前大多数教师采用Powerpoint软件制作讲义。采用PPT制作讲义的各个幻灯片之间呈线性关系，很难看出知识点互相之间的逻辑关系。一节课下来，甚至一门课下来，学生仅仅看到一个个独立的知识点，对知识点之间的逻辑关系并不清楚。经过长期的教学实践，杨炳儒等[1]在计算机专业的一些课程教学中使用了思维导图(Mind Mapping)。在教学中运用思维导图可以弥补知识点分散的缺陷，增加学生对整体知识框架的理解[2]。由于在生物学相关课程教学中采用思维导图的教师并不多，因此我们在《植物生化与分子生物学》的教学中尝试使用思维导图。我们发现在教学中使用思维导图，确实可以更好地让学生了解知识的整体框架，明白知识点之间的逻辑关系，利用关键词抓住主要知识点。

运用思维导图的关键是制作思维导图。下面主要谈一谈思维导图的概念，为什么要制作思维导图，以及如何制作思维导图等问题。最后结合我们制作的两张思维导图，说明它的制作过程以及如何在教学中使用。

1. 思维导图的概念

思维导图是树状图，它像放射状的一棵大树。主题处于最显眼的中心位置，二级标题按照逻辑层次围绕主题展开，三级标题按照逻辑层次在二级标题的左侧或者右侧展开，四级标题按照逻辑层次在三级标题的一侧展开，信息越多，枝干越多，树叶也越茂密[3,4]。

2. 为什么要制作思维导图

在制作思维导图的过程中，制作人必须摆脱线性思维的束缚，在阅读的同时进行主动思考，使知识在脑子里形成具体的二维的图像；其次，制作思维导图的过程可以使制作人明白各知识点之间的关系，主动地对文字进行处理，系统地提取出文章的逻辑脉络，并且通过树状图表现出来。第三，在制作的过程必须不断地提取出关键词，而关键词可以帮助大脑更好地储藏信息。最后，思维导图可以增加对整体知识框架的理解，提高阅读效率。

制作思维导图的本质是强迫制作人主动思考，准确地理出文章的脉络，把握作者的整体思路。这个主动思考的过程使阅读目标更加明确，文章的内容记得更牢固。它是提高阅读能力的最有效地辅助工具，还可以帮助记忆[3]。学生通过思维导图可以一目了然地看出文章的结构，整理出整体的脉络。但是，由于生物学教材一般没有思维导图，要在教学中使用思维导图，老师和学生必须认真阅读教材，然后根据理解来制作思维导图。那么如何来制作思维导图呢？

3. 如何制作思维导图

制作思维导图可以用手写的方式，也可以运用

收稿日期：2012-06-18

暨南大学学位与研究生教育教学研究和改革项目(12MS22)；暨南大学第十三批教学改革研究项目(201231)资助

作者简介：马三梅(1971-)，女，博士，副教授，E-mail: msmwdw@163.com; 王永飞(1972-)，男，博士，副教授，通讯作者，E-mail: wyfmsm@163.com; 李宏业(1971-)，男，博士，教授，E-mail: thyli@jnu.edu.cn

Freehand等软件进行制作。制作思维导图有几个原则:

(1)尽量使用横向的A4纸；假若内容太多的话，也可以使用A3纸；假如嫌A3纸太大的话，也可以将两张A4纸横向粘在一起。因为横向的纸可以刺激人的右脑，使大脑负责形象和创造新思维的区域更活跃[3];

(2)主题写在白纸的正中央;

(3)二级标题作为主干，写在主题的周围;

(4)接下来依次将三级标题写在二级标题的一侧，四级标题写在三级标题的一侧。运用箭头和连线突出各点之间的逻辑关系。这样在复习的时候，无须重读教材，看一眼制作的卡片，就能够回忆出相应的内容。

此外，还可以运用符号。例如箭头表示因果关系，加号代表并列关系，闪电代表例外情况。笑脸代表优点和功能，哭脸代表缺点，剪刀表示分类、房子表示场所和位置等。使用丰富的符号可以产生联想，使卡片上的内容更加容易被记住[3]。

4. 在《植物生化与分子生物学》教学中使用思维导图

我们首先用手写的方式，在A4纸上做思维导图，然后运用Freehand等软件制作电子版的思维导图。下面两张图别是我们运用Freehand 制作的《细胞壁》一章和《长距离运输》一章中第三节(木质部和韧皮部物质运输比较)的思维导图。

从《细胞壁》的思维导图(**图1**)可以看出，这一章的主题“细胞壁”放在中心的位置。细胞壁的基本单位、组成细胞壁的大分子、细胞壁构架、细胞壁合成和装配、生长与细胞壁、细胞分化等六个二级标题放在细胞壁的周围，分别用椭圆围绕，并用弧线和细胞壁连接。三级标题根据内容有的用矩形框标注，或者直接在二级标题的一侧写出。

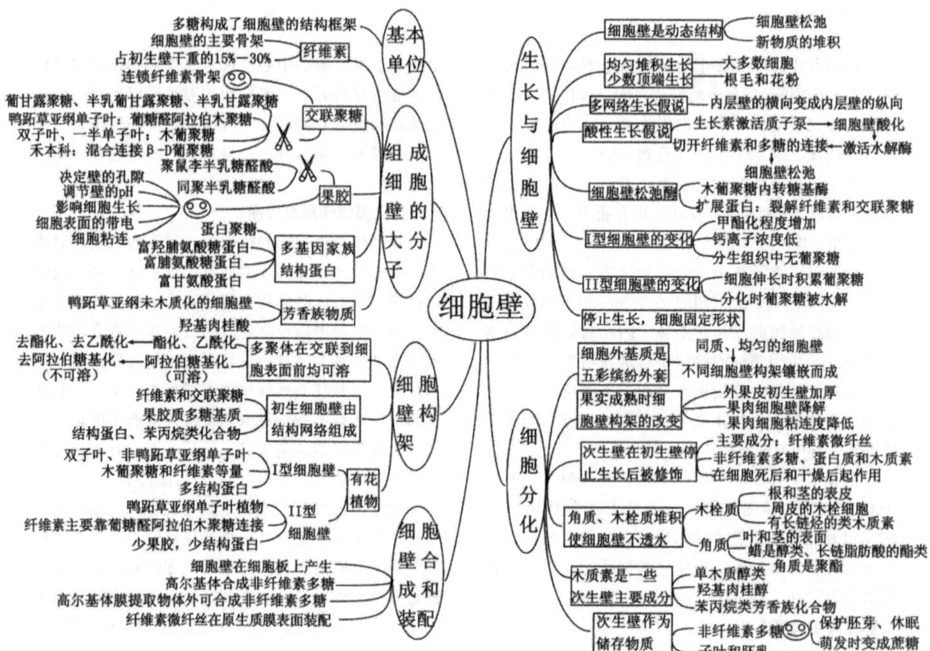

第一章 细胞壁的思维导图

图1 细胞壁的思维导图

● 生化教学　《生命的化学》2012年32卷6期 CHEMISTRY OF LIFE 2012, 32(6)　· 601 ·

在进行细胞壁一章的学习时，我们又着重强调组成细胞壁大分子中的交联聚糖(曾用名半纤维素)、结构蛋白和芳香族物质。它是指能够与纤维素微纤丝形成氢键的、使微纤丝形成网络的一类分子[5]。

此外，细胞壁生长的酸性生长假说的内容用箭头连接。交联聚糖、果胶和非纤维素多糖的功能的右侧增加笑脸符号。交联聚糖、果胶的种类在主题词的左侧用剪刀来表示。通过思维导图来学习细胞壁，一眼看到本章包含6部分内容，框架清晰明了。

从木质部和韧皮部物质运输比较的思维导图(图2)可以看出，这一节分为五部分：木质部和韧皮部渗出液的成分、溶质分子在木质部的运输方向、溶质分子在韧皮部的运输方向、木质部向韧皮部运输、韧皮部向木质部运输。在渗出液成分中例外情况(钙离子的浓度)用闪电表示，木质部向韧皮部运输、韧皮部向木质部运输发生的位置用小房子表示，它们的作用形象地用笑脸表示。通过思维导图来学习这一节，可以想到这个图形类似一个人体结构，5部分内容十分容易记忆。

我们制作了全书和每一章及每一节内容的思维

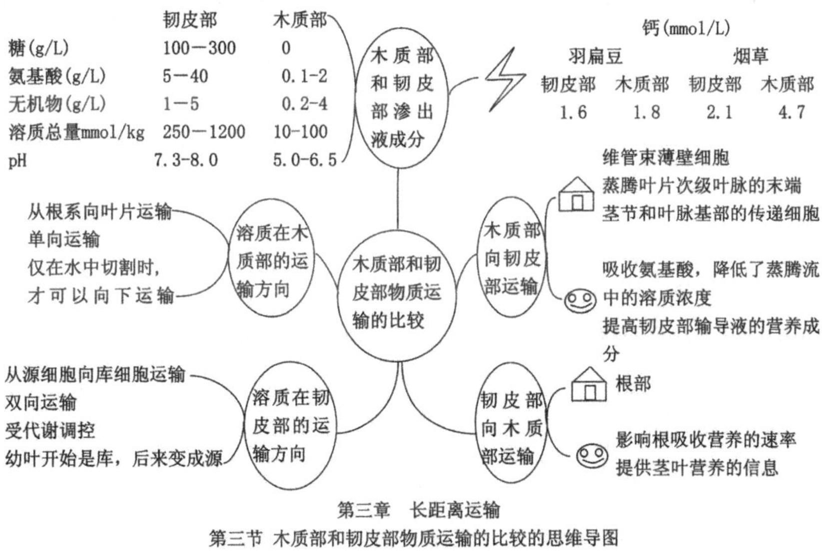

图2　木质部和韧皮部物质运输比较的思维导图

导图，然后在教学中运用。在开始讲授每一章内容时，首先利用思维导图对全章内容进行鸟瞰，先精讲骨架与结构，然后逐步深入介绍每一个知识点；在讲授完每一章内容后，重新对全章内容的骨架进行复习，使每一个知识点在这一章的位置清清楚楚，知识点之间的逻辑关系，在思维导图中也有体现。在全部课程讲完之后，用整本书内容的思维导图进行复习，整个《植物生化与分子生物学》知识框架十分明显，而且还将几百页的书，变成了20多张思维导图。可见，思维导图可以将厚厚一本书变成20多页纸，将书由厚变薄。

教学的核心其实是在教师的指导下学生的学。除了我们自己制作思维导图用于每章内容教学的开始和每章内容的复习外，为了充分调动学生学习的主观能动性与积极性，我们改变仅仅教师制作思维导图的做法，还鼓励学生独立制作每一章更细致的思维导图。如果信息点还是太密集的话，以每节课为单位制作更精细的思维导图，了解重要的细节。

然后进行思维导图竞赛，选出制作最好、逻辑关系最清晰、视觉效果最美观的思维导图。在期末考试时，学生结合思维导图进行复习，大大提高学习的效率。

通过制作思维导图，学生了解到知识的整体框架，明白知识点之间的逻辑关系，提高了学生的学习兴趣和学习效率，提高了学生阅读和自学能力，而且还在学《植物生化与分子生物学》专业知识的同时，还学会了Freehand等制图软件的使用方法，一举多得。

参考文献

[1] 杨炳儒等. 理工科课堂KM教学法研究. 现代大学教育, 2006, 4: 83-85

[2] 张桃红等. “C 程序设计”课程的KM 教学法研究. 计算机教育, 2010, 2: 113-116

[3] 克里斯蒂安著·格吕宁著，郝湉译. 快速阅读. 北京: 中信出版社, 2010, 148-158

[4] 克里斯蒂安·格吕宁著，郝湉译. 超级快速阅读. 北京: 中信出版社, 2011, 95-120

[5] 布坎南，格鲁依森姆，琼斯主编，翟礼嘉等译. 植物生化与分子生物学. 北京: 中信出版社, 2004, 41-87

The utilization of mind map in plant biochemistry and molecular biology teaching

MA Sanmei, WANG Yongfei, LI Hongye

Department of Biotechnology, Ji'nan University, Guangzhou 510632, China

Abstract Because mind map can increase the understanding of the whole knowledge frame, then we used it in teaching plant biochemistry and molecular biology. Using the mind maps of cell wall as examples, the definition of mind map, the reasons of making mind map and how to make mind map are introduced. Mind map can help students to grasp its knowledge frame, and understand the logic relationship between the knowledge. At last, we let students make mind map using Freehand software, and then use it to prepare lessons before class and review the class after class. Mind map can make student master the professional knowledge systematically, also can enhance their abilities of reading and learning by themselves. At the same time, students can learn to use freehand. So, mind map is a useful tool in learning and teaching.

Key words mind map; plant biochemistry and molecular biology; teaching; Freehand software

附录Ⅵ 从RNA干涉的发现过程谈学生创新能力的培养

生物学教学 2006年(第 31卷)第 4期

从 RNA干涉的发现过程谈学生创新能力的培养

王永飞 (广东省暨南大学生物工程学系 510632)

摘 要 本文在反思 RNA干涉发现过程的基础上,就现代教育模式下对如何培养学生创新能力提出了作者的见解,即:教师要不断学习最新知识,要注重启发学生思考和讨论,要把创新能力纳入考试范围。

关键词 RNA干涉 发现过程 创新能力

创新能力是指能够利用已有的知识和经验,用独特的体系进行改革与创造,产生有价值的新思想、新方法和新成果。在提倡素质教育的今天,如何在生物学的教学过程中培养学生的创新能力就显得尤为迫切。本文结合 RNA干涉 (RNA interference, RNA i)的发现过程谈谈如何培养学生的创新能力。

1 RNA干涉的发现过程

RNA干涉是在反义 RNA技术的基础上发现的。反义 RNA技术是指把部分或全部正常基因的序列反向插入到一个启动子的下游,然后导入生物细胞,通过转录产生反义 RNA,从而抑制与它互补的 mRNA的翻译,干扰基因的表达。

这是因为在基因转录时,双链 DNA中的一条是反义链 (正链),也称模板链 (template strand),它转录成 mRNA (即正义 RNA);另一条是有义链 (负链),也称编码链 (coding strand),它可转录成反义 RNA。反义 RNA的核苷酸序列与 mRNA互补。当反义 RNA和 mRNA由于互补结合形成双链 RNA时,可以阻止 mRNA翻译产生蛋白质。这样即使基因有活性也不会有蛋白质产物,从而抑制基因的表达。例如多聚半乳糖醛酸酶 (polygalacturonase, PG)参与细胞壁果胶的降解,是造成番茄果实软化的一个原因。1988年,科学家就将 *PG*基因反向导入番茄中,发现转基因番茄果实中的 PG酶 mRNA的水平降低了 94%,酶活性降低了 90%,从而延长了番茄的保鲜期[1]。

按照正常的思维人们认为,既然反义 RNA能够抑制 mRNA的翻译,那么,由于正义 RNA可以增加 mRNA的拷贝数,因此,导入正义 RNA必然会增强 mRNA的翻译。但是,1990年,Jorgenson等人[2]将天然色素基因 (即天然色素基因的正义 RNA)导入矮牵牛中,使矮牵牛中天然色素基因的拷贝数增加,却导致矮牵牛中原有的天然色素基因和插入色素基因都不表达,他将这种现象称为共抑制;1995, Guo等[3]试图用正义 RNA去增强线虫 (*Caenorhabditis elegans*) *par*-1基因的表达,结果发现,*par*-1基因的表达没有增强反而下降。这些实验结果就使人们认识到,导入正义 RNA有时也会抑制 mRNA的翻译。

反义 RNA可以抑制 mRNA的翻译,导入正义 RNA有时也会抑制 mRNA的翻译,那么同时把反义 RNA和正义 RNA导入细胞内会对基因表达产生什么样的影响呢?为了回答这个问题,Fire A等[4]设计了正义 RNA、反义 RNA、正义 RNA和反义 RNA混合物 3种形式的 RNA分别注射到线虫体内,结果发现,同时注射正义 RNA和反义 RNA可以抑制基因的表达,并且抑制效应是单独注射正义 RNA和反义 RNA的 10倍以上。他们在 1998年《Nature》上发表的文章中,把这一现象命名为 RNA 干涉。它是指利用双链 RNA (Double strain RNA, dsRNA)抑制细胞内特异基因表达的过程。随后,在许多生物体中例如锥体虫、果蝇、斑马鱼、拟南芥、脊柱动物等都发现有 RNA 干涉现象。

反义 RNA、正义 RNA 以及双链 RNA 都是较长的核酸序列。短的反义 RNA 和短的双链 RNA 序列是否也可以抑制基因表达呢？1999 年, Hamilton 等[5]把只有 25个核苷酸的反义 RNA 基因导入植物,结果发现, 25个核苷酸的反义 RNA 也诱导基因沉默。这就表明,短的反义 RNA 可以抑制基因的表达。2001 年, Elbashir等[6]设计了短的双链 RNA 分子对人胚肾细胞、Hela 细胞 mRNA 的翻译影响的实验,结果发现,具有长度约 21bp 的、3突出 2bp 的小 RNAs双链复合物 (small interfering RNAs duplex, siRNAs)可以诱导 RNA 干涉,而较长 (>30bp)双链 RNA 则表现出非特异性的阻抑效应。这说明可以利用 21bp 的 siRNA 来抑制基因的表达。从此, RNA 干涉成为研究基因功能的新工具,被广泛用于特异性抑制基因的表达。

目前常用的 siRNAs为长约 21～25个核苷酸的双链 RNA 分子, siRNAs的序列与所作用的靶序列具有同源性,并且 siRNAs的两条单链末端为 5端磷酸和 3端羟基,每条单链的 3端均有 2～3个突出的非配对的碱基。

2 从 RNA 干涉的发现过程带来的思考

从 RNA 干涉的发现过程可以看出,每一步的发现都是"求异化"试验设计的结果,也就是说不去重复其他研究者已经从事过的研究,而是从方法上进行改变,结果导致重大的发现。我国的教育过多地强调书本的权威性,很多考试要求学生按标准答案答卷;实验课上所做的实验课也更多的是重复前人的实验。这样的考试制度加上我们的实验方法恰恰是最完美的求同训练,它促使大家朝着一个共同的标准答案努力。这样练就了学生寻找标准答案的硬功夫,使学生逐渐失去了主动思考的能力。

3 培养学生创新能力的几点认识

3.1 教师要不断学习最新的知识　生命科学是当前发展最快的学科之一,教师应不断获取新知识、信息,以提高自身的知识素养,向学生传授最新的知识和方法。只有在掌握生命科学最新知识的基础上,进行创造性的思考,才可以产生出有价值的新思想、新方法和新成果。因此,这就要求教师自己要不断学习,掌握生命科学最新知识,并把这些新的知识传递给学生。

3.2 启发学生思考　首先让学生认识到学习有两个步骤:第一个是求同化,是学习前人的研究成果的过程,它的结果是掌握已有的知识、方法;学习的第二个步骤是求异化,即在已有知识、方法的基础上,创造性地提出下一步研究的问题、改进的方法。这个过程要求有新的观点和新的方法。一个人要重复别人的想法和做过的事情并不难,但是要做出一点创造却不易。所以第二个步骤要比第一个步骤更难,它的本质就是思考的过程。

因此,在课堂上,要利用生动的事例让学生明白思考对重大发现的重要性。向学生传授最新知识、方法之后,不能只是让学生掌握这些知识、方法,而应该让学生进行认真的思考,思考下一步要研究的问题是什么,如何来研究？新方法有无改进的可能,如何改进？并布置思考性的问题,鼓励学生下课后独立思考。

3.3 注重讨论　在课堂上应留一定的时间让学生讨论课后思考的结果。要激发学生讨论的热情,鼓励学生参加到讨论中来,让学生提出自己的观点,不要重复别人的结论,从而学会用自己的大脑来思考,而不是人云亦云的重复前人的结论。这些讨论必须作为学生学习的必不可少的一部分。在研究生的教学中,更应该注重讨论。

3.4 把创新能力纳入考试范围　考试具有评定教学质量,督促学生复习功课,巩固和加深学习内容的作用。把创新能力纳入考试的范围,就可以培养学生创新能力。由于基础知识和基本技能是创新能力的基础,所以仍然是考试的一个重点;但同时应增加没有现成答案的思考性问题,考查学生的想象力和创造性思维的能力。平时的考核,可评价学生对讨论的态度是否积极、能否在前人研究成果的基础上,对研究方法提出一些改进,能否独立思考,是否表现出对创造性的热爱等。

主要参考文献

[1]吴乃虎. 2001. 基因工程原理,第二版 (下册),北京:科学出版社, 369～340

[2]Napoli C, Lemieux C, Jorgensen R. 1990. Introduction of a chimeric chalcone synthase gene into petunis results in reversible co - suppression of homologous genes in trans. Plant Cell, 2(4): 279～289

[3]Guo S, Kemphues KJ. 1995. *Par*- 1, a gene required for establishing polarity in *Caenorhabditis* elegans embryos, encodes a putative Ser/Thr kinase that is asymmetrically distributed. Cell, 81(4): 611～620

[4]Fire A, Xu S, Montgomery M K. et al. 1998. Potent and specific genetic interference by double - stranded RNA in *Caenorhabditis* elegans. Nature, 391: 806～811

[5]Hamilton AJ, Baulcombe DC. 1999. A species of small antisense RNA in posttranscriptional gene silencing in plants. Science, 286: 950～952

[6]Elbashir SM, Harborth J, Lendeckel W, et al. 2001. Duplexes of 21 - nucleotide RNAs mediate RNA interference in cultured mammalian cell. Nature, 411: 494～498

附录Ⅶ 《谈谈如何结合分子标记的发展培养学生的创造性思维》一文的原稿、修改说明信、正式发表稿及原稿与正式发表稿的比较

1. 原稿

结合分子标记的发展谈谈如何培养学生的创造性思维

王永飞*

暨南大学生物工程学系，广州 510632

摘要：本文以分子标记技术的发展为例，介绍了在生物学教学中如何结合具体的教学内容进行创造性思维教学。

关键词：分子标记；创造性思维；生物学教学

中图分类号：G642.0　　文献标识码：　　文章编号：

Take the development of molecular marker technology as example to discuss how to carry on creative thinking instruction

WANG Yong-fei

Department of Biotechnology, Jinan University, Guangzhou 510632, China

Abstract: In this paper, taking the development of molecular marker technology as example, the methods that combined concrete content of course to carry on creative thinking instruction in the biology teaching was introduced.

Key words: molecular marker, creative thinking, biology teaching

创造性思维教学（creative thinking instruction）是教师通过课程的内容及有计划的教学活动，以激发和增长学生创造行为或创造能力的教学模式（侯万里和王亮 2005）。在生物学教学中，有许多事例可以作为创造性思维教学的内容。结合这些事例进行创造性思维教学，不但有利于学生熟练掌握生物学的知识和技能，更有利于培养具创新能力的人才。本文以分子标记技术的发展为例谈谈如何进行创造性思维教学。

1. 分子标记的概念

遗传标记（genetic marker）是指与目标性状紧密连锁，同该性状共同分离且易于识

收稿　2005-11-　修定　2005-　-

* E-mail：wyfmsm@163.com，Tel：020-38897606

别的可遗传的等位基因变异（方宣钧等2001）。而分子标记（molecular marker）是根据基因组DNA存在丰富的多态性而发展起来的可直接反映生物体在DNA水平上的差异的一类新型的遗传标记（genetic marker）。组成DNA分子的4种核苷酸在排列次序或长度上的任何差异都会产生DNA分子的多态性（刘勋甲等1998）。

分子标记是继形态学标记、细胞学标记、生化标记之后最为可靠的一种遗传标记技术。前3种标记是对基因的间接反应，而DNA分子标记是DNA水平遗传变异的直接反应。分子标记本质上是指能反映生物个体或种群间基因组中某种差异的特异性DNA片段，因此也称为DNA指纹图谱（DNA fingerprinting）。分子标记技术因不受环境条件影响，分析手段快速简便，结论可靠，因而被广泛应用于遗传图谱的构建、基因定位与筛选及遗传多样性分析等各方面研究（周玉亮2005）。

2. 分子标记的发展和种类

Botstein等（1980）[5]首先提出DNA限制性片段长度多态性（restriction fragment length polymorphism，RFLP）可以作为遗传标记，开创了直接应用DNA多态性作为遗传标记的新阶段。Mullis等（1986）[6]发明了聚合酶链式反应（polymerase chain reaction，PCR），使直接扩增DNA的多态性成为可能，随着PCR技术的迅速发展，又产生了各种新型的分子标记。从而使分子标记进入了一个日新月异的发展阶段。近30年来，分子标记技术得到长足发展，相继出现了多种分子标记技术。

目前，已形成了许多分子标记系统。依据多态性检测手段，大致可将分子标记分为3大类：第一类为基于Southern分子杂交技术的分子标记如RFLP等；第二类为基于PCR技术的分子标记，如随机引物扩增多态性DNA（random amplified polymorphism DNA，RAPD）等；第三类为结合PCR和RLFP技术的分子标记如扩增片段长度多态性（amplified fragment length polymorphism，AFLP）等。此外另外还有以DNA序列分析为核心的分子标记如表达序列标记（expressed sequence tag，EST）和单核苷酸多态性（single-nucleotide polymorphism，SNP）等（王永飞等2001；方宣钧等2001）。

2.1 以分子杂交技术为核心的分子标记

该标记技术是利用限制性内切酶酶解不同生物体的DNA分子，电泳后用特异探针进行分子杂交，通过放射性自显影或非放射性同位素显色技术来揭示DNA的多态性。其中最具代表性的是发现最早和迄今应用最广泛的RFLP标记。

RFLP标记是由于不同基因型中内切酶位点的碱基插入、缺失、重组或突变，利用限制性内切酶酶解基因组DNA时，从而产生大小不同的DNA片段，电泳后通过Southern印迹转移到硝酸纤维膜或尼龙膜上，吸印的DNA同特异的探针进行杂交，而后通过放射性自显影或其他显色技术显示杂交结果，从而揭示出DNA的多态性（方宣钧等2001）。

用于RFLP的探针多为单拷贝或低拷贝的DNA序列。RFLP分析所需的DNA量较大，但是膜做好以后可反复杂交多次。另外，RFLP非常稳定，多种农作物的RFLP分子遗传图谱已经建成，因而利用RFLP图谱对未知基因进行定位比较方便。不过，RFLP检测步骤较多，周期长，特别是只检测少数几个探针时成本较高。用作探针DNA的克隆、制备、保存和发放也很不方便。另一问题是检测中要使用放射性同位素。尽管已有几种非放射性同位素标记方法问世。例如，美国RBL公司的Biotin系统，德国Boechringer Mannheim公司的Dig系统和英国Amersham公司的ECL系统等，但它们的高价格，低成功率和繁多的实验检测步骤等缺点依然影响其推广应用（王永飞等2001；方宣钧等2001）。

2.2　以PCR技术为核心的分子标记

PCR技术问世不久，便以其简便、快速和高效等特点迅速成为分子生物学研究的有力工具，尤其是在DNA分子标记技术的发展上更是起到了人们始料不及的巨大作用。

2.2.1　RAPD

RAPD标记是Williams等（1990）[8]于1990年建立的以一个通常为10碱基的寡核苷酸序列为引物，对基因组DNA随机扩增，从而得到多态性图谱作为遗传标记的方法。其特点是不依赖于生物种属特异性和基因组的结构，合成一套引物可以用于不同生物的基因组分析；它基于PCR技术，分析程序较简单，所需DNA的量极少；RAPD是一类显性的遗传标记，已被广泛用于基因的快速定位和遗传作图。但RAPD受反应条件影响较大，因而检测的重复性较差。

2.2.2　SCAR

为了提高某一理想RAPD标记的稳定性，可首先将其克隆并对其末端测序后，在原来RAPD所用的10bp引物上增加合成末端序列，以此为引物对基因组DNA再进行PCR扩增分析，此即SCAR（sequenced characterized amplified region，SCAR）标记（Paran和Michelmore 1993）。这样不仅使得SCAR的稳定性比RAPD增强了许多，而且检测DNA间的差异可直接通过有无扩增产物来显示，可重复性强。

2.2.3　DAF

1991年，Caetano-Anolles等（1991）采用长度为5～8个碱基的引物，进行扩增基因组DNA，发现了DAF（DNA amplication fingerprinting，扩增产物指纹）标记。与RAPD相比，DAF带型更加复杂，信息更丰富，并且往往用聚丙烯酰胺凝胶电泳，但它需要更高的引物浓度。

2.2.4　AP-PCR

有的科学家采用更长的引物来扩增基因组DNA，这就是AP-PCR（arbitary primed PCR，随机引物PCR）标记。它是Welsh等（1990）报道的一种分子标记。它的引物长度在10～50bp，一般是18～24个核苷酸，反应条件与常规PCR一样，稳定性要比RAPD好，但揭示多态性的能力要低。

2.2.5　ISSR标记

简单序列重复（simple sequence repeat，SSR）是指以少数几个核苷酸（多数为2～4个）为单位多次串联重复的DNA序列（方宣钧等2001）。由于动植物基因组中存在大量的SSR，于是Zietkiewicz等（1994）就设想在随机引物的5′或3′端接上2～4个重复的嘌呤或嘧啶碱基，就可检测两个SSR之间的一段DNA序列的多态性。他们将这种标记称为ISSR（inter-simple sequence repeat DNA，简单序列重复区间DNA）标记。ISSR标记的引物长度在20个核苷酸左右，反应条件与常规PCR相同，发现稳定性比RAPD好。经PCR扩增出的ISSR片段较少。

2.3　结合PCR和RLFP技术的分子标记

结合PCR和RLFP技术的产生的分子标记主要有AFLP和CAPS（cleaved amplified polymorphic sequences，切割的扩增产物多态性序列）等。

2.3.1　AFLP分子标记的基本原理

AFLP是由Vos等（1995）创建发展的一种DNA分子标记技术。AFLP是通过对基因组DNA酶切片段的选择性扩增来检测DNA酶切片段长度的多态性。其原理为基因组DNA用限制性内切酶消化后，形成分子大小不等的限制性酶切片段；之后将酶切后的DNA与其末端互补的双链人工接头（artificial adapter）连接，形成带接头的特异片段，用作随后PCR反应的模板；然后利用选择性引物进行PCR扩增，该引物5′端与接头和酶切位点序列互补，3′端在酶切位点后增加2～3个随机核苷酸，即引物＝接头序列＋酶切位点序列＋2～3个随机核苷酸。特异性片段经 PCR 扩增，只有那些与引物的选择性碱基配对的 DNA 片段才能被扩增出来；扩增产物经聚丙烯酰胺凝胶电泳分离，然后根据凝胶上 DNA 指纹的有无来检出多态性。这种技术将 RAPD 的随机性与专一性扩增巧妙结合，又通过选用不同的内切酶以达到选择的目的，故又称之为选择性限制片段扩增（selective restriction fragment amplification，SRFA）（翁跃进 1996）。

不难看出，AFLP 兼具 RFLP 和 RAPD 两种方法的特长。AFLP 的接头和引物适用于不同的生物类型，而且 AFLP 能提供比 RFLP 和 RAPD 更多的基因组的多态性信息。AFLP 技术是 RFLP 和 RAPD 技术相结合的产物。它克服了 RFLP 技术复杂、RAPD 稳定性较差的缺点，又兼具两者之长。AFLP 与 RFLP 的主要区别是用 PCR 代替 Southern 杂交，它兼有 RFLP 技术的可靠性和 PCR 技术的高效性，且具有快速、灵敏、稳定、所需 DNA 量少、多态性检出率高、重复性好、可以在不知道基因组序列特点的情况下进行研究等特点，所以现已被广泛用于遗传图谱构建、遗传多样性研究、基因定位及品质鉴定等方面（陈启亮等 2005）。

2.3.2 CAPS 分子标记及其技术原理

CAPS（cleaved amplified polymorphic sequences，切割的扩增产物多态性序列）标记是指 PCR 产物经限制性内切酶消化后所表现出的 DNA 片段长度的变异，该标记由 Konieczny 和 Ausubevl 提出。它又可称为 PCR-RFLP。CAPS 实际上是一些特异引物 PCR 分子标记的延伸。当特异扩增产物的电泳谱带不表现多态性时，补救方法是用限制性内切酶处理扩增产物，然后通过琼脂糖或聚丙烯酰胺凝胶电泳检测其多态性。一般用特异设计的 PCR 引物扩增目标材料时，由于特定位点的碱基突变、插入或缺失数很小，以至无多态性出现，往往需要对相应 PCR 扩增片段进行酶切处理，以检测其多态性。

CAPS 所需的特异引物序列来自基因数据库、基因组或 cDNA 克隆以及已克隆的 RAPD 条带等。该标记表现为共显性遗传。所用的 PCR 引物是针对特定的位点而设计的。其基本步骤是：先进行 PCR 扩增，然后将 PCR 扩增产物用限制性内切酶酶切，再用琼脂糖凝胶将 DNA 片段分开，用 EB 染色和观察。CAPS 标记作为 PCR 和限制性内切酶酶切技术相结合的分子标记技术，可以从单个的碱基差异进行分别，这为创建稳定、可靠、简便实用的共显性标记提供了一条捷径。在精密的分子图谱构建、新的基因定位以及分子标记辅助育种中具有广阔的应用前景（徐明磊等 2005；于拴仓等 2005 等）。

3. 分子标记的发展过程留给人的思考

从分子标记的发展我们可以看出，每种分子标记技术的发现就是一个科学创新过程。因此，在讲授分子标记时，应结合分子标记的发展过程进行创造性思维教学，启发学生向科学家们学习如下创造性思维：

第一，科学家非常善于进行联想思维，从 5 个核苷酸的随机引物联想到 10 个、20 个核苷酸的随机引物、想到在随机引物的末端加上几个重复的核苷酸及特异的核苷酸。因此，在 PCR 技术的基础上，通过对随机引物长度的改变，就产生了 5 种类型的分子标记：采用 5～8 个核苷酸作为引物是 DAF 标记；采用 10 个核苷酸作为引物是 RAPD 标记；采用 10～50 个核苷酸作为引物是 AP-PCR 标记；在随机引物的 5′或 3′端接上 2～4 个重复的嘌呤或嘧啶碱基，使引物长度在 20 个核苷酸左右，就是 ISSR 标记；在原来 RAPD 所用的核苷酸引物上增加合成一些特定的核苷酸作为引物就是 SCAR。从随机引物联想到特异引物的分子标记的出现，避免了对大量的引物进行筛选的过程，增加了分子标记的稳定性和重复性。联想可以使人从过去的知识中获得启示，激发灵感，加速创新活动的进程，扩大创新活动的成果。

第二，科学家非常擅长进行组合思维，把已知的RFLP和PCR技术联合起来，按照不同的顺序就产生了AFLP和CAPS两种不同的分子标记。AFLP标记是先将样品DNA用限制性内切酶进行酶切，再对其酶切片段进行扩增；CAPS标记则是先对样品DNA进行扩增，再用限制性内切酶对扩增产物进行酶切。不同技术的组合并不是简单的机械的相加，往往可以形成一个具有独特结构和独特内容的新技术。善于进行组合思考是导致创新成功的一种重要的思维方法。AFLP和CAPS就是在PCR和RFLP技术的基础上，经过组合和改进而导致的创新成果，并使PCR和RFLP技术得到不断的补充和发展。

第三，科学家有意识地设计与前人不同的实验，进行求异思维，在引物的长短上进行改变，从而导致了对PCR技术的再发现和再创造，从而发现了RAPD、DAF、AP-PC、ISSR和SCAR标记；在把已知的RFLP和PCR技术联合起来，按照不同的顺序就产生了AFLP和CAPS两种不同的分子标记。求异思维可以使人从不同的方面去思考，进而提出独具特色、另辟蹊径的创新性设想。

联想、组合和求异思维都在于一个“思”字。如果不在“思”字上下工夫，怎会有创造性发现呢？作为生物学教师，应利用上述生动的事例让学生明白思考对重大发现的重要性，启发学生在掌握了已有的知识和方法后，创造性地提出下一步研究的问题、改进的方法。更应该让学生明白，只有大胆想象、善于思考，才会有创造性的研究成果。

总则，在创造性思维教学中，应注重创新性成果获得方法的介绍，让学生在获得知识的同时，学会创造性思维的方法。这不仅可以使学生掌握生命科学的知识，而且提高学生的方法意识和创新意识，增强了学生的创新思维能力。

参考文献

陈启亮，李清国，田瑞，张青林（2005）．AFLP标记及其在园艺植物遗传育种中的应用．长江大学学报（自科版），2（2）：19～24

方宣钧，吴为人，唐纪良（2001）．作物DNA标记辅助育种．北京：科学出版社，13～15

侯万里，王亮（2005）．浅谈对培养学生创造性思维能力的认识．青岛大学医学院学报，41（2）：181～182

刘勋甲，郑用琏，尹艳（1998）．遗传标记的发展及分子标记在农作物遗传育种中的运用．湖北农业科学，1：33～35

王永飞，马三梅，刘翠萍，王鸣（2001）．遗传标记的发展和分子标记的检测技术．西北农林科技大学学报（自然科学版），29（6）：130～136

翁跃进（1996）．AFLP—— 一种DNA分子标记新技术．遗传，18（6）：29～31

徐明磊，宋明，杜永臣，王孝宣（2005）．番茄高可溶性固形物基因CAPS标记的创制．西南园艺，33（4）：1～4

于拴仓，柴敏，郑晓鹰，姜立纲（2005）．番茄叶霉病抗性基因*cf*-5的CAPS标记建立．分子植物育种，3（1）：57～60

周玉亮（2005）．分子标记技术及其在植物遗传育种中的应用．生物技术通讯，16（3）：350～352

Botstein D，White RL，Skolnik M，Davis RM（1980）. Construction of a genetic linkage map in man using length polymorphism. Am J Human Genet，32：314～331

Caetano-Anolles G，Gassam BJ，Gresshoff PM（1991）. DNA amplification fingerprinting using very short arbitrary oligonucleotide primers. Bio/Technology，9：292～305

Konieczny A，Ausubevl FM（2005）. A procedure for mapping *Arabidopsis* mutations using co-dominant ecotype-specific PCR-based markers. The Plant J，4：403～410

Mullis KB，Faloona F，Scharf SJ，Saiki RK，Horn GT，Erlich HA（1986）. Specific enzymatic amplification of DNA *in vitro*：the polymerase chain reaction. Cold Spring Harbor Symp Quant Biol，51：263～273

Paran I，Michelmore RW（1993）. Development of reliable PCR-based markes linked to downy mild resistance genes in lettuce. Theor Appl Genet，85：

985～993

Vos P, Hogers R, Bleeker M, Reijans M, Vande L, Fornes M, Frijters A, Pot J, Peleman J, Kuiper M, Zabeau M (1995). AFLP : a new technique for DNA fingerprinting. Nucleic Acids Res, 23: 4407～4141

Welsh J, Mclelland M (1990). Fingerprinting genomes using PCR with arbitrary primers. Nucleic Acids Res, 18: 7213～7218

William JGK, Kubelik AR, Livak KJ, Rafalaki JA, Tingey SV (1990). DNA polymorphisms amplified by arbitrary primers are useful as genetic markers. Nucleic Acids Res, 18 (22): 6531～6535

Ziethiewicz E, Rafalski A, Labuda D (1994). Genome fingerprinting by simple sequence repeat (SSR)-anchored polymerase chain reaction amplification. Genomics, 20: 176～183

2. 修改说明信

尊敬的编辑先生：

您好！

《结合分子标记的发展谈谈如何培养学生的创造性思维》（稿件编号 05539）一文的修改意见已收到。首先谢谢您对论文的认真修改和指正，使我受益匪浅。

我在第一稿写作时，主要是按我讲课的方式进行写作的。在第一稿中首先介绍了分子标记的概念及其发展，在学生明白分子标记相关知识的基础上再谈分子标记技术中的创造性思维。这样写学生容易接受和理解。但作为一篇教学论文，这样写就显得有些主题不突出和比较啰嗦。我已按修改意见进行了修改，今将修改稿、原稿和修改意见邮去，请注意查收。并就具体修改情况说明如下：

1. 突出了主题。

2. 把分子标记的发展和创造性思维结合起来写。

3. 已对正文和参考文献进行了压缩。

4. 对参考文献进行了核对，并在国内及国外的数据库中得到验证。对贵刊采用“著者-出版年制”书写参考文献的要求，我非常赞同，这样更加规范和科学。

其他修改内容见修改稿。

以上修改是否妥当，请您审阅。文中不妥之处还请多多指正。谢谢！

顺祝：

新年快乐！

生活愉快！

此致

敬礼

王永飞

2005 年 12 月 26 日

3. 正式发表稿

植物生理学通讯 第42卷 第4期，2006年8月 725

教学园地 Teaching

谈谈如何结合分子标记技术的发展培养学生的创造性思维能力

王永飞*
暨南大学生物工程学系，广州 510632

在生物学教学中，有许多事例可以作为创造性思维教学(creative thinking instruction)的内容。结合这些事例进行创造性思维教学，不但有利于学生掌握生物学的知识和技能，而且有利于培养具创新能力的人才。本文以分子标记技术的发展为例谈谈如何培养学生的创造性思维能力。

1 分子标记的概念及其种类

遗传标记(genetic marker)是指与目标性状紧密连锁，同该性状共同分离且易于识别的可遗传的等位基因变异。组成DNA分子的4种核苷酸在排列次序或长度上的任何差异都会产生DNA分子的多态性。分子标记(molecular marker)就是指根据基因组DNA存在丰富的多态性而发展起来的可直接反映生物体在DNA水平上的差异的一类新型的遗传标记(方宣钧等 2001)。

Botstein等(1980)首先提出DNA限制性片段长度多态性(restriction fragment length polymorphism, RFLP)可以作为遗传标记，开创了直接应用DNA多态性作为遗传标记的新阶段。Mullis等(1986)发明了聚合酶链式反应(polymerase chain reaction, PCR)，于是直接扩增DNA的多态性成为可能。近30年来，分子标记技术得到长足发展，相继出现了多种分子标记技术。依据多态性检测手段，大致可将目前已有的分子标记分为3大类：第一类为基于Southern分子杂交技术的分子标记如RFLP等；第二类为基于PCR技术的分子标记如随机引物扩增多态性DNA (random amplified polymorphic DNA, RAPD)等；第三类为结合PCR和RFLP技术的分子标记如扩增片段长度多态性(amplified fragment length polymorphism, AFLP)等。另外，还有以DNA序列分析为核心的分子标记如表达序列标记(expressed sequence tag, EST)和单核苷酸多态性(single nucleotide polymorphism, SNP)等(方宣钧等 2001)。

2 结合分子标记技术的发展培养学生的创造性思维

每种分子标记技术的发现就是一个科学创新过程。因此，在讲授分子标记时，应结合分子标记的发展过程进行创造性思维教学，启发学生向科学家们学习如下的创造性思维：

第一，联想思维。联想可以使人从过去的知识中获得启示，激发灵感，加速创新活动的进程，扩大创新活动的成果。例如在PCR技术的基础上，从短的引物联想到长的引物，从随机引物联想到在随机引物的末端加上几个重复的核苷酸，通过对引物进行改变，就产生了许多新的分子标记技术。采用长度为5~8个碱基的随机寡核苷酸序列为引物，对基因组DNA进行PCR扩增，是DNA扩增指纹(DNA amplification fingerprinting, DAF)标记(Caetano-Anolles等1991)；以10个碱基的随机寡核苷酸序列为引物，对基因组DNA进行PCR扩增就成为RAPD标记(Williams等1990)；采用长度为18~24个碱基的随机寡核苷酸序列为引物，对基因组DNA进行PCR扩增就是随机引物PCR (arbitrary primed PCR, AP-PCR)标记(Welsh和McClelland 1990)；为了检测2个简单序列重复(simple sequence repeat, SSR)之间的DNA序列的多态性，Ziethiewicz等(1994)在随机引物的5'或3'端接上2~4个重复的嘌呤或嘧啶碱基，就发明了简单序列重复区间DNA (inter-simple sequence repeat DNA, ISSR)标记技术。

为了提高某一理想RAPD标记的稳定性，首先将其克隆并对其末端测序后，在原来RAPD所用的10个碱基引物上增加合成末端序列，以此为引物对基因组DNA再进行PCR扩增就是序列特征扩增区域(sequenced characterized amplified region,

收稿 2005-11-18 修定 2006-03-06
* E-mail: wyfmsm@163.com, Tel: 020-38897606

726　　植物生理学通讯 第42卷 第4期，2006年8月

SCAR)标记。它的稳定性比RAPD增强了许多，并且DNA之间的差异可直接通过有无扩增产物来显示(Paran和Michelmore 1993)。因此，从随机引物联想到特异引物既产生新的分子标记，也增加了分子标记的稳定性和简便性。

第二，组合思维。善于进行组合思考是导致创新成果的一种重要的思维方法。不同技术的组合并不是简单的机械相加，而往往可以形成一个具有独特结构和独特内容的新技术。例如把已知的RFLP和PCR技术联合起来，按照不同的顺序就产生了AFLP和切割的扩增多态性序列(cleaved amplified polymorphic sequences, CAPS) 2种分子标记。AFLP标记是先将样品DNA用限制性内切酶进行酶切，再对其酶切片段进行PCR扩增(Vos等 1995)；CAPS标记则是先对样品DNA进行PCR扩增，再用限制性内切酶对扩增产物进行酶切(Konieczny和Ausubevl 1993)。因此，AFLP和CAPS就是在PCR和RFLP技术的基础上，经过组合和改进而导致的创新成果，并使PCR和RFLP技术得到不断的补充和发展。

第三，求异思维。要有意识地设计与前人不同的试验。求异思维可以引导人们从不同的方面去思考，进而提出独具特色、另辟蹊径的创新性设想。例如每一种新类型分子标记的发现都是求异思维的结果，在引物的长短上进行改变，导致了对PCR技术的再发现和再创造，从而发明了RAPD、DAF、AP-PCR、ISSR和SCAR等标记；将已知的RFLP和PCR技术联合起来，按照不同的顺序就产生了AFLP和CAPS 2种不同的分子标记。

3 小结

联想、组合和求异思维都在于一个“思”字。如果不在“思”字上下功夫，怎会有创造性发现呢？作为生物学教师，应该用上述生动的事例让学生明白思考的重要性，启发学生在掌握了已有的知识和方法后，创造性地提出下一步研究的思路和改进的方法。更应该让学生明白，只有善于思考，才会有创造性的研究成果。

总之，在创造性思维教学中，应注重介绍获得创新性成果的方法，让学生在获得知识的同时，学会创造性思维。这样，学生不但可以掌握生物学的知识和技能，而且可以培养自己的创新意识，使创造性思维能力得到提高。

参考文献

方宣钧, 吴为人, 唐纪良(2001). 作物DNA标记辅助育种. 北京: 科学出版社, 1~21

Botstein D, White RL, Skolnik M, Davis RW (1980). Construction of a genetic linkage map in man using length polymorphism. Am J Hum Genet, 32 (3): 314~331

Caetano-Anolles G, Bassam BJ, Gresshoff PM (1991). DNA amplification fingerprinting using very short arbitrary oligonucleotide primers. BioTechnol, 9 (6): 553~557

Konieczny A, Ausubevl FM (1993). A procedure for mapping *Arabidopsis* mutations using co-dominant ecotype-specific PCR-based markers. Plant J, 4 (2): 403~410

Mullis K, Faloona F, Scharf S, Saiki R, Horn G, Erlich H (1986). Specific enzymatic amplification of DNA *in vitro*: the polymerase chain reaction. Cold Spring Harbor Symp Quant Biol, 51 (1): 263~273

Paran I, Michelmore RW (1993). Development of reliable PCR-based markers linked to downy mildew resistance genes in lettuce. Theor Appl Genet, 85 (8): 985~993

Vos P, Hogers R, Bleeker M, Reijans M, Van de Lee T, Hornes M, Frijters A, Pot J, Peleman J, Kuiper M et al (1995). AFLP: a new technique for DNA fingerprinting. Nucleic Acids Res, 23 (21): 4407~4114

Welsh J, McClelland M (1990). Fingerprinting genomes using PCR with arbitrary primers. Nucleic Acids Res, 18 (24): 7213~7218

Williams JG, Kubelik AR, Livak KJ, Rafalski JA, Tingey SV (1990). DNA polymorphisms amplified by arbitrary primers are useful as genetic markers. Nucleic Acids Res, 18 (22): 6531~6535

Ziethiewicz E, Rafalski A, Labuda D (1994). Genome fingerprinting by simple sequence repeat (SSR)-anchored polymerase chain reaction amplification. Genomics, 20 (2): 176~183

4. 原稿与正式发表稿的比较

从原稿与正式发表稿的比较可以看出，原稿8页8400多字，而正式发表稿只有2页4200多字。投稿后，专家提出了修改意见，说“稿件有较好的新意，但主题不突出和比较啰唆；没有把分子标记的发展和创造性思维结合起来写”。我们根据专家的审稿意见进行了修改和压缩。这些修改和压缩主要体现在以下几方面。

（1）结构的调转　原稿主要包括3部分，第一部分为“分子标记的概念”；第二部分为“分子标记的发展和种类”；第三部分为“分子标记的发展过程留给人

的思考”。我们是按照先介绍分子标记的概念，然后介绍分子标记的发展和种类，在读者明白了分子标记的发展过程的基础上再谈分子标记技术发展中的创造性思维的思路来写的。这样写学生容易接受和理解。但作为一篇教学论文，这样写就显得有些主题不突出和比较啰唆。因为这篇文章主要是想通过分子标记技术的发展案例来培养学生的创新性思维。因此，在修改稿中，我们按照专家的修改意见，着重突出对分子标记发展技术中创新思维的介绍，把该文改为 3 部分，第一部分为“分子标记的概念及其种类”，第二部分为“结合分子标记技术的发展培养学生的创造性思维”；第三部分为“小结”。第一部分简单介绍了分子标记的概念及其种类；第二部分重点介绍了分子标记技术中的联想、组合和求异等创新思维；第三部分对该文进行了总结，强调了创新思维在科学技术发展中的重要性，因此在教学中，要注重介绍获得创新性成果的方法，让学生在获得知识的同时，学会创新性思维。这样修改，把第一稿中对分子标记种类的详细介绍一笔带过，紧扣标题，突出主题，并把分子标记的发展和创造性思维结合起来写，就变成了一篇言简意赅、主题突出的教学论文。

（2）文献的修改　根据对原文的压缩和修改，相应地对参考文献进行调整、修改、压缩和核对，并在国内及国外的数据库中得到验证。

（3）题目的修改　原稿的题目为“结合分子标记的发展谈谈如何培养学生的创造性思维”，正式发表稿改为了“谈谈如何结合分子标记的发展培养学生的创造性思维”，这样更加突出了主题，主谓关系更加清楚和明显。

此外，原稿中有中英文摘要、关键词、图书分类号等内容，根据期刊的要求及教学论文的特点，在正式发表时删除了这些内容。

从这些修改过程和内容可以看出，投稿之后能够收到“修改后发表”的回信，说明论文的选题是得到肯定的。此时要认真阅读评审意见，以平和的心态面对那些比较尖锐的评审意见，以感恩的心接受评审意见。然后对每条评审意见给出答复。

逐条答复修改意见，认真修改论文，可以保证论文具有更好的可读性，也更容易为评审者接受。一篇论文一般要经过 2 或 3 位审稿专家的 1 或 2 次审稿，加上编辑的修改，最后才定稿发表出来，所以论文是经过很多人的努力才出现在读者眼前的，也就是说，论文是改出来的。

附录Ⅷ 《从绿色荧光蛋白的发现谈如何提出新颖的科研问题》一文的原稿、审稿意见、修改说明信、校对稿、校对修改说明信、正式发表稿及点评

1. 原稿

从绿色荧光蛋白的发现谈如何提出新颖的科研问题

马三梅[1]，王永飞[1]，周天鸿[1]，郑文杰[1]，黄世光[2]

1. 暨南大学生命科学技术学院，广州 510632；

2. 暨南大学医学院，广州 510632

摘要：为了使研究生在获得专业知识的同时，还可以依据文献提出新的科研问题和设计实验方案，我们结合绿色荧光蛋白的案例教学，谈谈在其发现过程是如何提出新的科研问题以及提出新科研问题所用的思维方式。启发研究生运用求异和置换的思维方式来提出新的问题和设计实验，从而为研究生完成学术论文奠定良好的基础。

关键词：绿色荧光蛋白；案例教学；科研问题；科研思维

中图分类号：G643.0

How to propose a question which can be learned from the discovery of green fluorescent protein

MA San-mei[1], WANG Yong-fei[1], ZHOU Tian-hong[1], ZHENG Wen-jie[1], HUANG Shi-guang[2]

1. *College of Life Science and Technology*, *Jinan University*, *Guangzhou* 510632, *China*;

2. *College of Medicine*, *Jinan University*, *Guangzhou* 510632, *China*;

Abstract: In order to make graduates obtain knowledge, propose a question and design a new experiment according to references at the same time, we use the case-based teaching of green fluorescent protein as example, the questions that were proposed and

---

收稿日期：2011- -；修回日期：2011-

基金项目：暨南大学 2010 年学位与研究生教育教学研究和改革项目 10MS19.

作者简介：马三梅（1971-），女，副教授，研究方向：植物学。E-mail：msmwdw@163.com

通讯作者：王永飞（1972-），男，副教授，研究方向：植物生理学。E-mail：wyfmsm@163.com

thinking methods that were used during the discovery of green fluorescent protein were discussed carefully. These teaching methods will be helpful for graduates to use different thinking and substitutable thinking to propose a new question and to design a new experiment according to references. These will lay good foundations for their dissertations.

Key words: green fluorescent protein, case-based teaching, method of proposing a question for scientific research

达尔文曾经说过：最有价值的知识是关于方法的知识。诺贝尔奖获得者沃森也曾经说过，最好的课题是，问一个从来没有人问过的问题，然后去解决它。但是，由于中国的课堂一般是将学生教得没有问题。一堂课结束后，学生如果没有问题，那么就表明课上得十分成功。如何让一个长期接受中国基础教育感觉不到有问题存在的研究生，改变过去的思考方式，提出一个从来没有人问过的问题，就成为研究生完成学术论文、进行科研选题的关键。本文就绿色荧光蛋白的发现过程谈谈其发现过程，在其发现过程提出的各个问题，提出新问题所用的思维方式以及如何提出问题。

1. 绿色荧光蛋白的发现过程

绿色荧光蛋白是一种能够发出绿色荧光的蛋白质，它存在于维多利亚多管水母（*Aequorea victoria*）体内。改良后的绿色荧光蛋白基因可以作为报告基因，观察目的基因在生物体内表达位置[1]。Osamu Shimomura、Martin Chalfie、Roger Y. Tsien 也因为绿色荧光蛋白的研究共同获得 2008 年诺贝尔化学奖。绿色荧光蛋白的研究过程如下：

首先是 1955 年，Davenport 和 Nicol 发现维多利亚多管水母（*A. victoria*）可以发出蓝绿色的光[2]。但是，为什么维多利亚多管水母（*A. victoria*）能够发光？引起它发光的物质是什么呢？科学家并不清楚。

这个问题成为 Shimomura 和 Johnson 的研究方向。终于在 1962 年，他们从维多利亚多管水母（*A. victoria*）中分离纯化出水母素，同时还发现了维多利亚多管水母（*A. victoria*）体内有绿色荧光蛋白存在[3]。在 1963 年，他们发现钙离子可以增强水母素的发光[4]。水母素的这种性质有用处吗？

根据水母素的性质，科学家发现可以利用水母素来检测生物体内钙离子的存在。这种方法成为检测细胞内钙离子的一种常用方法。但是，水母素和绿色荧光蛋白在发光机制上有什么不同？

1974 年，Morise、Shimomura 和 Johnson 在进一步的研究中从维多利亚多管水母（*A. victoria*）分离纯化出绿色荧光蛋白晶体。而且还发现在没有绿色荧光蛋白存在时，水母素能够发出很弱的蓝色荧光，波长在 470nm；钙离子和水母素结合后，将能量传递给绿色荧光蛋白，导致绿色荧光蛋白在紫外光下发出绿色荧光，波长在 509nm[5]。1979 年，Shimomura 对 GFP 的氨基酸序列和发光特性进行研究，发现水母素要将能量传递给 GFP 后才可以让 GFP 发出绿色的荧光；而 GFP 则能够在蓝光的激发下，直接发出绿色荧光[6]。水母素是 180 个氨基酸组成的蛋白质（分子质量约 22kDa）和荧光素（咪唑吡嗪）组成的物质[7]。至此，维多利亚多管水母（*A. victoria*）水母素和 GFP 的发光机制已经研究清楚。

随着分子生物学的发展，很多蛋白质的基因序列被科学家所发现。水母素和绿色荧光蛋白的基因序列如何？

1985 年，Prasher 和 McCann 等克隆出水母素所含蛋白质基因[8]。1992 年，Prasher 等人又克隆出绿色荧光蛋白基因，发现 GFP 含有 238 个氨基酸，分子质量为 26 888Da[9]。

绿色荧光蛋白是从维多利亚多管水母（*A. victoria*）细胞内一种能够发出荧光的蛋白质，它的基因是否能够在其他生物细胞中表达呢？

1994 年 Chalfie 将绿色荧光蛋白基因导入大肠杆菌（*Escherichia coli*）和秀丽隐杆线虫（*Caenorhabditis elegans*）中，发现绿色荧光蛋白基因可以发出绿色荧光，证明了绿色荧光蛋白基因可以在其他生物中表达[10]。一个月后 Inouye 和 Tsuji 将绿色荧光蛋白基因导入大肠杆菌（*E. coli*）中，发现可以发出绿色荧光[11]。从此，绿色荧光蛋白基因将作为能够发光的报告基因，用来观察和它融合在一起的蛋白质的表达情况。

由于野生型的绿色荧光蛋白发光较弱、不稳定，对温度、pH 和氯化物十分敏感，使用起来并不方便。Tsien 等研究了绿色荧光蛋白的结构，并进行深入研究。1995 年，他们发现可以改变野生型绿色荧光蛋白的基因序列，如将 65 位的 Ser 突变成 Thr，改造后的 GFP 基因表达以后，可以发出很多可见光的光谱，例如发出青色、黄色、蓝色等荧光。有的突变体还可以被激活发光的颜色发生改变[12]。从此，绿色荧光蛋白成为生物学转基因研究中被广泛应用的一个报告基因。

2. 绿色荧光蛋白的发现过程中提出的问题

从绿色荧光蛋白的发现过程可以看出：每一个研究都引出了一个新的问题。它们分别是：在发现维多利亚多管水母（*A. victoria*）能够发光以后，它发光的物质基础是什么？

当从维多利亚多管水母（*A. victoria*）分离出水母素和绿色荧光蛋白以后，水母素和绿色荧光蛋白的性质如何？

在发现了钙离子可以增强水母素的表达之后。这种性质是否有用呢？

发现水母素可以越来检测钙离子的存在。但是水母素和绿色荧光蛋白的关系是怎样呢？

在发现水母素可以发出绿色荧光，而且它将能量传递给绿色荧光蛋白，导致绿色荧光蛋白发出绿色荧光之后。随着分子生物学的研究，水母素和绿色荧光蛋白的基因序列如何？Prasher 克隆出水母素和绿色荧光蛋白的基因。

绿色荧光蛋白基因既然可以在维多利亚多管水母（*A. victoria*）细胞中表达。克隆出来的基因是否可以其他生物细胞中表达吗？Chalfie 等将绿色荧光蛋白基因分别导入大肠杆菌和线虫中，发现绿色荧光蛋白基因可以表达。

由于野生型绿色荧光蛋白的荧光较弱等缺陷，使用起来不方便。是否可以改变它的基因序列，来增强它的荧光呢？Tsien 根据绿色荧光蛋白的结构，对绿色荧光蛋白的基因序列进行了改造，发现多种能够发出荧光的突变基因。这些研究最终导致绿色荧光蛋白成为生物学研究的广泛应用的一个报告基因。Shimomura、Chalfie、Tsien 因为绿色荧光蛋白的研究而同时获得诺贝尔奖。

3. 绿色荧光蛋白的发现过程中提出的问题运用的思维方式

绿色荧光蛋白的研究过程采用了哪些思维方式呢？最突出的是在前人研究的基础上，运用求异的思维方式，问一个不同的问题。其次运用置换的思维方式，例如将研究绿色荧光蛋白的蛋白质序列置换成研究其的基因序列，将维多利亚多管水母（*A. victoria*）换成细菌、线虫等生物，将绿色荧光蛋白部分基因序列的进行置换等。求异和置换这两种思维方式可以说是渗透着绿色荧光蛋白研究的全部过程。

4. 如何提出问题

由绿色荧光蛋白的思维方式可以看出：在前人的研究基础上，采用求异和置换的思维提出问题、设计实验是科学研究的基本要求。因为问题的提出往往决定着研究生是否能够做出研究成果的第一因素。如何在研究生的教学过程和阅读文献的过程中，给他们一些建议，使他们能够在前人研究的基础上提出一个已有的研究不能回答的问题呢？

我们在教学过程中，运用这个成功的科研例子，将绿色荧光蛋白的研究过程，科学家是如何提出的问题，他们所采用的思维方式讲述出来。让研究生明白：科学研究首先采用求异的思维方式，提出新问题；只要有了与众不同的问题，就可以避免与前人研究的重复。然后，采用置换的思维方法设计实验，解决这个问题。例如置换实验材料，观察这种现象是否在其他生物也如此？置换部分基因序列，观察结果如何？只要掌握提出问题的技巧，多多思考，就可以根据前人的实验提出独一无二的问题。然后，步步深入，逐步回答提出的问题。

参考文献

[1] Shagin DA, Barsova EV, Yanushevich YG, Fradkov AF, Lukyanov KA, Labas YA, Semenova TN, Ugalde JA, Meyers A, Nunez JM, Widder EA, Lukyanov SA, Matz MV. GFP-like Proteins as Ubiquitous Metazoan Superfamily: Evolution of Functional Features and Structural Complexity. *Mol Biol Evol*, 2004, 21 (5): 841-850

[2] Davenport D, Nicol JAC. Luminescence in Hydromedusae. *Proc R Soc London Ser B*, 1955, 144 (6): 399-411

[3] Shimomura O, Johnson FH, Saiga Y. Extraction, purification and properties of aequorin, a bioluminescent protein from the luminous hydromedusan, Aequorea. *J Cell Comp Physiol*, 1962, 59 (3): 223-239

[4] Shimomura O, Johnson FH, Saiga Y. Microdetermination of calcium by aequorin luminescence. *Science*, 1963, 140 (357): 1339-1340

[5] Morise H, Shimomura O, Johnson FH, Winant J. Intermolecular energy transfer in the abioluminescent system of Aequorea. *Biochemistry*, 1974, 13 (12): 2656-2562

[6] Shimomura O. Structure of the chromophore of *aequorea* green fluorescent protein. *FEBS Lett*, 1979, 104 (2): 220-222

[7] Kendall JM, Badminton MN. *Aequorea victoria* bioluminescence moves into an exciting new era. *Trends in Biotechnology*. 1998, 16 (5): 216-224

[8] Prasher D, McCann RO, Cormier MJ. Cloning and expression of the cDNA coding for aequroin a bioluminescent calium-activated protein. *Biochem Biophys Res Commun*, 1985, 126 (3): 1259-1268

[9] Prasher D, Eckenrode V, Ward W, Prendergast F, Cormier M. Primary structure of the *Aequorea victoria* green-fluorescent protein. *Gene*, 1992, 111 (2): 229-233

[10] Chalfie M, Tu Y, Euskirchen G, Ward W, Prasher D. Green fluorescent protein as a marker for gene expression. *Science*, 1994, 263 (5148): 802-805

[11] Inouye S, Tsuji F. Aequorea green fluorescent protein, expression of the gene and fluorescence characteristics of the recombinant protein. *FEBS Lett*, 1994, 341 (2/3): 277-280

[12] Heim R, Cubitt AB, Tsien RY. Improved green fluorescence. *Nature*, 1995, 373 (6516): 663-664

2. 审稿意见

审稿结果通知 (SMHX-2011-0228)

发件人: smhx@sibs.ac.cn

收件人: wyfmsm@163.com

抄送:

主题: 生命的化学 - 稿件处理意见 - 稿件 ID: SMHX-2011-0228

正文: 王博士:

您提交的稿件_ID 为“从绿色荧光蛋白的发现谈如何提出新颖的科研问题”，已经完成了外审。外审意见附信末。外审专家已经建议录用您的稿件，但建议做小修改，所以请您仔细阅读审稿意见并提交您的修改稿。提交修改稿时，请登录到

http://mc03.manuscriptcentral.com/smhx，并进入您的“作者中心”，选择“已返审稿意见的稿件”列表，点击“操作”项下“创建修改稿”。新的稿件编号将标为修订稿。修改时，请您在Word或使用粗体或彩色文字标明修改的内容。修改完成，请同样登录“作者中心”，上传修改稿。

当您提交修改稿时，可以在文本框中填写对外审意见的回复。回复的内容也可以说明一下您对原稿的修改情况。为了加速修改稿处理改时间，请尽可能具体写明您对外审意见的回复 。

注意：您的提交原稿时上传的文件也复制到文件上传步骤。请在该步删除不必要的原文件，然后完成提交。

为了能够促进稿件的快速发表，请您修改后尽快上传修改稿。

再次感谢您向我刊投稿，期待着收到您的修改稿。

此致

敬礼!

生命的化学 编辑部

外审意见:

文稿选题较好，以GFP为例讨论如何提出新颖的科学问题，对学生学习和开展科研有帮助。综述比较全面，也有作者自己的观点。本文写作思路清晰，引述可靠。

问题与建议:

1. 第3部分“绿色荧光蛋白的发现过程中提出的问题运用的思维方式”和第4部分“如何提出问题”（包括小标题），是否可以重新润色?

2. 第4部分“如何提出问题”是否展开更充分些，再举些别的实例?

3. 有无更新些的文献?

4. 语言方面，有极个别语句不是很通顺，建议作者稍作修改或润色；英文摘要需要重写；另外，文中引用论文作者的姓与名混淆，需要校正。

发送日期: 2011-7-26

3. 修改说明信

尊敬的编辑先生:

您好!

《从绿色荧光蛋白的发现谈如何提出新颖的科研问题》(稿件编号为05509)一文的修改意见已收到。首先非常感谢您对文章的认真修改和指正，使我们受益匪浅。

我们已按修改意见进行了修改，今将修改稿、原稿和修改意见发去，请注意查收，并就问题的回答和修改情况说明如下。

关于第一个问题，第3部分“绿色荧光蛋白的发现过程中提出的问题运用的思维方式”和第4部分“如何提出问题”（包括小标题），是否可以重新润色? 我们已经按照专家的意见重新进行了润色和修改，增加了部分内容。

关于第二个问题，第4部分“如何提出问题”是否展开更充分些，再举些别的实例? 我们结合自己指导的研究生的研究，进行了展开和补充。

关于第三个问题，有无更新些的文献? 我们按照专家的意见补充了新的文献，并在查阅原文的基础上，对每篇参考文献用国内及国外的数据库进行验证。

关于第四个问题，语言方面，有极个别语句不是很通顺，建议作者稍作修改或润色；英文摘要需要重写；另外，文中引用论文作者的姓与名混淆，需要校正。我们重新通读了文章，修改了不通顺的句子；重写了英文摘要；重新核对参考文献，更正了出现的问题。

其他修改内容见修改稿。

以上修改是否妥当，请您审阅。文中不妥之处还请多多指正。谢谢!

顺祝:

工作顺利!

生活愉快!

王永飞

2011年8月2日

4. 校对稿

从绿色荧光蛋白的发现谈如何提出新颖的科研问题

马三梅[1]　王永飞[1]　闫道广[1]　周天鸿[1]　郑文杰[1]　黄世光[2]

[1]暨南大学生命科学技术学院，广州 510632

[2]暨南大学医学院，广州 510632

摘要： 为了使研究生在获得专业知识的同时，还可以依据文献提出新的科研问题，并设计实验方案来解决提出的问题，我们以绿色荧光蛋白为案例教学，谈谈在其发现过程中是如何提出问题以及提出问题所用的思维方式。启发研究生运用求异和置换的思维方式来提出新颖的科研问题，并设计实验来回答提出的问题，从而为研究生完成学术论文奠定良好的基础。

批注 [chy1]: ?

关键词： 绿色荧光蛋白；案例教学；求异思维；置换思维

中图分类号： G643.0；Q51

批注 [chy2]: 请核对

What can be learned from the discovery process of green fluorescent protein: How to propose a new question?

MA Sanmei[1], WANG Yongfei[1], YAN Daoguang[1], ZHOU Tianhong[1], ZHENG Wenjie[1], HUANG Shiguang[2]

[1]College of Life Science and Technology, Jinan University, Guangzhou 510632, China

[2]College of Medicine, Jinan University, Guangzhou 510632, China

Abstract How to help graduates propose a new question and design a new experiment according to references that they read at the same time? Using the **discovery process of** green fluorescent protein as case-based teaching example, the questions that were proposed and thinking methods that were used during the discovery process of green fluorescent protein were discussed carefully. These thinking methods included divergent thinking and substitute thinking. These thinking methods will be helpful for graduates. They can use these thinking methods to propose a new question and design a new experiment. This teaching method will lay good foundations for their dissertations.

批注 [chy3]: 核对

批注 [chy4]: 核对

Key words green fluorescent protein; case-based teaching; different thinking; substitute thinking

达尔文曾经说过：最有价值的知识是关于方法的知识。诺贝尔奖获得者沃森也曾经说过，最好的课题是，问一个从来没有人问过的问题，然后去解决它。但是，由于中国的课堂一般是将学生教得没有问题。一堂课结束后，学生如果没有问题，那么就表明课上得十分成功。如何让一个长期接受中国基础教育感觉不到有问题存在的研究生，改变过去的思考方式，提出一个从来没有人问过的、新颖的科研问题，就成为研究生完成学术论文、进行科研选题的关键。本文以绿色荧光蛋白为案例教学，谈谈其发现过程；在其发现过程是如何提出问题；以及提出新问题所用的思维方式，并就如何提出问题给出了一些建议。

批注 [chy5]: ?

批注 [chy6]: 重新组织语言

1. 绿色荧光蛋白的发现过程

绿色荧光蛋白(green fluorescent protein, GFP)是一种能够发出绿色荧光的蛋白质，它存在于维多利亚多管水母(*Aequorea victoria*)体内。改良后的绿色荧光蛋白基因可以作为报告基因，观察目的基因在生物体内的表达程度和位置[1]。Osamu Shimomura、Martin Chalfie、Roger Y. Tsien 也因为关于 GFP 的研究成果共同获得 2008 年诺贝尔化学奖。GFP 的研究过程如下：

首先是 1955 年，Davenport 和 Nicol 发现维多利亚多管水母(*A. victoria*)可以发出蓝绿色的光[2]。但是，为什么维多利亚多管水母(*A. victoria*)能够发光？引起它发光的物质是什么呢？科学家并不清楚。

这个问题成为 Shimomura 和 Johnson 的研究方向。终于在 1962 年，他们从维多利亚多管水母(*A. victoria*)中分离纯化出水母素，同时还发现了维多利亚多管水母(*A. victoria*)体内有绿色荧光蛋白存在[3]。在 1963 年，他们发现钙离子可以增强水母素的发光[4]。水母素的这种性质有用处吗？

根据水母素的性质，科学家发现可以利用水母素来检测生物体内钙离子的存在。这种方法成为检测细胞内钙离子的一种常用方法。但是，水母素和 GFP 在发光机制上有什么不同？

1974 年，Morise、Shimomura 和 Johnson 在进一步的研究中从维多利亚多管水母(*A. victoria*)分离纯化出 GFP 的晶体。而且还发现在没有 GFP 存在时，水母素能够发出很弱的蓝色荧光，波长在 470 nm；钙离子和水母素结合后，将能量传递给 GFP，导致 GFP 在紫外光下发出绿色荧光，波长在 509 nm[5]。

1979 年，Shimomura 对 GFP 的氨基酸序列和发光特性进行研究，发现水母素要将能量传递给 GFP 后才可以让 GFP 发出绿色的荧光；而 GFP 则能够在蓝光的激发下，直接发出绿色荧光[6]。水母素是 180 个氨基酸残基组成的蛋白质(分子量约 22 kDa)和荧光素(咪唑吡嗪)组成的物质[7]。至此，维多利亚多管水母(*A. Victoria*)水母素和 GFP 的发光机制已经研究清楚。

随着分子生物学的发展，很多蛋白质的基因序列被科学家所发现。水母素和绿色荧光蛋白的基因序列如何？

1985 年，Prasher 等[8]克隆出水母素所含蛋白质基因。1992 年，Prasher 等[9]又克隆出绿色荧光蛋白基因，发现 GFP 含有 238 个氨基酸残基，分子量为 27 kDa。GFP 是从维多利亚多管水母(*A. victoria*)细胞内一种能够发出荧光的蛋白质，它的基因是否能够在其它生物细胞中表达呢？

1994 年，Chalfie 等[10]将绿色荧光蛋白基因导入大肠杆菌(*Escherichia coli*)和秀丽隐杆线虫(*Caenorhabditis elegans*)中，发现绿色荧光蛋白基因可以发出绿色荧光，证明了绿色荧光蛋白基因可以在其它生物中表达。一个月后 Inouye 等[11]也将绿色荧光蛋白基因导入大肠杆菌(*E. coli*)中，发现可以发出绿色荧光。从此，绿色荧光蛋白基因被作为能够发光的报告基因，用来观察和它融合在一起的蛋白质的表达情况。

由于野生型的 GFP 发光较弱、不稳定，对温度、pH 和氯化物十分敏感，使用起来并不方便。Heim 等[12]研究了 GFP 的结构，并进行深入研究。1995 年，他们通过改变野生型绿色荧光蛋白的基因序列，如将 65 位的 Ser 突变成 Thr，发现改造后的 GFP 基因可以发出很多可见光的光谱，例如发出青色、黄色、蓝色等荧光。有的突变体发光的颜色还可以发生改变。从此，绿色荧光蛋白成为生物学转基因研究中被广泛应用的一个报告基因。

批注 [chy7]: +文献

2. 绿色荧光蛋白的发现过程中提出的问题

从 GFP 的发现过程可以看出：每一个研究都引出了一个新的问题。它们分别是：在发现维多利亚多管水母(*A. victoria*)能够发光以后，它发光的物质基础是什么？

当从维多利亚多管水母(*A. victoria*)分离出水母素和 GFP 以后，水母素和绿色荧光蛋白的性质如何？

在发现了钙离子可以增强水母素的表达之后。这种性质是否有用呢？

发现水母素可以越来检测钙离子的存在。但是水母素和 GFP 的关系是怎样呢？

在发现水母素可以发出绿色荧光，而且它将能量传递给 GFP，导致 GFP 发出绿色荧光。随着分子生物学的研究，水母素和 GFP 的基因序列如何？

绿色荧光蛋白基因既然可以在维多利亚多管水母(*A. victoria*)细胞中表达。克隆出来的基因是否可以在其它生物细胞中表达？(Chalfie 等将绿色荧光蛋白基因分别导入大肠杆菌和线虫中，发现绿色荧光蛋白基因可以表达。)

由于野生型绿色荧光蛋白的荧光较弱等缺陷，使用起来不方便。是否可以改变它的基因序列，来增强它的荧光呢？(Tsien 根据绿色荧光蛋白的结构，对绿色荧光蛋白的基因序列进行了改造，发现多种能够发出荧光的突变基因。)

这些研究最终导致绿色荧光蛋白成为生物学研究的广泛应用的一个报告基因。

3. 绿色荧光蛋白发现过程中提出问题所运用的思维方式

GFP 的研究过程采用了哪些思维方式呢？最突出的是在前人研究的基础上，运用求异的思维方式，问一个不同的问题。问题的与众不同，就会导致与众不同的实验。

其次运用置换的思维方式，将研究内容或者实验材料置换一下。例如当发现维多利亚多管水母(*A. victoria*)能够发出荧光后，将研究生物发光现象置换成研究发光的物质基础；

当发现维多利亚多管水母(*A. victoria*)发光的物质是荧光素和 GFP 后，又对荧光素和 GFP 结构和发光机理进行研究；

当发现荧光素和 GFP 的蛋白质结构和发光机理后，将研究蛋白质序列置换成研究 GFP 的基因序列；

当克隆出 GFP 的基因序列后，将维多利亚多管水母(*A. victoria*)置换成细菌、线虫等生物，观察其是否能够表达；

当发现天然GFP的荧光较弱时，将GFP基因序列中的65位的氨基酸进行置换；总而言之，求异思维和置换思维可以说是渗透着绿色荧光蛋白研究的全部过程。这也说明求异和置换这两种思维方式是科研人员的基本思维方式。

4. 如何根据文献提出新颖的问题？

由绿色荧光蛋白的思维方式可以看出：在前人的研究基础上，采用求异思维和置换思维提出一个新颖的科研问题、设计实验是科学研究的基本要求。因为问题的提出往往决定着研究生是否能够做出研究成果的第一因素。如何在研究生的教学过程和阅读文献的过程中，给他们一些建议，使他们能够在前人研究的基础上提出一个已有的研究不能回答的问题呢？

我们在教学过程中，运用这个成功的科研例子，将绿色荧光蛋白的研究过程中科学家是如何提出问题的，他们所采用的思维方式讲述出来。让研究生明白：科学研究首先采用求异的思维方式，提出新问题；只要有了独具匠心的问题，就可以避免与前人研究的重复。然后，采用置换的思维方法设计实验，解决这个问题。例如置换实验材料，观察这种现象是否在其他生物也如此？置换部分基因序列，观察结果如何？只要掌握提出问题的技巧，多多思考，就可以根据前人的实验提出独一无二的问题。最后，步步深入，逐步回答提出的问题。

我们运用将科研成果的研究过程和思维方式相结合的教学方式，来指导研究生的选题，发现这种教学方式的教学效果较好。例如，玄晓丽等[13]在阅读有关植物气孔的文献时，发现叶子花(*Bougainvillea spectabilis* Willd.)的变态叶和正常叶的气孔的分布没有见到有人报道，就对叶子花(*B. spectabilis*)的变态叶和正常叶的气孔发育过程进行了研究，研究结果发表在 *African Journal of Biotechnology* 上。黄博等[14]在阅读植物气孔的文献时，发现人们对叶片上的气孔进行研究的较多，他就将研究部位置换成龙牙花(*Erythrina corallodendron*)的花，结果发现龙牙花(*E. corallodendron*)的花上不同部位的气孔形态并不相同，相关研究结果发表在《植物学报》上。姜兆玉等[13]在阅读有关植物气孔的文献时，发现人们对植物叶片上气孔的开闭机制进行了很多的研究，而植物繁殖器官上的气孔开闭机制基本很少有人研究，他就对鸡蛋花花冠裂片上的气孔开关进行了研究，相关研究结果发表在《植物生理通讯》上。姜兆玉等[14]同时发现有人在豆科一种植物的初生根发现了有气孔的存在，他就想观察一下对百合科的洋葱地下鳞茎是否具有气孔，结果发现洋葱地下的鳞茎也有气孔的存在，他对洋葱鳞茎上的气孔开关进行研究，研究结果发表在《西北植物学报》上。

总之，采用这种教学方法可以指导研究生在阅读文献时，提出新颖的科研问题，并且设计实验来回答问题，从而使他们更顺利地完成学位论文，使他们对科研的兴趣和从事科研的信心不断增加。

参考文献

[1] Shagin DA *et al.* GFP-like proteins as ubiquitous metazoan superfamily: Evolution of functional features and structural complexity. *Mol Biol Evol*, 2004, 21: 841-850

[2] Davenport D *et al.* Luminescence in Hydromedusae. *Proc R Soc London Ser B*, 1955, 144: 399-411

[3] Shimomura O *et al.* Extraction, purification and properties of aequorin, a bioluminescent protein from the luminous hydromedusan, Aequorea. *J Cell Comp Physiol*, 1962, 59: 223-239

[4] Shimomura O *et al.* Microdetermination of calcium by aequorin luminescence. *Science*, 1963, 140: 1339-1340

[5] Morise H *et al.* Intermolecular energy transfer in the abioluminescent system of Aequorea. *Biochemistry*, 1974, 13: 2656-2562

[6] Shimomura O. Structure of the chromophore of *aequorea* green fluorescent protein. *FEBS Lett* 1979, 104: 220-222

[7] Kendall JM *et al. Aequorea victoria* bioluminescence moves into an exciting new era. *Trends in Biotechnology*, 1998, 16: 216-224

[8] Prasher D *et al.* Cloning and expression of the cDNA coding for aequroin a bioluminescent calium-activated protein. *Biochem Biophys Res Commun*, 1985, 126: 1259-1268

[9] Prasher D *et al.* Primary structure of the *Aequorea Victoria* green-fluorescent protein. *Gene*, 1992, 111: 229-233

[10] Chalfie M *et al.* Green fluorescent protein as a marker for gene expression. *Science*, 1994, 263: 802-805

[11] Inouye S *et al.* Aequorea green fluorescent protein, expression of the gene and fluorescence characteristics of the recombinant protein. *FEBS Lett*, 1994, 341: 277-280

[12] Heim R *et al*. Improved green fluorescence. Nature, 1995, 373: 663-664
[13] Xuan X *et al*. Comparisons of stomatal parameters between normal and abnormal leaf of *Bougainvillea spectabilis* Willd. *Afr J Biotechnol*, 2011, 10: 6973-6978
[14] 黄博等. 龙牙花不同花器官的表皮形态. 植物学报，2010, 45: 594-603
[15] 姜兆玉等. 外源 NO, H_2O_2 和 ABA 对鸡蛋花花冠裂片上气孔关闭的影响，植物生理学通讯, 2010, 46: 249-252
[16] 姜兆玉等. 外源 NO 和 H_2O_2 对洋葱鳞片外表皮气孔开度的调控. 西北植物学报，2011, 31: 315-318

收稿日期：2011-07-19
暨南大学 2010 年学位与研究生教育教学研究和改革项目(10MS19)资助
作者简介：马三梅(1971-)，女，副教授，E-mail: msmwdw@163.com；王永飞(1972-)，男，副教授，通讯作者，E-mail: wyfmsm@163.com

批注 [chy8]: 期刊名用缩写
批注 [chy9]: +学位？
批注 [chy10]: +学位？

5. 校对修改说明信

尊敬的杨编辑：

您好！

谢谢您的细心编辑和修改。

我们已按修改意见对《从绿色荧光蛋白的发现谈如何提出新颖的科研问题》一文（稿件编号 2011-0228）进行了全文通读、校对和稿件确认，并就批注中问题及主要修改情况回答和说明如下：

1. 把“我们结合绿色荧光蛋白的发现过程的案例教学”改为“我们以绿色荧光蛋白为案例教学”。

2. 中图分类号“G643.0”为“研究生教育 G643 下的研究生教育理论”，又增加了“生物化学 Q5 下的蛋白质 Q51”。

3. 置换思维和求异思维的英文分别统一为“substitute thinking”和“divergent thinking”。

4. 正文第一段最后一句话改为“本文以绿色荧光蛋白为案例教学，谈谈其发现过程；在其发现过程是如何提出问题；以及提出新问题所用的思维方式；并就如何提出问题给出了一些建议”。

5. 参考文献 12 的“Tsien 等”改为“Heim 等”，这篇文章中“Heim”为第一作者，“Tsien”（钱永健）为通讯作者。

6. 把“Prasher 克隆出水母素和绿色荧光蛋白的基因”改为“Prasher 等克隆出水母素和绿色荧光蛋白的基因”。

7. “African J of Biotechnology”的缩写为“Afr J Biotechnol”。

8. 项目名称为“暨南大学 2010 年学位与研究生教育教学研究和改革项目（10MS19）资助”。

其他修改内容见修改稿。

以上修改是否妥当，请您审阅。文中不妥之处还请多多批评和指正。谢谢！

顺祝：

生活愉快！

工作顺利！

王永飞

2011 年 10 月 22 日

6. 正式发表稿

·88·　《生命的化学》2012 年 32 卷 1 期
CHEMISTRY OF LIFE 2012, 32(1)　● Biochemical Teaching

文章编号：1000-1336(2012)01-0088-04

从绿色荧光蛋白的发现谈如何提出新颖的科研问题

马三梅[1]　王永飞[1]　周天鸿[1]　郑文杰[1]　黄世光[2]

[1]暨南大学生命科学技术学院，广州 510632

[2]暨南大学医学院，广州 510632

摘要：为了使研究生在获得专业知识的同时，还可以依据文献提出新的科研问题，并设计实验方案来解决提出的问题，我们以绿色荧光蛋白为案例教学，谈谈在其发现过程中是如何提出问题以及提出问题所用的思维方式。启发研究生运用求异和置换的思维方式来提出新颖的科研问题，并设计实验来回答提出的问题，从而为研究生完成学术论文奠定良好的基础。

关键词：绿色荧光蛋白；案例教学；求异思维；置换思维

中图分类号：G643.0；Q51

达尔文曾经说过：最有价值的知识是关于方法的知识。诺贝尔奖获得者沃森也曾经说过，最好的课题是，问一个从来没有人问过的问题，然后去解决它。但是，由于中国的课堂一般是将学生教得没有问题。一堂课结束后，学生如果没有问题，那么就表明课上得十分成功。如何让一个长期接受中国基础教育感觉不到有问题存在的研究生，改变过去的思考方式，提出一个从来没有人问过的、新颖的科研问题，就成为研究生完成学术论文、进行科研选题的关键。本文以绿色荧光蛋白为案例教学，谈谈其发现过程；在其发现过程是如何提出问题；以及提出新问题所用的思维方式；并就如何提出问题给出了一些建议。

1. 绿色荧光蛋白的发现过程

绿色荧光蛋白(green fluorescent protein, GFP)是一种能够发出绿色荧光的蛋白质，它存在于维多利亚多管水母(*Aequorea victoria*)体内。改良后的绿色荧光蛋白基因可以作为报告基因，观察目的基因在生物体内的表达程度和位置[1]。Osamu Shimomura、Martin Chalfie和Roger Y. Tsien也因为关于GFP的研究成果共同获得2008年诺贝尔化学奖。GFP的研究过程如下：

首先是1955年，Davenport[2]等发现维多利亚多管水母(*A. victoria*)可以发出蓝绿色的光。但是，为什么维多利亚多管水母(*A. victoria*)能够发光？引起它发光的物质是什么呢？科学家并不清楚。

这个问题成为Shimomura[3]等的研究方向。终于在1962年，他们从维多利亚多管水母(*A. victoria*)中分离纯化出水母素，同时还发现了维多利亚多管水母(*A. victoria*)体内有绿色荧光蛋白存在。在1963年，他们发现钙离子可以增强水母素的发光[4]。水母素的这种性质有用处吗？

根据水母素的性质，科学家发现可以利用水母素来检测生物体内钙离子的存在。这种方法成为检测细胞内钙离子的一种常用方法。但是，水母素和GFP在发光机制上有什么不同？

1974年，Morise[5]等在进一步的研究中从维多利亚多管水母(*A. victoria*)分离纯化出GFP的晶体。而且还发现在没有GFP存在时，水母素能够发出很弱的蓝色荧光，波长为470 nm；钙离子和水母素结合后，将能量传递给GFP，导致GFP在紫外光下发出绿色荧光，波长为509 nm。

1979年，Shimomura[6]对GFP的氨基酸序列和发光特性进行研究，发现水母素要将能量传递给GFP后

收稿日期：2011-07-19
暨南大学2010年学位与研究生教育教学研究和改革项目(10MS19)资助
作者简介：马三梅(1971-)，女，博士，副教授，E-mail: msmwdw@163.com；王永飞(1972-)，男，博士，副教授，通讯作者，E-mail: wyfmsm@163.com；周天鸿(1956-)，男，硕士，教授，E-mail: tzhth@jnu.edu.cn；郑文杰(1957-)，男，博士，教授，E-mail: tzhwj@jnu.edu.cn；黄世光(1961-)，男，硕士，教授，E-mail: thshg@126.com

才可以让GFP发出绿色的荧光；而GFP则能够在蓝光的激发下，直接发出绿色荧光。水母素是由180个氨基酸残基组成的蛋白质(分子量约22 kDa)和荧光素(咪唑吡嗪)组成的物质[7]。至此，维多利亚多管水母(*A. Victoria*)水母素和GFP的发光机制已经研究清楚。

随着分子生物学的发展，很多蛋白质的基因序列被科学家发现。水母素和绿色荧光蛋白的基因序列如何？

1985年，Prasher等[8]克隆出水母素所含蛋白质基因。1992年，Prasher等[9]又克隆出绿色荧光蛋白基因，发现GFP含有238个氨基酸残基，分子量为27 kDa。GFP是维多利亚多管水母(*A. victoria*)细胞内一种能够发出荧光的蛋白质，它的基因是否能够在其它生物细胞中表达呢？

1994年，Chalfie等[10]将绿色荧光蛋白基因导入大肠杆菌(*Escherichia coli*)和秀丽隐秆线虫(*Caenorhabditis elegans*)中，发现绿色荧光蛋白基因可以发出绿色荧光，证明了绿色荧光蛋白基因可以在其它生物中表达。一个月后Inouye等[11]也将绿色荧光蛋白基因导入大肠杆菌(*E. coli*)中，发现可以发出绿色荧光。从此，绿色荧光蛋白基因被作为能够发光的报告基因，用来观察和它融合在一起的蛋白质的表达情况。

由于野生型的GFP发光较弱、不稳定，对温度、pH和氯化物十分敏感，使用起来并不方便。Heim等[12]研究了GFP的结构，并进行深入研究。1995年，他们通过改变野生型绿色荧光蛋白的基因序列，如将65位的Ser突变成Thr，发现改造后的GFP基因可以发出很多可见光的光谱，例如发出青色、黄色、蓝色等荧光。有的突变体发光的颜色还可以发生改变。从此，绿色荧光蛋白成为生物学转基因研究中被广泛应用的一个报告基因。

2. 绿色荧光蛋白的发现过程中提出的问题

从GFP的发现过程可以看出，每一个研究都引出了一个新的问题。即：

在发现维多利亚多管水母(*A. victoria*)能够发光以后，引出的问题是：它发光的物质基础是什么？

从维多利亚多管水母(*A. victoria*)分离出水母素和GFP以后，引出的问题是：水母素和绿色荧光蛋白的性质如何？

在发现了钙离子可以增强水母素的表达之后，引出的问题是：这种性质是否有用呢？

发现水母素可以用来检测钙离子的存在。引出的问题是：水母素和GFP的关系是怎样呢？

在发现水母素可以发出绿色荧光，而且它将能量传递给GFP，导致GFP发出绿色荧光。随着分子生物学的研究，引出的问题是：水母素和GFP的基因序列如何？(Prasher等克隆出水母素和绿色荧光蛋白的基因。)

绿色荧光蛋白基因既然可以在维多利亚多管水母(*A. victoria*)细胞中表达，引出的问题是：克隆出来的基因是否可以在其它生物细胞中表达？(Chalfie等将绿色荧光蛋白基因分别导入大肠杆菌和线虫中，发现绿色荧光蛋白基因可以表达。)

由于野生型绿色荧光蛋白的荧光较弱等缺陷，使用起来不方便。引出的问题是：是否可以改变它的基因序列，来增强它的荧光呢？(Heim等根据绿色荧光蛋白的结构，对绿色荧光蛋白的基因序列进行了改造，发现多种能够发出荧光的突变基因。)

这些研究最终导致绿色荧光蛋白成为生物学研究广泛应用的一个报告基因。

3. 绿色荧光蛋白发现过程中提出问题所运用的思维方式

GFP的研究过程采用了哪些思维方式呢？最突出的是在前人研究的基础上，运用求异的思维方式，问一个不同的问题。问题的与众不同，就会导致与众不同的实验。

其次是运用置换的思维方式，将研究内容或者实验材料置换一下。例如当发现维多利亚多管水母(*A. victoria*)能够发出荧光后，将研究生物发光现象置换成研究发光的物质基础；

当发现维多利亚多管水母(*A. victoria*)发光的物质是荧光素和GFP后，又对荧光素和GFP结构和发光机理进行研究；

当发现荧光素和GFP的蛋白质结构和发光机理后，将研究蛋白质序列置换成研究GFP的基因序列；

当克隆出GFP的基因序列后，将维多利亚多管水母(*A. victoria*)置换成细菌、线虫等生物，观察其是否能够表达；

当发现天然GFP的荧光较弱时，将GFP基因序列中的65位的氨基酸进行置换。

总而言之，求异思维和置换思维可以说是渗透着绿色荧光蛋白研究的全部过程。这也说明求异和置换这两种思维方式是科研人员的基本思维方式。

4. 如何根据文献提出新颖的问题?

由绿色荧光蛋白的思维方式可以看出：在前人的研究基础上，采用求异思维和置换思维提出一个新颖的科研问题、设计实验是科学研究的基本要求。因为问题的提出往往决定着研究生是否能够做出研究成果的第一因素。如何在研究生的教学过程和阅读文献的过程中，给他们一些建议，使他们能够在前人研究的基础上提出一个已有的研究不能回答的问题呢?

我们在教学过程中，运用这个成功的科研例子，将绿色荧光蛋白的研究过程中科学家是如何提出问题的，他们所采用的思维方式讲述出来。让研究生明白：科学研究首先采用求异的思维方式，提出新问题；只要有了独具匠心的问题，就可以避免与前人研究的重复。然后，采用置换的思维方法设计实验，解决这个问题。例如置换实验材料，观察这种现象是否在其他生物也如此? 置换部分基因序列，观察结果如何? 只要掌握提出问题的技巧，多多思考，就可以根据前人的实验提出独一无二的问题。最后，步步深入，逐步回答提出的问题。

我们运用将科研成果的研究过程和思维方式相结合的教学方式，来指导研究生的选题，发现这种教学方式的教学效果较好。例如，Xuan等[13]在阅读有关植物气孔的文献时，发现叶子花(*Bougainvillea spectabilis* Willd.)的变态叶和正常叶的气孔的分布没有见到有人报道，就对叶子花(*B. spectabilis*)的变态叶和正常叶的气孔发育过程进行了研究，研究结果发表在*African Journal of Biotechnology*上。黄博等[14]在阅读植物气孔的文献时，发现人们对叶片上的气孔进行研究得较多，他就将研究部位置换成龙牙花(*Erythrina corallodendron*)的花，结果发现龙牙花(*E. corallodendron*)的花上不同部位的气孔形态并不相同，相关研究结果发表在《植物学报》上。姜兆玉等[13]在阅读有关植物气孔的文献时，发现人们对植物叶片上气孔的开闭机制进行了很多的研究，而植物繁殖器官上的气孔开闭机制很少有人研究，他就对鸡蛋花花冠裂片上的气孔开关进行了研究，相关研究结果发表在《植物生理通讯》上。姜兆玉等[14]同时发现有人在豆科一种植物的初生根发现了有气孔的存在，他就想观察一下百合科的洋葱地下鳞茎是否具有气孔，结果发现洋葱地下的鳞茎也有气孔的存在，他对洋葱鳞茎上的气孔开关进行研究，研究结果发表在《西北植物学报》上。

总之，采用这种教学方法可以指导研究生在阅读文献时，提出新颖的科研问题，并设计实验来回答问题，从而使他们顺利地完成学位论文，使他们对科研的兴趣和从事科研的信心不断增加。

参考文献

[1] Shagin DA *et al*. GFP-like proteins as ubiquitous metazoan superfamily: Evolution of functional features and structural complexity. *Mol Biol Evol*, 2004, 21: 841-850

[2] Davenport D *et al*. Luminescence in Hydromedusae. *Proc R Soc London Ser B*, 1955, 144: 399-411

[3] Shimomura O *et al*. Extraction, purification and properties of aequorin, a bioluminescent protein from the luminous hydromedusan, Aequorea. *J Cell Comp Physiol*, 1962, 59: 223-239

[4] Shimomura O *et al*. Microdetermination of calcium by aequorin luminescence. *Science*, 1963, 140: 1339-1340

[5] Morise H *et al*. Intermolecular energy transfer in the abioluminescent system of Aequorea. *Biochemistry*, 1974, 13: 2656-2662

[6] Shimomura O. Structure of the chromophore of *aequorea* green fluorescent protein. *FEBS Lett* 1979, 104: 220-222

[7] Kendall JM *et al*. *Aequorea victoria* bioluminescence moves into an exciting new era. *Trends Biotechnol*, 1998, 16: 216-224

[8] Prasher D *et al*. Cloning and expression of the cDNA coding for aequroin a bioluminescent calium-activated protein. *Biochem Biophys Res Commun*, 1985, 126: 1259-1268

[9] Prasher D *et al*. Primary structure of the *Aequorea Victoria* green-fluorescent protein. *Gene*, 1992, 111: 229-233

[10] Chalfie M *et al*. Green fluorescent protein as a marker for gene expression. *Science*, 1994, 263: 802-805

[11] Inouye S *et al*. Aequorea green fluorescent protein, expression of the gene and fluorescence characteristics of the recombinant protein. *FEBS Lett*, 1994, 341: 277-280

[12] Heim R *et al*. Improved green fluorescence. *Nature*, 1995, 373: 663-664

[13] Xuan X *et al*. Comparisons of stomatal parameters between normal and abnormal leaf of *Bougainvillea spectabilis* Willd. *Afr J Biotechnol*, 2011, 10: 6973-6978

[14] 黄博等. 龙牙花不同花器官的表皮形态. 植物学报，2010, 45: 594-603

[15] 姜兆玉等. 外源NO, H_2O_2和ABA对鸡蛋花花冠裂片上气孔关闭的影响，植物生理学通讯, 2010, 46: 249-252

[16] 姜兆玉等. 外源NO和H_2O_2对洋葱鳞片外表皮气孔开度的调控. 西北植物学报，2011, 31: 315-318

● 生化教学　《生命的化学》2012 年 32 卷 1 期 CHEMISTRY OF LIFE 2012, 32(1)　· 91 ·

What can be learned from the discovery process of green fluorescent protein: how to propose a new question?

MA Sanmei[1], WANG Yongfei[1], ZHOU Tianhong[1], ZHENG Wenjie[1], HUANG Shiguang[2]

[1]College of Life Science and Technology, Ji'nan University, Guangzhou 510632, China

[2]College of Medicine, Ji'nan University, Guangzhou 510632, China

Abstract How to help graduates propose a new question and design a new experiment according to the references that they read at the same time? Using the discovery process of green fluorescent protein as a case-based teaching example, the questions that were proposed and the thinking methods that were used during the discovery process of green fluorescent protein were discussed carefully. These thinking methods included divergent thinking and substitute thinking. These thinking methods will be helpful for graduates. They can use these thinking methods to propose a new question and design a new experiment. Thus, this teaching method will lay good foundations for their dissertations.

Key words green fluorescent protein; case-based teaching; divergent thinking; substitute thinking

7. 点评

本例展示了论文从投稿到正式发表的全过程。在投稿、审稿、修改和校对的过程中处处体现出了“文章是改出来的”主题。

我们根据专家意见对“如何根据文献提出新颖的问题？”这一段落进行了扩充和完善。通过专家审稿、修改和校对等过程，正式发表稿在语句、关键词、英文标题和中英文摘要等方面更加完善和充实，因此，只有通过多查、多读、多想、多总结、多次修改才能写出好的文章。

《科技文献检索与利用》教学课件索取方式

凡使用本书作为教材的主讲教师，可获赠教学课件一份。欢迎通过以下两种方式与我们联系。课件数量有限，赠完为止。本活动解释权在科学出版社。

1. 关注微信公众号“科学 EDU”索取教学课件

关注→“教学服务”→“课件申请”

2. 填写教学课件索取单拍照发送至联系人邮箱

姓名：	职称：	职务：
电话：	QQ：	电邮：
学校：	院系：	本门课程学生数：
地址：	邮编：	
您所代的其他课程及使用教材：		
书名：	出版社：	
您对《科技文献检索与利用》的评价及修改意见：		

联系人：席慧　编辑　　咨询电话：010-64000815　　电子邮箱：xihui@mail.sciencep.com